L'intelligence économique au service des acteurs de l'université

La question du partage de l'information sur les campus

© L'Harmattan, 2008
5-7, rue de l'Ecole polytechnique ; 75005 Paris

http://www.librairieharmattan.com
diffusion.harmattan@wanadoo.fr
harmattan1@wanadoo.fr

ISBN : 978-2-296-062221-4
EAN : 9782296062214

Frédérique Péguiron

L'intelligence économique au service des acteurs de l'université

La question du partage de l'information sur les campus

Préface d'Odile Thiéry

L'Harmattan

Intelligence économique
Collection dirigée par Ludovic François

Déjà parus

Pierre LARRAT (sous la dir.), *Benchmark européen de pratiques en intelligence économique*, 2008.

REMERCIEMENTS

Mes remerciements vont tout d'abord à Odile Thiéry pour m'avoir guidée dans mes travaux de recherche en me transmettant une grande partie de son savoir et en me faisant bénéficier de son expertise.

Merci également à Amos David, Brigitte Nominé, Vincent Mathieu, Marie-Claude Barroche, Anne Réveillé, Florence Gayot, Jean-Philippe Camu, Thibault Chaix, Julien Vély, Benjamin Vise, Adil Bennami, Rémi Adam et Antoine Falcone.

PREFACE

C'est avec grand plaisir que j'introduis le livre de Frédérique Péguiron, fruit d'un dur labeur et d'un travail de longue haleine et surtout de qualité.

Les recherches en système d'informations stratégiques ont ceci de particulier que souvent les outils et les pratiques ont précédé, si ce n'est les idées, tout au moins la recherche.

En effet on dit souvent qu'il faut vingt ans, en particulier en informatique d'organisation, pour passer des propositions de recherche aux applications dans les PME/PMI ou dix ans pour les grands groupes où il y a un service de recherche et développement. Ce fut le cas par exemple pour les modèles et les méthodes objets et même pour les systèmes relationnels même si là le verrou était plus technique que conceptuel.

Or, a contrario, en informatique décisionnelle, cela fait de nombreuses années que les services par exemple marketing, bancaires etc. ont mis en place des outils d'analyse afin de mieux satisfaire leurs clients. Il est vrai également que l'évolution galopante des TICE a permis le développement de l'aide à la décision en ligne et facile d'accès.

C'est dans ce contexte que se situent les travaux de Frédérique Péguiron. De culture et formation documentaliste, elle a soutenu une thèse sur la possibilité d'un système d'informations stratégiques destiné aux Universités et surtout tenant compte des différents acteurs, puis a intégré l'ENSSIB (Ecole Nationale Supérieur des Sciences de l'Information et des Bibliothèques) pour devenir conservateur d'état des bibliothèques.

Elle a ainsi défini un modèle qui lui permet de représenter trois types d'acteurs principaux, leurs besoins, leurs activités et leurs fonctions propres, ayant chacun leur vue sur l'entrepôt de données construit :

⇒ les étudiants bien sûr qui par le biais des espaces numériques de travail (ENT) peuvent accéder à toute une série de ressources qui vont de leur dossier étudiant à leurs cours propres ou à disposition de la communauté étudiante ;

⇒ les professeurs qui non seulement ont des accès similaires aux étudiants (y compris à leur dossier de carrière) mais peuvent déposer des cours, relever le travail des étudiants, s'adresser à des listes d'étudiants prédéfinies, définir les emplois du temps etc. ;

⇒ enfin le personnel administratif qui outre les services précédents pourra disposer d'outils de gestion particuliers et sophistiqués, comme des tableaux de bord, qu'ils pourront par exemple fournir et mettre en forme pour les directeurs de composantes universitaires.

Toutes ces propositions ont bien sûr donné lieu à des expérimentations pour prouver la validité des idées.

La première fut réalisée sur les diplômes de l'UFR (unité de formation et de recherche) Mathématiques et Informatique de l'Université Nancy 2 ; la deuxième sur les ressources de l'ENT qui préfiguraient les possibilités actuelles de ces environnements. Le tout est rédigé dans une optique « intelligence économique » qui est la base des travaux de l'équipe SITE (systèmes d'informations pour l'intelligence économique) du LORIA (laboratoire lorrain de recherches en informatique et ses applications), le système d'informations stratégiques qui nous préoccupe ici étant le noyau du système d'intelligence économique. Ces expérimentations ont été faites avec la plate-forme Mondrian et les outils Openi qui étaient le début des logiciels open source pour l'informatique décisionnels. Grâce à ce choix, la transportabilité a été assurée à moindre coût dans tous les sens du terme puisque n'utilisant pas de logiciels commerciaux éminemment onéreux comme on le sait.

Dans ce livre vous trouverez donc les principes sous jacents à ces travaux (chapitre 1, 2, 7) recouvrant les définitions de SITE de l'intelligence économique et des entrepôts de données ainsi que les normes et standards retenus pour la modélisation des ressources documentaires (chapitre 4). Les chapitres 3 et 6 sont consacrés aux acteurs considérés dans ce contexte ; enfin les derniers chapitres sont consacrés aux expérimentations développées dans le cadre de ce travail.

Une bibliographie riche de nombreuses références dans le domaine ainsi qu'un glossaire étoffé complètent le propos.

Les propositions de Frédérique Péguiron font une synthèse qui à mon sens sera une référence dans le domaine tant elles sont novatrices mais aussi tout à fait abordables à la lecture.

Je recommande, donc, chaudement la lecture de cet ouvrage à tous ceux qui veulent comprendre l'intérêt et les applications concrètes de l'intelligence économique et des entrepôts de données.

Il ne me reste plus qu'à vous souhaiter une très bonne lecture !

Fait à Nancy, le 20 février 2008

Odile Thiéry
Professeur d'Informatique à l'Université Nancy 2

L'INTELLIGENCE ECONOMIQUE AU SERVICE DES ACTEURS DE L'UNIVERSITE :

LA QUESTION DU PARTAGE DE L'INFORMATION SUR LES CAMPUS

Sommaire

Introduction 13

Partie I : De l'intelligence économique dans les organisations au management de l'information dans les universités 19
    Chapitre 1 L'intelligence économique 21
    Chapitre 2 Les Principes de gestion par les systèmes d'information 67
    Chapitre 3 Les acteurs 105

Partie II : Modélisation de l'acteur d'un système d'information stratégique universitaire 111
    Chapitre 4 Prise en compte des normes et standards pour modéliser les ressources documentaires 115
    Chapitre 5 L'intelligence économique intégrant la modélisation de l'utilisateur dans un contexte universitaire 127
    Chapitre 6 La modélisation de l'acteur 139

Partie III : Le modèle RUBI^3 Amélioration et enrichissement du modèle par une expérimentation et une application 161
    Chapitre 7 Entrepôt de données ou l'outil choisi pour l'expérimentation 165
    Chapitre 8 RUBI^3 ⇔ RUBICUBE 193
    Chapitre 9 Amélioration du modèle et son exploitation pour une application . 203

Conclusion 239

Glossaire 243

Bibliographie 247

Introduction

Cet ouvrage porte sur l'application de l'Intelligence Economique dans un Système d'Information Stratégique Universitaire par les apports de la modélisation des acteurs. Nous empruntons le processus d'intelligence économique pour faire évoluer un système d'information universitaire en un système d'information stratégique universitaire.

Nous proposons de montrer que, si nous recourons à la modélisation des utilisateurs en amont de la conception d'un système d'information de ressources documentaires, nous aboutissons à une amélioration de la satisfaction des usagers ou utilisateurs finals du système d'information. Le contexte de cet ouvrage s'inscrit dans un cadre universitaire.

La question suivante : « Comment intégrer la représentation de l'utilisateur dans un système d'information stratégique universitaire ? » guide notre démarche et sous-tend nos réflexions autour de la modélisation de l'utilisateur. Une étude sur les fonctions, les usages et les besoins des utilisateurs participe à la représentation de l'utilisateur du système d'information universitaire. La classification des utilisateurs selon leurs activités sur le système aboutit à des constatations qui les font passer au rang d' « acteurs ».

Nous sommes dans un environnement de formation où évoluent des acteurs qui ont recours à des systèmes de ressources documentaires, des systèmes de production d'information et des systèmes de recherche d'information. Les dispositifs des technologies éducatives mettent à disposition : des cours, des projets accessibles via des systèmes de partages d'informations d'où se dégagent de nouvelles fonctionnalités.

Plusieurs enjeux mettent en relief nos questionnements. Les étudiants ont pour but de réussir, apprendre mieux, autrement, efficacement par la construction d'un projet professionnel qui doit les aider à trouver un emploi. Parallèlement au problème de la mise en valeur du contenu des informations, la visibilité des auteurs peut être améliorée par la prise en compte de l'architecture des supports électroniques dans un contexte de production. Par ailleurs, on constate que l'usage qui est fait de l'information trouvée reste le point aveugle ; cette constatation nous oriente vers la proposition d'un système d'information où l'acteur évolue dans un système d'information collaboratif. Le processus de l'intelligence économique permet d'évaluer les « prises de risques » ou au contraire les « bénéfices ramenés » à prendre en compte les enjeux pour l'urbanisation d'un système d'information universitaire.

Le recours à l'entrepôt de données comme outil d'une expérimentation à l'Université Nancy 2 nous a offert la possibilité d'améliorer notre modèle.

Voici quelques indications pour faciliter la lecture de ce présent livre. Explicitons notre document selon deux aspects : le contenant et le contenu pour dissocier la forme du fond du document. Le contenant d'un objet exprime ce qu'il contient. Cela nous permet d'aborder la forme de cet ouvrage. Le contenu exprime ce qui est renfermé dans quelque chose, c'est-à-dire la teneur de l'objet. Ce niveau favorise l'expression du fond de ce livre.

Le contenant

Le contenant aborde l'aspect physique. Notre « document » comporte trois parties, construites elles-mêmes à chaque fois autour de trois chapitres. Les chapitres renferment plusieurs sections et paragraphes. Pourquoi une triade ? Dans la langue française, on peut rapprocher « trois » et « très », qui dans un certain sens signifie beaucoup, de la préposition latine « trans » qui signifie au-delà. L'anglais « thrice » signifie trois fois et parfois plusieurs et les mots « three » (trois), « throng » (foule) et « throug » (au-delà), ont visiblement la même racine. Ainsi les trois premiers nombres ont-ils été utilisés très tôt, trois pouvant signifier à la fois trois et au-delà de trois. En deçà de l'exploitation d'un système symbolique, le chiffre trois marque vraisemblablement les limites biologiques naturelles de l'estimation perceptive d'une quantité d'objets, assujettie à la capacité de mesure de l'œil. Cette aptitude allant rarement au-delà de quatre. La construction physique du document autour de trois (trois parties, comportant à chaque fois trois chapitres) facilite le fil conducteur de la lecture.

Le contenu

Avant toute contextualisation, notre livre aborde trois thématiques complémentaires : l'intelligence économique, le système d'information et les acteurs. Pour avoir un point de vue global de ces trois thématiques, qui constituent chacune une section, nous utilisons un plan en spirale pour illustrer un premier passage.

La première partie concerne l'intelligence économique, les systèmes d'information et les acteurs. Par les recherches, nous constatons que l'intelligence économique, souvent décrite à l'aide d'un vocabulaire guerrier, semble être l'apanage des entreprises ou institutions privées. Aujourd'hui, les universités évoluent dans un contexte de concurrence. Les étudiants, au moment de prendre une inscription dans un établissement, opèrent selon une démarche qualité. La notion de qualité est présente dans le monde de l'industrie depuis une centaine d'années. Aujourd'hui, la gestion par la qualité est le facteur de réussite d'une entreprise. Vendre un produit ou un service de qualité est la clé de la satisfaction de la clientèle et donc de sa fidélité. C'est dans la recherche de la satisfaction du client que nous pouvons faire un parallèle entre les entreprises et les universités ; pour les entreprises la démarche de gouvernance est à but lucratif, pour les universités la démarche de gouvernance concerne davantage un positionnement et une visibilité de l'organisation, le but qui peut tendre également vers une recherche de rentabilité vise principalement à une facilitation de la gestion. L'entreprise est en quête d'un positionnement de performance au niveau de son capital, l'objectif d'une université est d'atteindre le label niveau 1 de qualité dans le classement des universités. Dans le premier cas cela passe par la satisfaction des clients. Dans le second cas, le but est de satisfaire les utilisateurs. La satisfaction des clients en entreprise se formalise en termes de coûts. La satisfaction des utilisateurs en université s'illustre par la satisfaction de leurs besoins.

La seconde partie contextualise les trois thématiques. Nous explicitons alors notre contribution. Un premier chapitre explicite le recours aux normes et standards pour modéliser les ressources documentaires mises à la disposition des utilisateurs. Le second chapitre met en valeur le processus de l'intelligence économique pour intégrer la modélisation de l'utilisateur lors de l'urbanisation d'un système d'information universitaire. Ici nous réfléchissons à l'amélioration d'un système d'information universitaire pour l'amener au rang d'un système d'information décisionnel dans un contexte éducatif. Enfin le troisième chapitre traite de la modélisation de l'acteur.

Cette seconde partie est le lieu où nous pourrons répondre à la question suivante : « Entreprendre une démarche d'intelligence économique dans l'amélioration d'un système d'information permet-il d'améliorer les prestations offertes aux usagers d'une université et d'optimiser les services afin d'arriver à satisfaire ses utilisateurs ? »

Pour répondre à cette question, le bilan de la première partie contribue à mettre en perspective les thématiques étudiées par rapport au système d'information d'une université et de ses acteurs. Au sein d'une université cohabitent de nombreux systèmes d'information spécifiques aux besoins des composantes qui la constituent. Ces systèmes d'information épars abritent des informations qui peuvent être utiles aux composantes voisines. Nous mettons en relief que la prise de décision revient à l'utilisateur final qui évolue dans un système de recherche d'information. La modélisation des ressources documentaires permet d'améliorer le profilage des informations recherchées et contribue à améliorer la visibilité des auteurs. Différentes étapes (concept-théorie-méthode-modèle) empruntées à une démarche scientifique nous permet de mettre en œuvre le processus de modélisation de l'utilisateur d'un système d'information.

La troisième partie concerne la proposition de notre application. Nous aboutissons à la proposition d'un modèle de l'utilisateur final d'un système d'information dans un contexte universitaire : RUBI^3 qui signifie {Représentation des Utilisateurs et de leurs Besoins en Information lors de l'Interrogation après Identification}. Ce modèle prend en compte les besoins des utilisateurs dès la conception du système d'information. Le recours à l'entrepôt de données en tant qu'outil permet de faire évoluer un système d'information en un système d'information stratégique dans un contexte d'intelligence économique. De cette étude naît un acronyme RUBICUBE, terme mnémotechnique au service de la réalisation d'un entrepôt de données qui signifie {Récupération, Utilisateur, Besoins, Identification, Classification, Usinage, Bases métiers, Enrichissement}.

C'est à ce niveau de domaine d'application que nous proposons des solutions sous forme d'une expérimentation. Cette phase d'expérimentation puis d'application aboutit à l'amélioration du modèle RUBICUBE qui permet un raisonnement par niveaux autour de notre concept d'application, c'est-à-dire le Système d'information.

La classification des acteurs de l'université fondée sur leurs activités entreprise en deuxième partie permet de construire les bases métiers d'un entrepôt de données filtrées par rapport aux acteurs pour mettre en place des scénarios d'analyse. Ainsi nous avons montré qu'il est possible de mettre à la disposition des décideurs de l'université des informations synthétiques autour d'indicateurs choisis par eux, pour leur permettre de réaliser des tableaux de bord, afin de procéder à des constats, des suivis d'opérations et de prévisions ou pour mettre en évidence les causes de certains faits. L'analyse des rôles des différents acteurs, en situation de recherche d'information, nous permet de dresser des métas données, afin de prendre en compte le comportement des utilisateurs lors de la constitution de l'entrepôt de données et l'amélioration du système d'information.

Un système d'information stratégique permet aux décideurs d'une institution de disposer d'informations pertinentes et d'outils d'analyse puissants pour les aider à prendre les bonnes décisions au bon moment. Pour mieux répondre aux besoins des utilisateurs, nous essayons de personnaliser les réponses du système. La représentation de l'utilisateur et de ses comportements dans les bases métiers facilite le processus de recherche d'information. La modélisation des acteurs d'une part et des types de documents d'autre part, permet d'élaborer des corrélations afin d'améliorer les réponses. La description de ressources, en vue de leur réutilisation dans des parcours de formation, évoquent les difficultés rencontrées et formulent des propositions pour combler des manques dans les normes existantes et rendre plus opérationnels certains descriptifs.

La mise en relation des acteurs et des documents est possible par les métas données de l'entrepôt de données et la méta modélisation de l'entrepôt de données. Afin de procéder au mieux au développement de notre contribution au système d'information stratégique, la méta modélisation de l'entrepôt de données permet d'élaborer un schéma directeur pour la construction de l'entrepôt de données.

Nous allons à présent aborder les trois parties que nous pouvons synthétiser pour mémoire ainsi :

- Un bilan sur l'intelligence économique, les principes de gestion par le système d'information et les systèmes d'information universitaires et fonctionnalités orientés acteurs.
- La modélisation de l'acteur d'un Système d'Information Stratégique universitaire par la prise en compte des normes et standards pour modéliser les ressources documentaires, l'intelligence économique intégrant la modélisation de l'utilisateur et la modélisation de l'acteur.
- La prise en compte du modèle RUBI^3 pour l'expérimentation et une application favorisant l'amélioration et l'enrichissement du modèle global du système d'information.

En conclusion, nous aurons montré que l'acception du terme Intelligence Economique n'est pas encore suffisamment stabilisée pour en faire une discipline – preuve le nombre de définitions proposées dans le bilan et le nombre de « pratiquants ». De notre point de vue nous considérons le terme comme un concept et non une discipline car ce terme est ambigu dans le langage courant. Au travers des nombreux articles analysés en première partie nous assistons à un mélange de termes comme « discipline », « domaine scientifique », « domaine de recherche » et « axe de recherche ». Nous essayons au travers de cet ouvrage d'apporter notre contribution à l'évolution du monde scientifique en choisissant l'Intelligence Economique comme un objet scientifique sur lequel nous pouvons mener des prospectives.

Partie I : De l'intelligence économique dans les organisations au management de l'information dans les universités

Si vis pacem parabellum. [Jules César]

Chapitre 1 L'intelligence économique

Ce chapitre dessine les contours de l'intelligence économique, son fondement et son évolution. Nous allons montrer que l'intelligence économique est un concept, concept enseigné en tant que discipline dans certaines filières de formation. C'est aussi un processus, processus que nous incluons en tant qu'objet de recherches dans nos réflexions. L'analyse d'articles de presses, d'ouvrages et d'Internet complétée par une analyse de listes de diffusion, puis par l'analyse d'une recherche effectuée dans les bases bibliographiques met en relief l'imbrication de différentes disciplines scientifiques.

Une idée forte prédomine dans l'opinion qui tend à associer la naissance de l'intelligence économique à l'effondrement du bloc de la guerre froide faisant basculer le monde globalisé dans une guerre économique. Cette appréhension du concept « intelligence économique » a été confortée par une catégorie d'acteurs qui occupaient une place dans l'espionnage, qui n'avait plus lieu d'exister sous la même forme, et qui ont fondé ou migré vers des sociétés de renseignements au profit de renseignements économiques pour un monde à dominante concurrentielle.

Différents articles dans la presse informatique et professionnelle témoignent de la place importante occupée par l'intelligence économique dans les industries. Il faut se tourner vers [WILENSKY, 1967] pour trouver les premières analyses autour de l'intelligence économique. Le rapport Martre [MARTRE, 1994b] énonce les grands principes et trace les politiques à mettre en œuvre. Le rapport Carayon [CARAYON, 2003] propose des axes de travail et aboutit à la nomination d'un représentant de l'intelligence économique au sein de l'Etat : Alain Juillet [ARPAGIAN, 2004a]. Cette nomination marque une étape, avalise l'intelligence économique et incite à encourager les PME et PMI à développer des cellules d'intelligence économique au sein de leurs établissements.

L'**intelligence économique** est un concept qui fait l'objet de multiples définitions. On peut le définir d'un point de vue historique, par l'action ou par les applications. De ce fait, nous ne trouvons pas de normes et de standards, ni d'outils qui soient spécifiques à proprement parler à ce concept. En revanche, c'est par les applications que l'on cernera les normes, standards et outils qui gouvernent les systèmes d'information, les entrepôts de données et les ressources documentaires lors d'une démarche d'intelligence économique.

Comme nous le verrons au cours de l'étude de l'état de l'art, les **systèmes d'information** jusqu'à une période récente étaient, dans la majorité des cas, la juxtaposition d'applications technologiques isolées. Cependant, des améliorations considérables naissent comme, par exemple le procédé Ldap[1], véritable pivot des systèmes d'information.

C'est dans cet esprit d'amélioration ou d'urbanisation des systèmes d'information, que nous employons le concept d'intelligence économique pour nos travaux de recherche. Nous voulons montrer par ce travail, qu'après une étude de l'existant des systèmes d'information dans l'université, l'amélioration ou l'urbanisation des systèmes d'information passe par la prise en compte des normes et standards en vigueur pour la conception d'un système d'information ; le but étant de favoriser l'interopérabilité, la réutilisabilité et la pérennité des informations.

La **modélisation** permet de repérer certains manques dans les normes et standards, avant de pouvoir passer à la mise en pratique des procédés.

Le processus de modélisation doit tenir compte des objets qui le constituent, qui changent ou qui évoluent régulièrement – par exemple les besoins des acteurs changent au cours du temps et au cours des réformes. Comme nous le démontrons un système d'information stratégique, reposant sur un entrepôt de données, est un système en interaction permanente entre l'amont et l'aval ou entre le back office et le front office. C'est pourquoi, le processus de vérification, normalement inscrit en bout de chaîne d'un système, fait partie dans nos réflexions, d'une boucle dont les analyses doivent pouvoir être prises en compte en aval, pour enrichir et améliorer le système d'information.

Une analyse fine de l'intelligence économique sous un angle bibliométrique réaffirme que très tôt les sciences de l'information et de la **documentation** font référence à l'intelligence économique. On constate que les établissements documentaires consacrent des rayons aux ouvrages sur l'intelligence économique et des rubriques dans leurs revues sur la documentation professionnelle. Si l'intelligence économique est une discipline à part entière, enseignée dans les universités, constituant la source de nombreuses recherches au sein de laboratoires, peu d'articles témoignent de l'usage de l'intelligence économique comme un processus de gestion dans les universités. Après cette première partie, nous livrerons le résultat de nos recherches pour montrer comment les universités peuvent mettre en place un processus d'intelligence économique. Processus que nous concrétisons par le recours à l'entrepôt de données qui est un outil au service de l'intelligence économique.

Comment expliquer, comprendre, situer, exploiter, appliquer l'intelligence économique ? Pour aborder l'intelligence économique, les sections qui suivent, permettent de :

---

[1] Lightweight Directory Access Protocol (LDAP) est un protocole permettant l'accès des annuaires. LDAP est initialement un frontal d'accès à des bases d'annuaires respectant la norme X.500. Il est devenu un annuaire natif (standalone LDAP) utilisant sa propre base de données, sous l'impulsion d'une équipe de l'Université du Michigan.

- La cerner par des définitions,
- La situer par des aspects historiques,
- la comprendre par ses acteurs et des analyses,
- l'appréhender par le point de vue de l'équipe SITE-LORIA,
- l'exploiter par des outils,
- la cerner par le dépouillement des listes de diffusion,
- l'observer au travers de son évolution par les bases bibliographiques.

1.1. L'Intelligence Economique au travers de définitions

C'est Outre-Atlantique que le concept d'intelligence économique a connu ses premiers développements, il y a une dizaine d'années, pour constituer aujourd'hui un domaine d'activité particulièrement dynamique. Aux Etats-Unis, cette notion se caractérise également par sa dimension active, dimension qui semble à ce jour un peu négligée dans la définition et la mise en œuvre de l'intelligence économique en France.

En France, l'intelligence économique est un concept relativement nouveau. Il n'existe pas de définition unique de l'intelligence économique. Pour Bernard Besson et Jean-Claude Possin [BESSON et POSSIN, 1996], il s'agit de : « La capacité d'obtenir des réponses à des questions en découvrant des intelligences entre deux ou plusieurs informations préalablement mémorisées. L'entreprise mettra au service de cette capacité tous les moyens dont elle dispose pour saisir des opportunités ou détecter des menaces ». Le groupe de travail présidé par Henri Martre [MARTRE, 1994b], en 1994, retient de l'intelligence économique la définition suivante : « L'intelligence économique peut être définie comme l'ensemble des actions de recherche, de traitements et de diffusion (en vue de son exploitation) de l'information utile aux acteurs économiques... » Carlo Revelli [REVELLI, 1998] propose une définition qui tient compte de ces concepts : « Processus de collecte, traitement et diffusion de l'information qui a pour objet la réduction de la part d'incertitude dans la prise de toute décision stratégique. Si à cette finalité on ajoute la volonté de mener des actions d'influence, il convient de parler alors d'intelligence économique ».

Celle-ci ne se résume évidemment pas à la surveillance des activités des concurrents. C'est l'ensemble de l'environnement de l'entreprise qui est concerné. Ces diverses actions sont menées en toute légalité et en préservant les informations stratégiques de l'entreprise.

L'intelligence économique a pour objectif de permettre aux décideurs et managers de l'entreprise de disposer d'une information de valeur, à laquelle ils puissent se fier dans le cadre de leurs prises de décision. Pour cela, il s'agit de produire de l'information pertinente et à forte valeur ajoutée. Cette exigence doit se retrouver à travers les différentes phases du processus : collecte de l'information, traitement et diffusion.

L'intelligence économique est une interface entre l'entreprise et son environnement. Les stratégies de différenciation entre concurrents de plus en plus complexes et précises obligent les entreprises à considérer l'information comme une valeur, une « ressource » à part entière. L'information est « intégrée comme bien immatériel à l'outil de travail. Elle est à ce titre une source collective de profit et une des garanties de la pérennité de l'entreprise » [MARTRE, 1994b].

Puissant outil de connaissance à la disposition des entreprises, le concept d'intelligence économique doit être envisagé dans une perspective à long terme, au fur et à mesure duquel l'entreprise sera amenée à acquérir une intelligence aussi bien économique que « culturelle » de son environnement et de ses concurrents.

L'intelligence économique a également pour rôle de valoriser l'information en la faisant circuler dans l'entreprise. Cette caractéristique peut s'appuyer sur les réseaux internes de l'entreprise comme l'intranet. L'intelligence économique prend aussi en compte l'aspect défense des informations et des « savoir-faire » de l'entreprise.

Nous considérons l'Intelligence Economique, comme un choix d'approche pour notre étude. Nous l'envisageons alors comme l'ensemble des méthodes et des techniques de gestion de l'information et d'utilisation des flux d'information pour l'anticipation des évolutions, pour l'action d'apprentissage organisationnel et pour l'activité stratégique d'adaptation de l'institution à l'environnement et aux besoins des utilisateurs.

L'intelligence économique se pratique donc en vue de l'action, de l'accroissement des performances et de la meilleure satisfaction du client, de la modification des conventions, par la forte circulation de l'information dans l'institution. Elle suppose le développement de la capacité interprétative et de l'apprentissage, des représentations, de la capitalisation des connaissances et du développement des compétences.

Dans son article du premier numéro de la Revue Française d'Intelligence Économique, [COLLETIS, 1997] montre que l'intelligence économique est un nouveau concept en analyse économique dans un système de création de richesses fondé sur le savoir.

Après ce rapide tour d'horizon du concept « Intelligence Economique », un historique plus détaillé permet d'en identifier la naissance et l'évolution.

1.2. L'Intelligence Economique par l'histoire

Les sources

Le désir de connaître [DELBECQUE, 2004] pour maîtriser davantage son environnement en élaborant une stratégie et en mettant en œuvre des tactiques constitue l'un des fondements de toute démarche anthropologique. L'homme veut savoir pour agir : c'est une donnée de base de la condition humaine. Or, c'est le socle même de l'intelligence économique [COUZINET, 2005]. Cette démarche ne constituait pas, jusqu'à la fin des Trente Glorieuses une nécessité comparable à celle qu'elle est aujourd'hui devenue. L'intelligence économique et concurrentielle, également qualifiée de stratégique, constitue l'héritage, la résultante de cinq grandes dynamiques historiques, à savoir :

- La mutation conflictuelle endogène du capitalisme, liée à la difficulté accrue de conquête et de maîtrise des marchés, c'est-à-dire au coût de conservation ou d'acquisition d'un avantage compétitif dans le cadre d'un monde globalisé,
- La rupture des logiques de bloc de la Guerre Froide, génératrice de complexité et donc démultiplicateur d'incertitude,
- L'évolution des formes de la guerre articulées sur les métamorphoses de la contrainte, qui établit la guerre économique comme conflictualité dominante, dans le cadre de relations de coopération/concurrence, dénommées « coopétition »[2],
- L'émergence de la société de l'information, à la fois créatrice de concurrence et facteur de suprématie cognitive, donc économique,
- L'impératif d'une gestion offensive de l'information, haussée au rang de capital stratégique, pour conserver ou acquérir la position dominante dans le rapport nécessairement asymétrique à l'information.

Parce que ces tendances de fond sont autant de défis accentuant la dimension conflictuelle de l'activité économique, le caractère structurant de cette conflictualité pour le monde social, et la complexité de l'environnement global dans lequel elle s'inscrit et se développe, il fallait approcher l'économie de marché différemment : à « nouvel esprit » du capitalisme, nouvelle posture intellectuelle et praxis... Ce que constitue précisément l'intelligence économique, et la rend tout à la fois l'outil indispensable et premier du management stratégique.

---

[2] Coopétion : Néologisme formé par la collision des mots coopération et compétition. Désigne le fait que des entreprises concurrentes partagent des investissements ou d'autres ressources, le plus souvent pour se partager des économies d'échelle.

1.2.1 Année 1960 : Harold Wilensky

Harold Wilensky [WILENSKY, 1967] est un sociologue américain qui propose dès les années 1960, le concept d'intelligence organisationnelle. Pour lui, l'intelligence organisationnelle se décline à travers le recueil, l'analyse, l'interprétation et la diffusion de l'information utile au processus de décision de l'organisation. H. Wilensky pose les deux grandes problématiques qui font aujourd'hui l'objet de tant de préoccupations :

- Les stratégies collectives et la coopération entre gouvernements et entreprises dans la production d'une connaissance commune pour la défense de l'avantage concurrentiel,
- L'importance de la connaissance dans l'économie et l'industrie comme moteur stratégique du développement et du changement.

Si l'information est source de pouvoir, elle est aussi source de « confusion » : le fameux « trop d'information tue l'information ». Cette défaillance exacerbe les problèmes que rencontre le renseignement, donc notamment l'intelligence économique. L'intelligence économique pâtit souvent d'une mauvaise image liée, la plupart du temps, à la mauvaise gestion du secret (versus partage), et aux structures (hiérarchies et cloisonnements versus réseau).

Selon [WILENSKY, 1967], le développement d'Organisations intelligentes et leur protection contre les « pathologies liées à la mauvaise gestion de l'information » réside dans le comportement des décideurs vis-à-vis de la connaissance et dans la capacité des spécialistes de l'information à influencer le cours de la stratégie. Il est essentiel alors de conjuguer les techniques d'intelligence économique avec le pilotage stratégique et les processus décisionnels. Pour Harold Wilensky, l'intelligence économique ne consiste pas en l'accumulation brouillonne d'informations : il s'agit de produire des connaissances – à vocation opérationnelle –, dont la qualité dépend des compétences d'interprétation et d'analyse du facteur humain.

On peut compléter ce raisonnement en se rappelant ce qu'affirmait Edgar Morin [MORIN, 1999] avec raison : « l'intelligence, écrivait-il, est l'aptitude à s'aventurer stratégiquement dans l'incertain, l'ambigu, l'aléatoire en recherchant et utilisant le maximum de certitudes, de précisions, d'informations. L'intelligence est la vertu d'un sujet qui ne se laisse pas duper par les habitudes, craintes, souhaits subjectifs. C'est la vertu qui se développe dans la lutte permanente et multiforme contre l'illusion et l'erreur ». En somme, l'intelligence du monde [DELBECQUE, 2004] (à commencer par celle que l'on dit « économique et concurrentielle ») – colonne vertébrale du processus décisionnel – vise à réduire les incertitudes, autant que faire se peut, pour prendre des décisions optimales, donc minimisant les risques.

L'intelligence économique et concurrentielle s'appréhende conséquemment comme un prolongement, non comme un substitut ou un dépassement du management de l'entreprise. L'intelligence économique implique l'action. Pour cette raison, un tel dispositif ne peut se réduire à une cellule dite d'intelligence économique : il se doit d'innerver l'organisation entière et de mobiliser un périmètre d'individus bien plus large que celui des acteurs spécialisés officiellement impliqués dans l'activité de veille.

C. Harbulot et P. Baumard [HARBULOT et BAUMARD, 1997] commentent les propos d'Harold Wilensky dans « Organizational Intelligence: Knowledge Policy in Government and Industry » et insistent sur le fait que l'intelligence économique est un processus de production de connaissances, par les gouvernements et des industriels, et, lorsque nécessaire, dans le cadre de stratégies collectives.

1.2.2 Année 1994 : Henri Martre

L'effondrement du bloc communiste et la fin de l'affrontement entre les deux entités idéologiques dominantes [MARTRE, 1994b] marquent l'avènement d'une nouvelle géographie économique du monde. La dimension marchande et financière des activités économiques prend une importance inégalée et la pression concurrentielle internationale touche progressivement l'ensemble des secteurs d'activités. Désormais, les relations de coopération-concurrence entre les nations et entre les entreprises se développent sur plusieurs échiquiers au rythme de logiques complexes et parfois contradictoires.

Les entreprises multinationales évoluent au cœur des échanges mondialisés dans une relation permanente de recherche d'alliance et de concurrence. Cette même logique prévaut entre les blocs économiques tels l'Union Economique Européenne ou l'Alena[3], regroupant un nombre croissant de pays industrialisés. A l'échelle des nations, les relations économiques internationales démontrent un regain des dynamiques nationales. Le niveau régional ou local pour sa part, devient porteur d'une nouvelle pratique stratégique, en particulier entre les régions européennes.

Les entreprises sont désormais contraintes d'ajuster leurs stratégies en fonction d'une nouvelle grille de lecture intégrant la complexité croissante des réalités concurrentielles à l'œuvre sur ces différents échiquiers mondiaux, nationaux et locaux. L'efficacité d'une telle démarche repose sur le déploiement de véritables dispositifs d'intelligence économique qui instituent la gestion stratégique de l'information comme l'un des leviers majeurs au service de la performance économique et de l'emploi.

L'intelligence économique devient un outil à part entière de connaissance et de compréhension permanente des réalités des marchés, des techniques et des modes de pensée des concurrents, de leur culture, de leurs intentions et de leur

---

[3] ALENA : Accord de libre-échange nord-américain

capacité à les mettre en œuvre. Elle se définit alors comme l'ensemble des actions coordonnées de recherche, de traitement, de distribution et de protection de l'information utile aux acteurs économiques obtenue légalement.

Dans le contexte actuel de compétition économique mondiale, l'analyse des systèmes d'intelligence économique étrangers les plus performants devint une nécessité. Il s'agit moins de rechercher des modèles transposables à la France que d'identifier les atouts et les lacunes du dispositif français et de comprendre pourquoi des économies de marché ont produit des systèmes de gestion stratégique de l'information plus performants que d'autres.

L'intelligence économique s'est développée sur des bases historiques et culturelles selon des formes différentes au Japon, en Allemagne, au Royaume-Uni, en Suède ou aux Etats-Unis. Ainsi, le savoir-faire allemand dans la gestion stratégique de l'information provient avant tout de l'essor historique du commerce de l'Allemagne à l'étranger. Aujourd'hui, les flux d'informations convergent vers un centre stratégique caractérisé par le maillage d'intérêts qui associent les banques, les grands groupes industriels et les sociétés d'assurances. Les syndicats allemands, grâce à leurs contacts extérieurs, sont très actifs dans la défense des intérêts économiques du pays. Le consensus sur la notion d'intérêt économique national constitue dès lors l'un des principaux atouts culturels de la performance économique allemande.

Dans une même logique, les Japonais ont constitué leur appareil industriel et commercial sur la base d'un usage intensif de l'information économique au service de l'indépendance nationale. La compétitivité de l'économie japonaise repose essentiellement sur une culture collective de l'information. En particulier, les grands conglomérats opèrent une couverture des marchés internationaux à travers un réseau mondial d'information fonctionnant en temps réel. Une solidarité de fait s'instaure entre les entreprises et l'administration.

Contrairement à ces deux modèles, le Royaume-Uni, qui a fondé sa domination durant la première révolution industrielle sur un puissant dispositif de renseignement économique, n'a pas transféré ce savoir-faire au service de son industrie nationale. En effet, le système britannique d'intelligence économique se concentre aujourd'hui essentiellement sur le secteur de la finance.

Par rapport à ces différents modèles, il convient de mettre en perspective l'évolution en cours de pays tels que les Etats-Unis et la Suède.

L'économie américaine dispose d'un système d'intelligence économique riche et diversifié. Mais à l'inverse d'autres pays, la logique qui le gouverne est essentiellement individuelle. Née de la politique des entreprises dans les années cinquante, l'intelligence économique aux Etats-Unis est longtemps demeurée l'outil de leurs rivalités concurrentielles sur le marché domestique. Le débat actuel relatif à l'élaboration d'une doctrine dite de sécurité économique pour la défense de l'industrie et de l'emploi américain atteste d'une évolution majeure vers une gestion collective « public-privé » de l'intérêt national.

Selon cette même logique, la Suède demeure très active dans le domaine de l'intelligence économique. La symbiose entre les entreprises et l'administration est en effet illustrée par des réunions au niveau national, dont l'objectif vise à élaborer une stratégie de renseignement économique ouvert au service de la performance de l'économie suédoise.

Face à l'efficacité des systèmes développés par les « partenaires-concurrents » de la France, notre dispositif d'intelligence économique demeure très en retrait, à l'heure où la compétition sur les marchés globalisés appelle l'urgence d'une mobilisation collective des capacités offensives et défensives des acteurs économiques.

Malgré les initiatives développées par certains experts qui ont mis en avant l'importance de la veille stratégique, les efforts engagés ne bénéficient qu'aux entreprises sensibilisées dans les domaines en alerte, tels que par exemple l'aéronautique, les télécommunications et l'énergie, révélant ainsi la faible mobilisation d'une large partie du secteur manufacturier.

Deux freins majeurs s'opposent encore à une large diffusion de la pratique de l'intelligence économique. D'une part, les deux fonctions « informatives » clairement identifiées par les entreprises – la protection de leur patrimoine industriel et la veille technologique – attestent d'une conception partielle de l'intelligence économique. En outre, cette veille axée sur l'innovation et la commercialisation des produits s'est développée au cours des deux dernières décennies dans les grands groupes, mais demeure balbutiante dans l'immense majorité des PME-PMI. D'autre part, l'ensemble des acteurs nationaux n'a pas véritablement pris conscience que la compétitivité et la défense de l'emploi dépendent aussi de la gestion stratégique de l'information économique. Il en résulte une méconnaissance des mécanismes mis en œuvre par les systèmes productifs offensifs, une évaluation floue des menaces et souvent un grave déficit d'ajustement stratégique.

L'ampleur des mutations provoquées par la globalisation des marchés ne peut plus désormais être maîtrisée dans le cadre des organisations classiques. L'appréhension des environnements complexes impose une révision des modes de réflexion et des comportements de l'ensemble des acteurs économiques. A cet égard, plusieurs orientations de fond paraissent nécessaires.

Les états-majors des groupes, comme les responsables de PME-PMI doivent désormais s'impliquer dans la mise en œuvre de l'intelligence économique et avant tout formuler clairement leurs orientations, leurs besoins d'information élaborée. La création d'animateurs de la fonction d'intelligence économique dans l'entreprise doit accompagner la mise en place d'une organisation flexible fonctionnant en réseau, la sensibilisation et l'association des syndicats à l'ensemble de ces réformes devenant un gage d'efficacité.

Situé au cœur du système d'intelligence économique, l'Etat doit jouer un rôle incitatif puissant dans ce domaine. Il devient indispensable que les administrations concernées, dans le cadre d'un débat public, adaptent leurs missions aux nouveaux enjeux de la mondialisation des économies. Une telle réforme nécessite de la part de l'Etat un décloisonnement de ses services, un renforcement des circuits publics d'échanges d'information aux réalités concurrentielles des marchés globalisés, afin d'être en capacité de définir une vision stratégique globale et de mobiliser les acteurs économiques sur des priorités d'actions définies en fonction des pôles multiples de l'économie nationale.

Les régions constituent aujourd'hui l'un des champs d'action essentiels de la concurrence liée à la globalisation des échanges. L'anticipation des menaces et des opportunités qui y sont liées pousse les acteurs locaux (collectivités, réseaux consulaires, associations de développement...) à la mise en place de dispositif collectif de gestion de l'information utile. Dès lors, l'intelligence économique devient un outil essentiel destiné à définir les priorités stratégiques adaptées aux nouveaux enjeux des régions et des entreprises, selon trois priorités constitutives de toute stratégie régionale efficace :

- L'intensification des actions de développement local, notamment en coordination avec d'autres régions,
- L'intensification de stratégies d'alliances inter-régionales à l'échelle européenne,
- La mise en place de réseau d'appui à l'export fondé sur la coopération entre les entreprises, les régions et les administrations nationales compétentes.

De telles réformes doivent être conduites dans le même temps et sont indissociables de la définition d'une politique stratégique nationale à long terme mobilisant la volonté claire, affichée par la puissance publique qui, seule, pourra donner l'impulsion nécessaire.

1.2.3 Année 2003 : Bernard Carayon

Le rapport de Bernard Carayon [CARAYON, 2003] au Premier Ministre Jean-Pierre Raffarin propose des réflexions autour de l'intelligence économique selon cinq axes qui portent sur les acteurs et les champs de l'intelligence économique, la compétitivité de la France, la révision de la politique d'influence, la formation à l'intelligence économique et l'intelligence économique et les territoires.

D'après [CARAYON, 2003] l'intelligence économique a fait l'objet de multiples définitions d'experts. Plusieurs des personnalités auditionnées ont souligné la confusion – entretenue par la double acception du mot intelligence – entre intelligence économique et espionnage, et suggéré de changer d'appellation. A la fois anglicisme et néologisme, « l'intelligence économique » reste cependant une « marque » sur laquelle tout le monde s'entend, faute d'un autre choix crédible.

Il sera fréquemment fait référence au « modèle américain » : modèle politique, modèle d'Organisations administratives ou de comportements d'entreprises. Le but de ce rapport n'est évidemment pas de désigner un adversaire mais bien d'attirer l'attention sur les avantages d'une doctrine affirmée, de pratiques assumées et de mesurer leurs conséquences dans les relations internationales économiques et politiques. L'objectif de ce rapport n'est pas d'épuiser les problématiques des différents thèmes abordés ou de garnir les étagères des spécialistes.

Dix années après la parution du rapport dit « Martre » du Commissariat Général au Plan [MARTRE, 1994b] intitulé « *Intelligence économique et stratégie des entreprises* », les acteurs, les points d'application, les pratiques et le contenu même de l'intelligence économique ont beaucoup évolué. Il est temps de redonner à celle-ci la dimension stratégique qu'elle perd parfois au profit de discours verbeux vantant les mérites de tel ou tel outil logiciel ou mode d'Organisation. Il s'agit, conformément aux termes de la lettre de mission du Premier Ministre, de proposer des mesures opérationnelles et des axes de travail. Certaines des propositions élaborées par la mission concernent plus directement l'organisation de l'Etat ou la mise en place de procédures spécifiques. Elles font l'objet d'un développement non publié.

1.2.4 **Année 2004 : Alain Juillet**

Alain Juillet [ARPAGIAN, 2004a] est nommé haut responsable en charge de l'intelligence économique auprès du Premier Ministre. Dans le cadre de la société de l'information, l'ancien numéro deux des services secrets français a pour mission de sensibiliser administrations et entreprises aux enjeux de l'intelligence économique. Sa mission au sein du Secrétariat Général de la Défense Nationale, consiste à faire en sorte que les entreprises et les administrations françaises se préoccupent plus systématiquement de la manière dont elles peuvent tirer parti des technologies de l'information dans un contexte de guerre économique.

D'après Alain Juillet 90% des données qui intéressent les entreprises pour leur développement sont librement accessibles. C'est dans la collecte et le tri de ces matériaux à valeur ajoutée que les systèmes d'information peuvent faire valoir leur utilité. Cela suppose une collaboration étroite de la direction des systèmes d'information avec les autres départements de l'entreprise. Sa fonction, confiée par le Premier Ministre Raffarin, à la suite du rapport Carayon, doit permettre d'identifier tout ce qui se fait dans le domaine de l'intelligence économique au niveau des administrations et des services de l'Etat. Le but est d'amener l'ensemble des entreprises françaises à découvrir le concept, à le pratiquer, et à se l'approprier.

Il rappelle que l'intelligence économique est la maîtrise et la protection de l'information stratégique qui donne la possibilité aux chefs d'entreprise d'optimiser leur décision. Le responsable de l'intelligence économique doit être proche de la direction pour en connaître les orientations et en rendre compte. Il doit être capable d'identifier et d'utiliser des moyens performants de veille, d'analyse ou de protection. Les directions des systèmes d'information jouent un rôle essentiel car il est impossible de faire de l'intelligence économique performante sans un outil informatique très performant, capable d'évoluer au gré des progrès techniques. Le marché est devenu mondial, le connaître implique de recueillir et de traiter très rapidement une énorme quantité de données.

Le concept d'intelligence économique ne se réduit donc pas uniquement à la veille et à l'analyse par des moyens informatiques. Le rôle de l'Etat n'est pas de se substituer aux sociétés mais de les aider à s'approprier la démarche. Les grandes entreprises sont en mesure d'œuvrer seule. Le problème se situe au niveau des petites et moyennes entreprises. Le ministère de l'intérieur, l'Agence pour la diffusion de l'information technologique (Adit), les Agences régionales d'information stratégique et technologique (Arist), l'Association française pour le développement de l'intelligence économique (Afdie) mettent en place un concept d'intelligence territoriale.

Alain Juillet [DELBECQUE, 2004] remarque que le concept d'intelligence économique, inconnu en 2004, prend corps. Le phénomène est accentué par les jeunes générations qui baignent dans l'informatique depuis l'enfance. Ce qui n'est pas le cas chez les plus âgés, même quand ils ont pris l'habitude d'utiliser les technologies de l'information.

Alain Juillet distingue la situation des administrations et celle des entreprises. Dans la fonction publique, les dirigeants sont en général convaincus que l'intelligence économique peut être utile. C'est beaucoup moins vrai à l'échelon inférieur, où la détention d'informations est avant tout une question de pouvoir. Les dirigeants croient donc moins aux vertus de l'échange et du travail en réseau. Des présidents de grands groupes sont persuadés du caractère hautement stratégique de l'intelligence économique. Nombre de managers ne rejettent pas le concept, mais voient d'un mauvais œil l'intervention de l'Etat dans ce domaine. Ils se considèrent suffisamment grands pour s'en occuper seuls.

Ce qui peut être vrai pour les cinq cents sociétés françaises disposant d'une taille critique pour cela, mais laisse de côté les quelques 2,3 millions de PME et PMI. Or, dans les secteurs technologiques notamment, ces structures plus petites peuvent engendrer des géants, voire de futurs leaders mondiaux. Quinze secteurs stratégiques ont été identifiés et classés confidentiels. Les autorités françaises ont décidé d'y favoriser les efforts en intelligence économique des acteurs de l'économie afin de les aider à se battre à armes égales sur le marché mondial. A l'instar de ce que fait par exemple, le gouvernement des Etats-Unis, qui défend une pratique libérale en théorie, mais sait parfaitement, dans la pratique être protectionniste quand il s'agit des intérêts nationaux.

Par exemple, la France manque cruellement d'outils informatiques d'origine française ou européenne – notamment de solutions en matière d'extraction de données sémantiques ou vocales, d'outils de traduction automatique ou de moteurs de recherche spécifiques. Maîtriser cette chaîne technologique est indispensable pour la sécurité et l'intégrité des transmissions dans le cadre du système d'information. Des solutions sont à l'étude pour faire évoluer le droit communautaire qui, par exemple, interdit, au nom des règles de la concurrence, que l'Etat réserve une partie de ses dépenses à des petites entreprises, qui pourraient gagner en solidité. La création de fonds d'investissement permettrait à des entreprises de financer de jeunes pousses détentrices de technologies innovantes.

Au niveau de l'enseignement de l'intelligence économique, un programme contenant les éléments indispensables qui doivent être enseignés en formation initiale ou en formation continue est en cours d'élaboration. Les universités, les écoles d'ingénieurs et de commerce sont fortement encouragées à intégrer l'intelligence économique comme une matière à part entière.

Il ne peut y avoir de politique d'intelligence économique sans système d'information performant. Mais il ne faudrait pas cantonner l'intelligence économique à des contraintes de système d'information. Celui-ci n'est qu'un outil au service de la stratégie. Les directeurs des systèmes d'information doivent saisir cette opportunité pour considérer leur mission comme transversale entre toutes les fonctions opérationnelles de l'entreprise. Il n'est pas sûr que les managers en charge du marketing aient totalement pris conscience de leur rôle à ce sujet. En ne réalisant pas que nous passons d'une économie de la demande à une économie de la connaissance.

A la question concernant la nomination d'un monsieur intelligence économique dans les entreprises, Alain Juillet approuve uniquement si elle remporte l'adhésion des cadres dirigeants. Il met en garde sur le fait qu'il ne doit pas s'agir d'un poste fourre-tout et de tirer parti des leçons du passé qui ont permis d'observer que qualité et développement durables ont constitué des notions qui ont souvent été galvaudées.

1.3. L'Intelligence Economique par son processus

1.3.1 **Un processus de management stratégique**

Les entreprises [ARPAGIAN et TAVAILLOT, 2004] évoluent dans un environnement en complexification croissante. En outre, le développement hyperbolique des alliances, fusions, acquisitions et autres grandes manœuvres entrepreneuriales, accentue la difficulté de décryptage du réel capitaliste parce qu'il dynamise la création de réseaux complexes d'interrelations, d'interdépendance et de coopétition. Cette évolution influence le processus d'acquisition d'informations et, conséquemment, le mécanisme décisionnel : en effet, la compétitivité d'une organisation – et donc sa pérennité – dépendant de plus en plus étroitement de sa capacité d'adaptation et de sa vitesse de réaction dans un environnement complexe, il faut savoir l'essentiel puis agir vite. Adaptabilité qui exige l'anticipation à travers la surveillance systématique et rationalisée de l'environnement global (on parle dès lors de vieille stratégique), puis la gestion « offensive » des flux d'informations. Il faut considérer l'environnement comme une variable stratégique en permanente reconfiguration et sur laquelle l'entreprise peut agir, voire même contribuer à façonner, par la maîtrise de l'information.

Or, c'est la fonction même de l'intelligence économique que de traiter les données et les informations, de créer de la connaissance efficace. L'une des définitions les plus récentes, formulée par Jérôme Dupré [DUPRE, 2002], l'explicite adéquatement : « En tant que concept, écrit-il, l'intelligence économique est une notion nouvelle qui englobe l'ensemble des problématiques de sécurité de l'information et qui inclut notamment sa protection, sa gestion stratégique à des fins décisionnelles ou des actions d'influence au profit des entreprises ou des États. Elle est généralement présentée comme une démarche collective ayant pour objet la recherche offensive et le partage de l'information dans le cadre d'un mode d'Organisation transversal. Elle s'inscrit dans le nouveau paradigme de la guerre économique ». On peut finalement la qualifier, premièrement, de système de surveillance de l'environnement de l'entreprise, et deuxièmement, d'action sur celui-ci, afin de détecter les menaces et d'exploiter les opportunités.

1.3.2 Le fondement : le cycle du renseignement

L'information désigne un processus : succession d'actions par lesquelles on accroît son stock de données pour élaborer de la connaissance. L'information concerne également le résultat du processus : c'est-à-dire la valeur ajoutée. L'information se définit comme tout élément ou signe qui peut être transmis ou stocké et qui participe de la représentation du réel. Chaque information possède des propriétés telles que :

- l'origine,
- l'itinéraire,
- la vitesse de circulation,
- la durée de vie.

La création d'information constitue un processus continu visant à augmenter « l'intelligence » de la réalité, c'est-à-dire sa compréhension. Elle est représentable comme une dynamique spiralée fondée sur l'apprentissage, donc la maîtrise de la nouveauté, du changement. Certains parlent à ce propos de métabolisation. En tout état de cause, c'est un processus de transformation des données, ou plutôt d'intégration dans une structure de sens, visant à alimenter une logique d'action et de décision orientée par un but.

Cette dynamique informationnelle est, en fait, ce que l'on nomme habituellement le « cycle du renseignement ». A cet égard, on peut certes affirmer que l'information est la « matière première » du renseignement, et « qu'un renseignement est une information élaborée, pertinente et utile, correspondant aux besoins de celui qui la reçoit ». Mais dès lors, comment le distinguer de la connaissance, du savoir ? En fait, le renseignement désigne « des connaissances de tous ordres sur un adversaire potentiel, utiles aux pouvoirs publics, au commandement militaire ». Mais on peut aussi considérer que savoir (ou connaissance) et renseignement se recouvrent très largement, sauf à poser que l'usage du second doit être réservé au domaine politico-stratégique et militaire. Dès lors, le cycle du renseignement peut aussi bien être un cycle de la connaissance. Le cycle de renseignement se déroule en quatre phases : l'orientation générale, la recherche, l'exploitation et la diffusion. Il constitue le support indépassable de l'intelligence économique.

- Durant la première étape, les grands enjeux sont identifiés, et les besoins en renseignements définis en conséquence. Ce qui donne lieu à une planification de la collecte d'informations, à l'émission de demandes ciblées, ainsi qu'à un contrôle régulier de la productivité des instances de recherche. Les besoins s'expriment de manière ponctuelle ou sous forme d'un catalogue de questions adressées aux unités de collecte par les organes d'exploitation.

- La collecte ou recherche, se définit comme la période de recherche où sont identifiées et exploitées les sources d'informations, ceci dans le cadre d'une planification.

- L'analyse, c'est-à-dire le traitement ou l'exploitation, compose l'étape au cours de laquelle les données et informations passent à l'état de connaissance à travers un processus systématique d'évaluation, d'interprétation et de synthèse destiné à élaborer des conclusions (articulées sur des éléments significatifs) répondant aux besoins de renseignements exprimés.

- La diffusion est l'acheminement des renseignements sous une forme appropriée (orale, écrite ou graphique) aux organes ayant exprimé la demande. Il s'agit bien d'un cycle dans la mesure où le renseignement obtenu permet d'une part d'orienter les besoins nouveaux en renseignements et, d'autre part, de réévaluer constamment la connaissance obtenue en fonction de l'évolution de l'environnement.

1.3.3 Les fonctions du cycle du renseignement

Selon Levet et Paturel [LEVET et PATUREL, 1996], que l'on peut facilement suivre sur ce point, l'intelligence économique – le décryptage une fois réalisé – se déploie dans 4 directions d'action. Il est donc question, à travers le cycle du renseignement, de dresser différentes cartes de l'environnement, des relations concurrentielles, des réseaux informationnels (institutionnels ou non, formels ou informels), des réseaux d'influence, des principaux acteurs (favorables ou défavorables). L'intérêt de ces cartographies stratégiques est de décrypter pour agir.

Si le management s'arme naturellement d'une approche en termes d'intelligence économique, il ne faut néanmoins en aucun cas confondre cette dernière avec la veille stratégique. Toute forme de veille approfondie possède des aspects stratégiques. Rappelons que la veille n'est que l'une des composantes de l'intelligence économique ; on distingue habituellement quatre types de veille : technologique, concurrentielle, commerciale, environnementale.

Elles s'articulent dans une certaine mesure sur les différentes forces concurrentielles de la matrice de Porter. Cette approche simplifiée permet d'ordonner la pensée mais, le plus souvent, les différents types de veille s'interpénètrent. Le cycle du renseignement se place dans une démarche itérative en quatre étapes : expression des besoins informationnels, collecte des données, traitement de ces données en vue de les transformer en informations pertinentes et exploitables, puis diffusion aux destinataires selon le contexte et les contraintes d'utilisation de chacun.

La veille technologique

La veille technologique qui est parfois appelée « veille scientifique et technologique » s'intéresse aux acquis scientifiques et techniques, fruits de la recherche fondamentale et de la recherche appliquée. Elle concerne aussi les produits ou services, les procédés de fabrication. Elle suit l'évolution des systèmes d'information. Les prestations de service dans lesquelles le facteur image est très fort permettent d'opérer une transition avec la veille commerciale.

La veille commerciale

La veille commerciale concerne les clients ou les marchés. Il s'agit de prendre en considération l'évolution des besoins des clients. A l'heure du développement des techniques de fidélisation, la veille commerciale implique le suivi et l'analyse des réclamations. Celle-ci s'intéresse également aux fournisseurs. Cette veille se développe notamment dans les services achats. La recherche d'informations est certes focalisée sur le coût des services, mais s'intéresse également à différentes garanties.

La veille environnementale

Cette veille englobe le reste de l'environnement de l'entreprise. C'est souvent en intégrant habilement les éléments de l'environnement politique, social, culturel et juridique qu'une firme pourra distancer ses concurrents. Selon le type d'entreprise, la veille environnementale, encore appelée veille globale ou sociétale, sera axée sur des aspects différents de la vie économique.

A ces notions de veille, on ajoute l'analyse stratégique qui n'exploite que des informations publiques, souvent inaccessibles du grand public. L'intelligence économique peut éventuellement collecter des informations confidentielles, par des moyens qui ne sont tout de même pas forcément illicites. L'intelligence économique [CIGREF, 2003] est une activité d'ingénierie de l'information s'exerçant dans un contexte concurrentiel, avec une vocation offensive ou défensive selon la synthèse du CIGREF[4].

La veille concurrentielle

La veille concurrentielle analyse les concurrents actuels ou potentiels, les nouveaux entrants sur le marché, pouvant lier leur apparition à l'émergence de produits de substitution. L'information recueillie peut couvrir des domaines très larges comme la gamme des produits concurrents, les circuits de distributions, l'analyse des coûts. L'organisation et la culture d'entreprise, l'évaluation de la direction générale et le portefeuille d'activités de l'entreprise sont autant d'indicateurs au service de la veille concurrentielle.

1.4. L'Intelligence Economique par ses acteurs

1.4.1 Annuaire de l'intelligence économique

Maurice Botbol et Isabelle Verdier [BOTBOL et VERDIER, 2004], directeur du groupe Indigo Publications, rédacteur en chef de la lettre Intelligence Online (sous forme papier ou électronique à http://www.intelligenceonline.fr) est à l'origine de l'ouvrage : France – Le Top 100 de l'intelligence économique. Il sélectionne les experts qualifiés dans le domaine de l'intelligence économique de sociétés privées, de structures de grands groupes industriels, d'organismes publics ou parapublics, des principales associations et de certains établissements d'enseignement supérieurs. Il en ressort que les experts sont pour environ un tiers des prestataires, pour un quart dans l'appareil d'Etat, la formation et les associations et pour le reste (plus de 40%) dans les entreprises, essentiellement du CAC[5] 40. Une place très importante est accordée aux réseaux, réseaux relationnels qui constituent un

---

[4] CIGREF : Club Informatique des GRandes Entreprises Françaises
[5] CAC 40 : Cotation Assistée en Continu

mode de fonctionnement privilégié de la communauté française de l'intelligence économique.

Maurice Botbol et Isabelle Verdier ont procédé par entrevues et questionnaires. La valeur ajoutée de cet ouvrage tient au parcours et la personnalité des experts relatés. On y trouve de nombreux détails biographiques sur les professionnels de l'intelligence économique. Maurice Botbol éclaire les types d'affaires traitées et les méthodes employées pour aider les entreprises clientes à mener à bien leur activité, prévenir des risques et dénouer des situations problématiques. Chaque société est présentée sous deux angles. Une fiche sur le dirigeant avec sa biographie détaillée, son profil, sa formation, son parcours professionnel, ses réseaux de relation, son approche de l'activité de l'intelligence économique et des renseignements auxiliaires.

La société est présentée avec ses coordonnées, ses domaines d'activité, ses champs d'intervention, ses principaux clients. Sont indiqués des renseignements sur les données de base, les chiffres d'affaires ou budgets, le nombre de salariés, les informations sur les principaux responsables de l'équipe. Des exemples de contrats sont traités ainsi que des cas concrets.

L'intelligence économique est un secteur où agissent des entreprises de natures, de tailles et spécialités différentes, où se côtoient anciens officiers du renseignement, anciens policiers ou gendarmes, mais aussi diplômés de sciences politiques, d'H.E.C.[6], économistes professionnels du droit, de la finance, ingénieurs télécoms et bien d'autres spécialistes.

Maurice Botbol et Isabelle Verdier permettent de rendre compte de cette diversité. Nous présentons le résultat de leur étude par un tableau où figurent certaines sociétés, leur date de création, leur chiffre d'affaires. Les noms des dirigeants et les domaines d'intervention permettent de profiler les acteurs de l'intelligence économique par rapport à des thématiques.

Société	Date de création	Dirigeant	Chiffre d'affaires	Domaine d'intervention
ADIT	Depuis 2003, société anonyme à capitaux d'Etat	Dirigeant Philippe Caduc (38 ans)	6 millions de chiffre d'affaires	Création d'une fondation d'entreprises tournant autour des technologies de souveraineté
Société américaine Kroll	Plus grosse société d'intelligence économique et la plus	Dirigeant français Olivier Zany. Les autres dirigeants : un ancien militaire issu du	Grosse partie du chiffre d'affaires réalisée	Recours à Kroll dans le cas d'affrontement entre poids lourds de l'économie

---

[6] HEC : Ecole des Hautes Etudes Commerciales

	ancienne sur un plan mondial	renseignement hollandais, un ancien de l'armée israélienne,	avec des clients français	française
Société française Egideria	Expert d'information grise offensive.	Dirigeant Yves-Michel Marti de formation ingénieur télécom		Recherche reposant sur réseaux humains. Clientèles : grands groupes
Société BD consultants	Création 2001	Bruno Delamotte, ex-analyste au Secrétariat Général de la Défense Nationale	75% de son chiffre d'affaires réalisé à l'étranger	Interventions au profit de grands groupes. Société spécialisée en sécurisation des projets et implantations en zones sensibles. Repose sur un précieux réseau de contacts en France et à l'étranger.
GEOS	Création 1997	Dirigeant Stéphane Gérardin, ancien du service action de la DGSE[7]	Plus de 5 millions de chiffre d'affaires	Prestation de sécurité, comme la sécurité d'installations pétrolières
Société Eurodécision-AIS	juin 2001	Dirigeant Philippe Darentière	http://www.eurodecision-ais.com/index.php/	Gestion des conflits et des crises
AB Associates	Depuis 1994	Dirigeant Alain Bauer	5 millions de francs de chiffre d'affaires	Spécialisée dans la sécurité urbaine
Créatis Consulting		Dirigeant Stéphane Malvoisin, ancien de la DGSE		Spécialisée dans le risque voyageur

---

[7] DGSE : Direction générale de la sécurité extérieure

Atlantic Intelligence	En 1993	Dirigeant Philippe Legorjus, ancien patron du GIGN[8]	5,1 M€ de chiffre d'affaires	Société de conseil en sécurité/sûreté, Intelligence économique et communication de crise
FLA Consultants	Créé en 1977	Dirigeant François Libmann. Création du métier de courtier en information en France		Spécialisé dans les sources d'information électroniques en général : banques de données hébergées sur les serveurs professionnels, Internet, Web invisible.
Cybion	Depuis 1996	Dirigeants Carlo Revelli et Joël de Rosnay		Spécialisé dans la veille stratégique sur Internet. Répond aux besoins informationnels des décideurs, en identifiant et en synthétisant l'information stratégique destinée à un processus opérationnel
Datops			5 M€	Société spécialisée dans le datamining
Digimind				Société spécialisée dans le datamining
Antee S.A.S.		Pierre Cabanes		Surveillance de l'évolution du droit et des réglementations dans le monde entier pour

---

[8] GIGN : Groupe d'intervention de la gendarmerie nationale

				prévenir des risques possibles
I2F	Création 2000	Dirigeant Hervé Seveno, ancien de la brigade financière et la police judiciaire	70% du chiffre d'affaires réalisé avec des entreprises du CAC 40	Société spécialisée dans le risque pénal. Ambition : créer un véritable pôle sécurité et intelligence économique

Tableau 1.4-1 : Données signalétiques autour de quelques acteurs de l'intelligence économique à partir de l'ouvrage de Maurice Botbol et Isabelle Verdier

Les notices biographiques montrent comment les itinéraires professionnels des acteurs sont significatifs dans les stratégies mises en place au service de l'intelligence économique.

1.4.2 Les entreprises et l'intelligence économique

Pour Maurice Botbol, la fonction d'intelligence économique est encore mal assumée. Les entreprises sont rares à dire qu'elles ont un responsable intelligence économique. Toutefois il mentionne de grands groupes qui enrichissent le secteur de l'intelligence économique : Air France, Bouygues, EADS, Giat Industries, Accor, LVMH, BNP-Paribas, Danone, Renault, Saint-Gobain, Snecma, FranceTelecom, Total Thales, Thomson, Vivendi Universal, Lafarge, Lagardere, Dassault Aviation, Michelin etc...

1.4.3 L'intelligence économique et l'appareil d'Etat

Maurice Botbol constate une éclipse du « renseignement extérieur ». Pour lui, la DGSE, c'est-à-dire ceux qui devraient être aux avant-postes avec les Finances et les Affaires Etrangères ne font pas d'intelligence économique. La DREE[9] ne joue pas un rôle important dans l'intelligence économique. Maurice Botbol évoque les limites de la diplomatie d'influence, parce que les Affaires Etrangères doivent appuyer les entreprises à l'export, mais on est très loin de ce qui est fait dans les pays anglo-saxons pour obtenir les contrats. En revanche, on note une montée en puissance du Ministère de l'Intérieur qui a pris beaucoup d'importance dans l'intelligence économique. L'actuel patron de la DST[10] a fait de l'intelligence économique un des axes majeurs.

La nomination d'Alain Juillet donne la légitimité à l'intelligence économique. Il en ressort que les professionnels de l'intelligence économique ont des profils très divers que ce soit du monde du renseignement ou des profils

---

[9] DREE : Direction des relations économiques extérieures
[10] DST : Direction de la surveillance du territoire

de conseil en stratégie. Le rapport Carayon et la nomination d'Alain Juillet contribuent à donner un essor à ce domaine encore nouveau en France. La France a du retard en ce domaine mais nombre de formations de qualité existent en intelligence économique. Des démarches intéressantes sont en cours, on l'observe en termes d'intelligence économique territoriale et de développement de réseaux d'experts.

1.4.4 Acteurs de l'intelligence économique en France

Nicolas Arpagian [ARPAGIAN, 2004a] constate également qu'il est difficile d'établir un profil type des acteurs de l'intelligence économique. Les principaux acteurs de l'intelligence économique sont avares d'informations sur leurs clients et réalisations. Ils mettent plutôt en avant leurs états de service antérieurs. On retrouve sur ce marché des anciens des services de renseignements, des militaires en phase de reconversion. Nicolas Arpagian classifie les poids lourds de l'intelligence économique en quatre classes : les universitaires, les consultants, les institutionnel et les entrepreneurs. Pour exemple, voici de façon non exhaustive un certain nombre de personnalités citées que nous avons complétées par des professeurs des Universités de Nancy. Ces personnalités sont classifiées par secteurs d'intervention de l'intelligence économique en quatre classes selon les universitaires, les consultants, les institutionnels et les entrepreneurs.

Les Universitaires		
Nom	Profession	Fonctions
Amos David	Professeur des Universités, Nancy 2 en SIC	Responsable scientifique SITE-LORIA. Directeur des études du DESS-IST-IE créé en 1988, Master PRO spécialité IE
Odile Thiéry	Professeur des Universités, Nancy 2 en informatique	Responsable permanent équipe SITE-LORIA, directrice UFR MI Nancy 2 et service commun du Pôle Lorrain de Gestion, spécialité SIS
Maryse Salles	Maître de conférences Toulouse 1 en SIC	Enseignant-chercheur en conception des systèmes d'aide à la décision et en système d'information
Amiral Pierre Lacoste [LACOSTE et THUAL, 2002]	Enseignant à l'Université de Marne-la-Vallée	Après une carrière militaire qui l'a conduit à la tête de la DGSE, il a opté pour le monde académique en collaborant au Centre d'études scientifiques de la défense de l'Université de Marne-la-Vallée
Christian Harbulot	Directeur de l'Ecole de guerre économique	Enseignant et consultant. A collaboré à l'écriture du rapport Martre

Tableau 1.4-2 : Liste non exhaustive de la classification des secteurs d'intervention de l'intelligence économique pour les universitaires.

Les Consultants		
Nom	Profession	Fonctions
Michel Besson	Editeur « Regards sur l'intelligence économique »	Fondation du bureau européen d'informations commerciales (BEIC)
Philippe Legorjus	Président Atlantic intelligence	Ancien commandant du GIGN a fondé ce cabinet spécialisé dans les environnements instables. Conseiller de la moitié des entreprises du CAC40 dans le domaine de la sécurité et des systèmes d'information
Général Loup Francart	Cabinet Eurodécision-AIS	Ancien officier supérieur de l'armée de terre. Spécialisé dans l'intelligence économique et la gestion de crise.
Olivier Darrason	Président cabinet CEIS[11]	Connaisseur de la machinerie militaire. Un des principaux acteurs privés de l'intelligence économique à la française
Dominique Fonvielle	Cabinet Conseil et informations stratégiques	Ancien colonel de la DGSE. Collabore aux travaux de l'AFDIE[12]
François Libman	Président SCIP[13] France	Fondateur du cabinet FLA consultants. Bon connaisseur de la gestion des sources d'information électroniques

Tableau 1.4-3 : Classification des secteurs d'intervention de l'intelligence économique pour les consultants.

Les Institutionnels		
Nom	Profession	Fonctions
Bernard Carayon	Député-maire de Lavaur	Prise en compte dans le débat économique de la question de l'intelligence économique suite au rapport publié en juillet 2003. Suggestion de la création du poste interministériel de haut responsable en charge de l'intelligence économique
Bernard Besson	Contrôleur général, ministère de l'intérieur	Travail sur les enjeux de l'intelligence économique. Adaptation au monde de l'entreprise des méthodes d'investigation et d'analyse des services de renseignement en toute légalité
Alain Juillet	Haut responsable en charge de l'intelligence économique, SGDN[14]	Monsieur Intelligence Economique au sein du gouvernement. Mise en place d'une réelle politique d'intelligence économique.

---

[11] CEIS : Compagnie Européenne d'Intelligence Stratégique
[12] AFDIE : Association française pour le développement de l'intelligence économique
[13] SCIP : Society of Competitive Intelligence Professionals
[14] SGDN : Secrétariat général de la défense nationale

François Asselineau	Délégué général en charge de l'intelligence économique, ministère de l'Economie et des Finances	Mission de structurer les actions relatives à l'intelligence économique au sein du ministère de l'Economie et des Finances
Rémy Pautrat	Vice-président exécutif de l'Adit	Approche territoriale de l'intelligence économique. Il œuvre pour que les entreprises et les PME se dotent d'une stratégie en matière d'intelligence économique

Tableau 1.4-4 : Classification des secteurs d'intervention de l'intelligence économique pour les institutionnels.

Les Entrepreneurs		
Nom	Profession	Fonctions
Philippe Clerc	Directeur de l'intelligence économique, de l'innovation et des TIC à l'ACFCI15	A participé à la rédaction du rapport Martre. Il coordonne les politiques menées par les chambres de commerce en ce qui concerne l'intelligence économique
Robert Guillomot	Président IDEE	Un des pionniers de l'intelligence économique en France. Dirige la société Alogic, éditeur de solutions logicielles.
Thierry Dassault	Président Dassault Multimédia	Il a formalisé son engagement dans l'intelligence économique en organisant un tour de table français pour financer un acteur européen dans le domaine des infrastructures de gestion de clés.
Daniel Naftalski	Medef	Publication de trente-cinq propositions patronales en faveur de l'intelligence économique
Ludovic Emanuely	Animateur groupe La Fontaine	Association de responsables intelligence économique appartenant à vingt-cinq grands groupes issus de tous les secteurs d'activité
Jean-François Pépin	Directeur général du Cigref	Professeur à l'Institut d'administration des entreprises IAE de Paris. Sensibilisation à l'intelligence économique des DSI de grands groupes français

Tableau 1.4-5 : Classification des secteurs d'intervention de l'intelligence économique pour les entrepreneurs.

---

[15] ACFCI Assemblée des chambres de commerce et d'industrie

1.4.5 Intelligence économique et directeur des systèmes d'information

L'article [ARPAGIAN, 2004b] fait l'analyse de l'ouvrage : France – top 100 de l'intelligence économique et mentionne huit règles d'or pour l'intelligence économique. Ces huit règles d'or tournent autour des concepts clés de l'intelligence économique, à savoir – interlocuteur, valeur ajoutée, transversalité, besoin, application, pérennité, veille et anticiper. Voici détaillées, les huit règles d'or :

- Travailler en tandem. Identifier l'interlocuteur responsable à la tête de la cellule d'intelligence économique, de veille ou de gestion de l'information qui exprime clairement un besoin.
- S'assurer du soutien de la direction générale. Montrer que le système d'information est créateur de valeur et pas seulement un centre de coût.
- Adopter une vision transversale pour sensibiliser les directions opérationnelles d'un projet.
- Ne pas confondre le contenu et la technique. Aider les utilisateurs à formuler un besoin sans se substituer à eux.
- Laisser mûrir le projet d'intelligence économique et prendre le temps de bien évaluer les applications.
- S'assurer de la pérennité d'une prestation technique.
- Assurer la veille.
- Savoir anticiper. Faire converger les outils de gestion documentaire, de recherche avec des solutions de business intelligence, sans créer des usines à gaz.

1.4.6 Intelligence économique socle de la compétitivité des entreprises

Un décret [ARPAGIAN, 2004a] signé par le Président de la République et le Premier Ministre Raffarin formalise une prise de conscience chez les gouvernants que la France doit être plus active dans le domaine de l'intelligence économique. En désignant dans les services de l'Etat des équipes spécialement chargées de travailler sur la question de l'intelligence économique, les pouvoirs publics tiennent à exprimer le caractère hautement stratégique de la veille et de la protection du patrimoine technologique.

La réalité de la guerre économique témoigne de l'âpreté de ces nouvelles formes de concurrence, qui exigent une maîtrise accrue des systèmes d'information. L'intelligence économique n'est pas une mode, mais le socle de la compétitivité des entreprises, et la condition de leur survie dans un contexte de concurrence mondiale.

Pendant longtemps, l'intelligence économique n'a concerné que les états-majors et n'a porté que sur des décisions stratégiques. Elle implique à présent la plupart des acteurs de l'entreprise. Pour cela, il s'agit de bien exploiter l'information pour identifier et minimiser les risques financiers, juridiques, surveiller la concurrence et décider en toute connaissance de cause. Cette démarche passe par un système d'information performant. Jean-François Pépin, délégué général du Cigref[16] exprime son analyse de la façon suivante : L'intelligence économique d'entreprise est une affaire de culture managériale. C'est-à-dire une volonté singulière de penser, de décider et de coopérer afin de mieux agir collectivement. Dès lors, la Direction des systèmes d'information est elle-même concernée au premier chef. Et nous préconisons qu'elle serve d'exemple aux autres métiers de l'entreprise ». Business intelligence, knowledge management, GED[17], veille, travail collaboratif sont des pratiques qui contribuent à l'intelligence économique. L'intelligence économique peut être une attitude de l'entreprise, elle peut être offensive pour saisir les opportunités-clés. Elle peut être aussi défensive. Cette démarche exige de nouvelles compétences plus axées sur le management des hommes et de l'information que sur la seule gestion d'un budget, d'infrastructures ou de choix technologiques.

1.5. *L'Intelligence Economique par ses outils*

Le moteur de recherche [QUESTER, 2004] est au cœur de la plate-forme intelligence économique. Il est un élément d'une chaîne de valeur, qui consiste à collecter et extraire de la donnée pour la transformer en information. Information qui va permettre d'optimiser la prise de décision. On distingue trois catégories d'applications que nous allons développer :

- Les outils de recherche,
- Les outils de traitement,
- Les outils de diffusion

Les outils de recherche comprennent en outre : les moteurs de recherche, les métas moteurs et les agents intelligents. Les outils de traitement regroupent les applications pour : traiter les données collectées, conférer du sens aux données collectées, faciliter leur lecture, les trier, et les classer en catégories pertinentes. Les outils de diffusion et de partage permettent de communiquer les bonnes informations aux bons interlocuteurs et de capitaliser les connaissances.

L'intelligence économique ne se cantonne pas aux activités de veille et de recherche d'information. Elle s'étend à l'analyse, à la gestion des connaissances, à la publication de rapports ou de notes, et au travail collaboratif.

---

[16] CIGREF : Club informatique des grandes entreprises françaises
[17] GED : Gestion Electronique des Documents

Les frontières entre la veille, la GED et la gestion des connaissances tendent à s'estomper. Les acteurs, qui couvrent la chaîne de la valeur de l'intelligence économique, sont spécialisés dans une ou plusieurs briques.

Le tableau ci-dessous illustre la couverture de la chaîne de la valeur de l'intelligence économique par un certain nombre d'éditeurs. Cette liste n'est pas exhaustive et est en constante évolution. Elle est la représentation à un temps T des catégories d'application – recherche, traitement, gestion des connaissances, conseil. L'item « recherche » signifie le processus de collecte d'information et des possibilités d'alerte à destination de l'utilisateur. Le « traitement » concerne les capacités d'analyse et de représentation de l'application des informations trouvées. La rubrique « gestion de connaissances » place l'application à un niveau collectif où les informations peuvent être diffusées et partagées. L'item « conseil » oriente la prise de décision : cet aspect est faiblement représenté au niveau des applications.

	Recherche		Traitement		Gestion des connaissances		Conseil
	Collecte	Alerte	Analyse	Représentation	Diffusion	Partage	Partage
Alogic	Oui	Oui	Oui	Oui	Oui	Oui	Oui
Arisem	Oui	Oui	Oui	En partie	Oui	Oui	Oui
Bea Conseil	Non	Oui	En partie	Non	Non	Non	En partie
Datops	Oui	Oui	Oui	Oui	Oui	En partie	Oui
Digimind	Oui	Oui	Oui	Oui	Oui	Oui	Oui
Exalead	Oui	Oui	En partie	Non	En partie	En partie	Non
Go Albert	Oui	Oui	Oui	En partie	En partie	Non	Non
Kartoo	Oui	Oui	En partie	Oui	Oui	Non	Non
Knowings	En partie	Oui	En partie	Non	Oui	Oui	Oui
Lingway	Oui	Oui	Oui	En partie	Oui	Non	Non
Ltu Technologies	Oui	Oui	Oui	Non	Non	Non	Non
Pertimm	Oui	Oui	Oui	Non	Non	Non	Non
Sinequa	Oui	Non	Oui		Non	Non	Non
Temis	Oui	Oui	Oui	Oui	Non	Non	Non

Tableau 1.5-1 : Représentation des catégories d'application de certains éditeurs d'outils utilisés en intelligence économique à partir du Journal du Net.

	Création	Clients	Chiffre d'affaires	Coût licence
Alogic	2000	EDF, Ministère de l'Agriculture et de la Pêche, Education Nationale, Journal Quotidien Régional (France), Zetascribe, France Telecom, Pearson Education (USA), Sagebrush (USA), Collectif des Publishers (USA)	112 M€ en 2004	
Arisem	1996	Thales, Total, Sanofi, DGA, Région Lorraine, EADS, Cnes	2 et 2,5 M€	De 8000 € à 80000 €
Bea Conseil	1995	Eurocopter, IFP, Pfizer, Ministère de la Défense	0,6 M€	A partir de 2000€
Datops	1995	Air France, Axa, Michelin, Snecma, Thales, Total	6 M€	De 10000 à plus de 1 M€
Digimind	1998	Sanofi-Aventis, EADS, DGA, Roche Pharma, Scor, Total	1 M€	A partir de 60000€
Exalead	2000	DST, Fromageries Bel, Inria, Gide Loyrette Nouel	3 M€	De 15000€ à 240000€
Go Albert	1999	Air France, CCIP, Coface	1,4 M€	De 8000€ à 50000€
Kartoo	2001	ONU, L'Oréal, BNP Parisbas, Ubisoft	1,2 M€	A partir de 15000€
Knowings	1999	CCI Grenoble, GDF, Fédération de la plasturgie	1,4 M€	A partir de 40000€ pour global Finder
Lingway	2001	CNRS, Inpi, Office européen des brevets, EADS	1,7 M€	A partir de 12000€
Ltu Technologies	1999	FBI, Inpi	Plusieurs millions d'euros	De 60000€ à 600000€
Pertimm	1997	ANPE, CNRS, Vedior Bis	0,5 M€	A partir de 5000€
Sinequa	1984	AMF, CEA, SNCF, EDF, Ministère de la défense et de l'intérieur	2 M€	A partir de 30000€
Temis	2000	Total, Ipsen, TIM, Hachette Filipacchi, DaimlerChryler	1,5 M€	A partir de 75000€

Tableau 1.5-2 : Données signalétiques autour des éditeurs d'outils utilisés en intelligence économique à partir du Journal du Net

La demande des clients évolue vers des solutions complètes qui balaient tout le spectre fonctionnel de l'intelligence économique. Conscients, les éditeurs français développent les fonctionnalités qui font défaut à leurs produits et multiplient les partenariats avec les acteurs possédant des briques complémentaires de leurs solutions.

1.6. L'Intelligence Economique par l'équipe SITE-LORIA

L'équipe SITE du LORIA (cf. rapport d'activité du LORIA [LORIA, 2005]) a été créée en 2001 par le Professeur Amos David, précurseur en recherche en Intelligence Economique à Nancy et le Professeur Odile Thiéry, professeur d'informatique est une des équipes du LORIA qui signifie Laboratoire Lorrain de Recherche en Informatique et ses Applications. L'appartenance de l'équipe au LORIA symbolise que le fruit des recherches de l'équipe SITE favorise l'émergence d'applications y compris informatiques.

La problématique de l'équipe SITE [LORIA, 2005], dont l'intitulé exact est Modélisation et Développement de Systèmes d'Intelligence Économique, est d'étudier la modélisation et le développement de systèmes d'informations stratégiques dans le cadre de l'Intelligence Economique. Pourquoi avoir choisi le nom symbolique « SITE » ?

Les fondateurs de l'équipe donnent trois sens du mot SITE dans trois domaines qui sont : l'environnement, l'archéologie et la biologie.

- Dans le domaine de l'environnement, le mot signifie un lieu, tel qu'il s'offre aux yeux de l'observateur ; paysage, envisagé quant à sa beauté. Par exemple un site classé, officiellement protégé. Il signifie aussi une configuration, envisagée du point de vue pratique, économique, du lieu où est édifiée une ville.
- En archéologie, il représente un lieu où se trouvent des vestiges.
- En biologie le mot signifie une partie d'un gène séparable des éléments voisins et susceptible, en cas de modification, de produire une mutation de l'organisme.
- En informatique, il évoque un site Internet. Les mots-clés qui caractérisent le projet de recherche de l'équipe, sont la notion d'observateur, de protection du patrimoine « information » et la notion d' « évolution » par mutation. Elles mettent en évidence le rôle des « acteurs » dans un contexte socio-économique, l'information en constitue un outil de pilotage et fait l'objet d'une protection toute particulière. L'exploitation de cet ensemble – « information » « acteurs » « évolution » – permet de gérer et de définir les stratégies de développement des organismes socio-économiques.

Plusieurs axes de recherche sont à l'étude au sein de l'équipe :

- Modélisation de l'utilisateur-acteur,
- Modélisation de l'interaction entre l'utilisateur et le médiateur,
- Conception d'entrepôts de données,

- Prise en compte de l'utilisateur dans la construction de bases métiers,
- Recherche collaborative d'information pour la décision,
- Définition de métas données intégrant le modèle de l'utilisateur.

1.6.1 Modélisation de l'utilisateur-acteur

L'objectif de cet axe de recherche est de permettre la prise en compte des particularités des acteurs dans le processus d'intelligence économique par la modélisation de l'utilisateur. Il s'agit de proposer des modèles et des méthodes permettant de produire des résultats aussi pertinents que possible par le système, en réponse au besoin en information (de quelque nature que ce soit) de l'utilisateur. Ceci dans un contexte classique de recherche d'informations mais aussi dans un contexte de systèmes d'information stratégiques où le concept de data-mart[18] correspond à cette modélisation de l'acteur final du système, par exemple le directeur pour qui un tel système est indispensable à une bonne prise de décision.

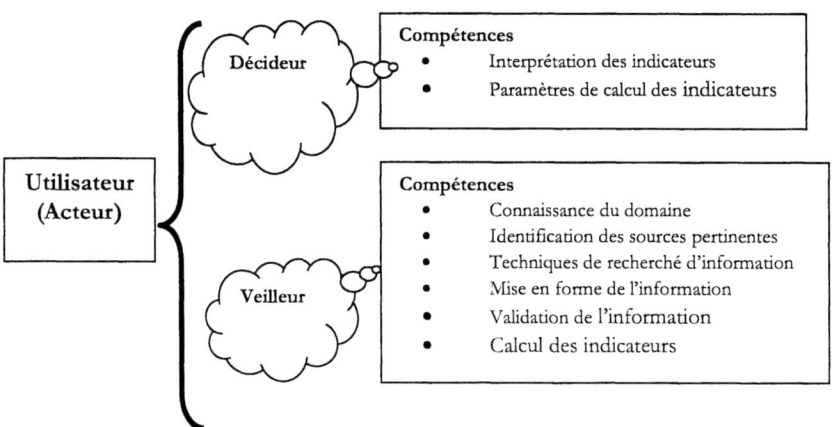

Figure 1.6-1 : Utilisateur – acteur dans l'environnement de l'entreprise

Les méthodes à la base des techniques de personnalisation des réponses reposent sur la notion de pertinence. La pertinence d'une solution est souvent mesurée par rapport à la requête de l'utilisateur. Comme la requête ne représente pas forcément le besoin en information de l'utilisateur, l'utilisateur juge la pertinence de la réponse par rapport à son besoin, ce qui ne correspond pas à la mesure de pertinence par le système. La technique qui consiste en l'évaluation des propositions du système pour indiquer leur degré de pertinence est intégrée dans certains systèmes de recherche d'information. Le système

---

[18] Data-mart : base métier

dispose ainsi des connaissances sur l'adéquation des réponses du système au besoin de l'utilisateur. Néanmoins, le système ne connaît réellement ce besoin, que par une estimation fondée sur les requêtes. Au lieu de calculer ce besoin, il est possible d'en intégrer la représentation dans le modèle de l'utilisateur, ce qui constitue l'originalité de cette proposition. Cela revient dans un système d'information stratégique à stocker parmi les métas données du système une représentation explicite de la structure des différents data-marts. Cet axe de prise en compte de l'acteur dans la construction puis l'exploitation d'entrepôts de données est un domaine majeur des recherches de l'équipe. En effet actuellement rien n'existe vraiment dans le domaine, ni dans les systèmes d'entreprises (y compris dans les outils de CRM[19] ou de personnalisation du e-business), ni dans les recherches en cours sur les systèmes d'informations stratégiques.

1.6.2 Modélisation de l'interaction entre l'utilisateur et le médiateur

L'objectif de cet axe est de proposer des modèles d'interaction entre un utilisateur et un médiateur ou entre deux utilisateurs. En relation avec la modélisation de l'utilisateur, la problématique de cet axe concerne la détermination des statuts et les connaissances des coopérants. Dans un contexte d'Intelligence Economique, la prise en compte du statut d'un collaborateur est indispensable car il est nécessaire de vérifier sa compétence et le degré de confiance que l'on peut lui attribuer. Ce dernier point montre la relation des études en modélisation de l'utilisateur et le travail collaboratif. L'équipe SITE compte se référer d'une part, aux résultats des études sur la protection du patrimoine, en particulier le concept de désinformation, et d'autre part aux résultats des études sur les interactions entre les usagers des centres de ressources en information.

La spécificité de cet axe porte sur l'introduction du concept de communication interpersonnelle qui implique deux utilisateurs dans un système de recherche d'information. Les résultats de cet axe permettront le partage des connaissances d'un domaine ainsi que les compétences des intervenants humains. La communauté de sciences de l'information et de la communication est très intéressée par les études de cet axe, car les résultats permettront d'expérimenter la communication interpersonnelle dans un contexte précis de recherche d'information. Il y a actuellement les forums de discussion et les chats mais ces outils ne permettent pas la coordination du dialogue et du processus de résolution de problème.

---

[19] CRM : Customer Relationship Management

1.6.3 Conception et exploitation d'un entrepôt de données

L'objectif de cet axe est de proposer une architecture, un modèle, une démarche permettant de concevoir un système d'information stratégique de qualité et répondant aux besoins des différents acteurs de l'organisation. Cet axe rejoint le problème de modélisation de l'utilisateur ou du « client » au sens large. D'autre part les outils actuels du marché (les plus connus étant Cognos et Business Object) proposent non seulement de construire le cube multidimensionnel c'est-à-dire la vue multi couches et dans l'espace des données de l'entrepôt (et par là d'extraire les données nécessaires à son alimentation) mais aussi de l'exploiter intelligemment c'est-à-dire qu'ils permettent une extraction de connaissance (essentiellement par des outils EIS executive information system). L'expérience l'a prouvé, ces logiciels, bien que reposant sur un module de data mining relativement élémentaire, permettent déjà de découvrir des règles et des concepts qui n'ont pas encore été mis en évidence. En ce sens, ils sont supérieurs aux simples tableurs et outils statistiques qui permettent essentiellement de répondre à des questions dont on ne connaît pas la réponse exacte mais dont on est capable de supputer l'idée. *Il faudrait rajouter ici un module qui fasse de l'extraction de données réelle, afin d'améliorer les fonctionnalités de ces outils à deux niveaux : au niveau de l'extraction des données pour construire l'entrepôt et au niveau de l'exploitation de la base de données multidimensionnelle*s. Un autre objectif, à partir des travaux de l'équipe SITE qui ont été réalisés dans le cadre de DRT SIO[20], est de mettre en place des outils permettant de vérifier, même a posteriori la qualité des données de l'entrepôt. Pour l'instant les travaux sont focalisés sur la construction de l'entrepôt et des bases métiers à partir de sources de données hétérogènes. L'idée est de trouver automatiquement la méta base de l'entrepôt et d'y adjoindre des métas données sur l'utilisateur.

Dans le domaine des entrepôts de données, la gestion des risques est considérée comme axe de gestion de projet. Les travaux de l'équipe SITE permettent de dire qu'il vaut la peine de tenir compte d'elle à chaque étape du processus global d'intelligence économique. Pour énumérer des situations potentiellement à risque, dans des étapes d'intelligence économique, il est proposé d'analyser ces étapes à l'aide du triplet « utilisateur – l'information – processus » comme stratégie pour identifier des risques, et il est adopté une double approche : de façon structurelle et dynamique. Au niveau structurel, un ajout des métas données à l'entrepôt, qui sont spécifiques à la gestion des risques. Au niveau dynamique, les interactions entre l'utilisateur et le système sont raffinées en ajoutant des règles de détection et de gestion de risque. Le but

---

[20] DRT SIO : Diplôme de recherche technologique système d'information des organisations

est de concevoir un entrepôt « risque-averti » de données au-dessus de son cycle de vie entier, à savoir : conception exploitation (et surveillance), et utilisation par des utilisateurs.

1.6.4 Modélisation et développement de systèmes d'intelligence économique

Les réflexions de l'équipe SITE ont abouti à l'identification de huit étapes dans le processus d'intelligence économique :

1. Identification d'un problème décisionnel
2. Traduction du problème décisionnel en problèmes de recherche d'information
3. Identification et validation des sources d'information
4. Collecte et validation des informations
5. Traitement des informations pour obtenir des informations à valeur ajoutée
6. Présentation de l'information
7. Interprétation des informations
8. Décision

Une mise en correspondance entre le processus d'intelligence économique et les acteurs de l'intelligence économique permet d'indiquer l'implication des acteurs selon les différentes phases précédemment citées.

La modélisation du processus de l'intelligence économique met en relief les composants d'un système d'information. Nous nous attachons à l'utilisateur final pour mettre en relation composants de l'information, activités et exploitations de recherche d'information. Depuis 2001, l'équipe s'est enrichie de nombreux chercheurs. Si les travaux ont en commun la prise en compte de l'utilisateur dans les systèmes d'information dans un cadre d'intelligence économique, ils sont spécifiques dans leur recherche, leur apport et leur contribution dans ce cadre représenté par la Figure 1.6-2. Au fil des ans, plusieurs modèles sont nés pour refléter les problématiques de l'équipe SITE.

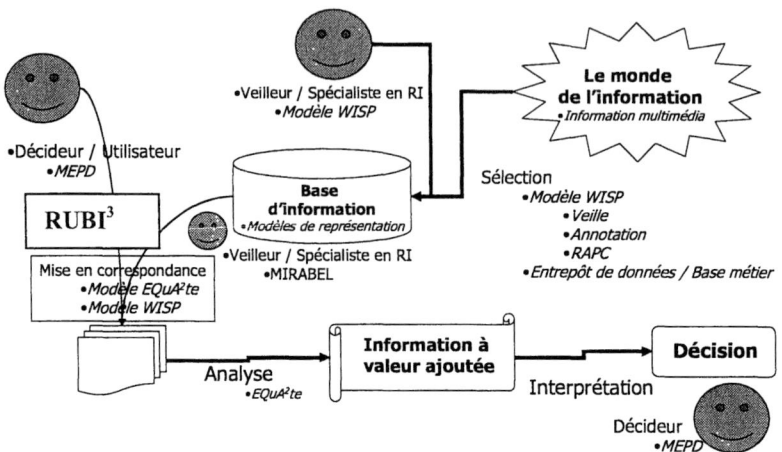

Figure 1.6-2 : SITE – L'IE et les composants des systèmes d'information : notre modèle

Tout d'abord le modèle EquA^{2}te[21], puis MEPD[22], WISP[23], MIRABEL[24] et enfin notre modèle[25] RUBI^3 propre à la représentation de l'utilisateur au sein d'un SIS universitaire – notre modèle sera explicité en Partie II et amélioré en Partie III. L'équipe SITE travaille à l'élaboration d'une plate-forme d'analyses METIORE qui permet d'évaluer les résultats de la recherche de l'équipe.

Les derniers résultats de l'équipe SITE témoignent de l'évolution des thématiques de recherche : compréhension de problème décisionnel, représentation des activités d'intelligence économique, fonctionnalités caractéristiques d'un système d'intelligence économique, gestion de projets et services en intelligence économique, représentation des connaissances, administration des bases de données, conception d'entrepôt de données, adaptation d'un entrepôt de données. Et, donc, nous nous plaçons au niveau de la représentation des activités, du système d'intelligence économique, de la conception d'entrepôt de données, et de l'adaptation d'un entrepôt de données.

A présent en 1.7 et 1.8 nous cherchons à exploiter les informations trouvées par l'analyse de liste de diffusion et une analyse bibliométrique autour de l'intelligence économique. Nous voulons faire émerger des concepts relatifs à nos réflexions pour guider nos propos.

---

[21] EquA^{2}te : Explore Query Analyse Annote
[22] MEPD : Modèle pour l'explicitation d'un problème décisionnel
[23] WISP : Watcher-Information-Search-Problem
[24] MIRABEL : Model for Information Retrieval query Annotations Based on Expression Levels
[25] RUBI^3 : Représentation des Utilisateurs et de leurs Besoins en Information lors de l'Interrogation après Identification.

1.7. L'Intelligence Economique par le dépouillement de listes de diffusion

Nous proposons par exemple à l'acteur « enseignant-chercheur » de compléter un état de l'art par l'analyse de listes de diffusion à partir d'un entrepôt de données. D'après Franco [FRANCO, 1997a], l'architecture de l'entrepôt de données comporte trois niveaux fonctionnels essentiels : le niveau acquisition des données, le niveau stockage des données et le niveau analyse de données. L'entrepôt de données doit intégrer les données les unes avec les autres afin d'assurer une cohérence sémantique globale. Il se compose d'un data warehouse, de bases de données multidimensionnelles ou hypercubes et d'un ensemble d'outils permettant l'alimentation du data warehouse, son interrogation et la production de rapports, l'extraction intelligente des données par techniques de data mining enfin l'analyse décisionnelle. Nous restituons ici une méthode adoptée pour faire ressortir les tendances émergentes propre au thème de l'intelligence économique qui intéresse l'acteur enseignant-chercheur entre 2001 et 2005.

Voici une méthode pour prendre connaissance d'un vocabulaire existant autour d'une thématique pour en mesurer son évolution et analyser son contexte. Le thème retenu « l'intelligence économique » est un processus qui couvre plusieurs champs disciplinaires de façon transversale. Il s'agit de cerner les différents concepts propres à cette thématique. Cette façon de procéder permet de repérer les tendances émergentes, les acteurs, les réseaux, les parutions d'ouvrages et les conférences ou colloques en rapport avec ce thème.

Pour cela nous nous sommes abonnées à des listes de diffusion et à des groupes de discussion autour :

- des outils de recherche d'information,
- des moteurs de recherche,
- de l'intelligence économique,
- de la gestion des connaissances,
- des outils de veille,
- des outils spécifiques à la documentation,
- des outils spécifiques aux bibliothèques.

Voici le nom des groupes et des listes, ainsi que les thèmes abordés :

Liste de diffusion	Thèmes
adbs-info@cru.fr	L'association des professionnels de l'information et de la documentation en 1994, a pour objectif de faciliter les échanges d'informations, d'idées et d'expériences.
adest@grenet.fr	Bibliométrie, scientométrie, infométrie, recherche théorique et appliquée. Permet aux professionnels de la bibliométrie de s'informer sur les nouveaux outils, méthodes, traitements des données, essais.
agents@yahoogroupes.fr	Consacrée aux agents intelligents. Imbriqué au site AgentLand.fr, permet d'échanger des solutions pour mieux maîtriser les agents, suggérer des améliorations, donner des avis sur un agent.
biblio-fr@cru.fr	Regroupe bibliothécaires et documentalistes francophones, et toute personne intéressée par la diffusion électronique de l'information documentaire.
cybercrise@yahoogroupes.fr	Est destiné à échanger et à faire évoluer la réflexion sur la gestion de crise.
gredoc@grenet.fr	Liste dédiée à la mesure des sciences et techniques
ienetwork@yahoogroupes.fr	A pour objectif de regrouper les nouveaux et anciens étudiants, les professionnels de l'intelligence économique, échanger des offres d'emploi et des informations sur l'actualité de l'intelligence économique au niveau international.
i-KM@yahoogroupes.fr puis i-KMFORUM@yahoogroupes.fr	Forums et listes de discussion du secteur de l'information-documentation
intelligence-economique@yahoogroupes.fr	Consacré à l'intelligence économique au sens large, c'est à dire la gestion de l'information externe : mise en place d'un système de veille, outils et méthodes, les aspects de protection de l'information, de renseignement, de benchmarking, d'influence, de knowledge management.
miste-esiee@yahoogroupes.fr	Dédié à la créativité et à l'utilisation des cartes heuristiques, cartes d'organisation d'idées, topogrammes, arbres à sens, schémas arborescents, cartes mentales et autres «mind maps»

motrech@yahoogroupes.fr	Consacrée aux moteurs de recherche sur Internet, est un lieu d'échanges sur les problématiques, techniques, développements et évaluations des outils de recherche d'information sur Internet.
netkm@egroupes.fr puis netkm@yahoogroupes.fr	Club du Knowledge Management et de l'Intelligence Economique.
newsletter@afnet.fr	Liste de diffusion de l'AFNeT (Association Francophone des utilisateurs du Net de l'e-business et de la société en réseau)
prospective@egroups.fr	Prospective sur Internet. De quelle manière Internet peut être un excellent outil pour détecter les nouvelles tendances, constituer un réseau d'experts, identifier les réseaux de collaborations.
veille@egroups.com puis veille@yahoogroupes.fr	Consacrée aux thématiques de veille sur Internet. Historiquement, il s'agit de la première mailing-list française sur l'intelligence économique et stratégique sur Internet (1998).

Tableau 1.7-1 : Listes de diffusion et groupes de discussion étudiés de 2001 à 2005

Récapitulatif des groupes et listes comme support d'analyses

Ces listes de diffusion et groupes de discussion nous offrent un corpus de 724 messages après une équation de recherche autour du mot « colloque » dont nous ne retenons que les messages ayant trait aux événements concernant notre sujet de recherche (l'intelligence économique) via les événements qui s'y rapportent. Un premier tableau analytique est réalisé après dépouillement des listes de diffusion et groupes de discussion consacrés à l'intelligence économique – il permet la réalisation de tableaux synthétiques autour d'indicateurs en vue d'une fouille de données. Le tableau analytique est construit autour des rubriques suivantes : « **Evénement** », « **Date** », « **Lieu** », « **Site dédié** », « **Organisateur** » et « **Objectifs** ». Une simple lecture de ce tableau dense en quantité d'informations ne permet pas de faire une analyse fine et de mettre l'accent sur une évolution des événements. C'est pourquoi une seconde lecture dite « intelligente » permet de proposer un second tableau simplifié où sont rajoutées des rubriques pour chaque événement : Thèmes, Secteur, Type d'organisateur et Spécialité de l'organisateur. Par ces nouvelles rubriques nous mettons en place des indicateurs qui constituent des clés de lecture en vue d'une fouille de données pour mettre l'accent sur des émergences, des évolutions ou encore des tendances. La rubrique « **Themes** » concerne au principal thème abordé lors de l'événement. Le champ « **Secteur** » identifie le secteur global touché ciblé par l'événement. « **Organisateur_type** » type l'organisateur par rapport à sa raison social relative à notre sujet de recherche.

Préalable à l'analyse multidimensionnelle

Nous obtenons à l'aide d'Excel plusieurs tableaux pour chaque année de 2001 à 2005 dont nous restituons pour exemple le tableau 1.7-2 relatif à l'année 2004 :

Evenements	Themes	Secteur	Objectifs	Date	Organisateur _type	Organisateur _specialite
EGC	méthodes	Km	extraction de connaissances à partir de données	2004	institut	information
journées veille	veille	entreprise	recherche d'information	2004	université	information-communication
journées linguistiques	outils-méthodes	km	gestion des contenus	2004	association	information-économie
VSST	méthodes	km	exploitation efficace des grandes masses de documents	2004	université	informatique-bibliométrique
congrès	projet	entreprise	compétitivité et innovation	2004	association	information
journées ADBS	exploitation	documentation	weblogs dans la publication et diffusion de l'information : enjeux	2004	association	documentation-information

Tableau 1.7-2 : Tableau synthétique autour d'indicateurs pour l'année 2004

Analyse multidimensionnelle en vue d'une fouille de données

A partir de ce type de tableau, les fonctionnalités d'Excel, hormis les fonctions de calcul, de tri et de représentation graphique, ne nous permettent pas de mettre en valeur des tendances : Excel ne montre qu'une vue planaire des données. Pour avoir une vue multidimensionnelle des données il faut se tourner vers des outils décisionnels. Nous utilisons un outil d'analyse et de reporting Cognos et procédons à une fouille de données pour faire émerger visuellement des dates clés en rapport avec les événements autour de l'intelligence économique et mesurer l'apparition de concepts. Cognos regroupe les outils

Powerplay[26] et Transformer[27] et permet l'exploration d'une base multidimensionnelle. Les tableaux de 2001 à 2005 réalisés lors de la phase expérimentale sont importés à la suite Cognos. Transformer permet de créer un arbre de dimensions où apparaissent les sources de données, les mesures, les cubes ainsi que la grille des dimensions autour de « **Secteur** », « **Date** » et « **Organisateur_type** » en relation avec les mesures « **Themes** », « **Organisateur_specialite** », « **Evenements** » et « **Objectifs** » comme en témoigne la figure 1.7-1. PowerPlay permet une analyse multidimensionnelle en faisant varier les niveaux d'analyse : le secteur « Intelligence Economique » est le plus ciblé des événements en 2002. D'une façon très simple, on modifie les vues par exemple autour des types d'organisateurs. On s'aperçoit ainsi que les universités, au cours des années, représentent régulièrement le nombre le plus important d'organisateur. Le secteur de la documentation est largement concerné depuis 2003.

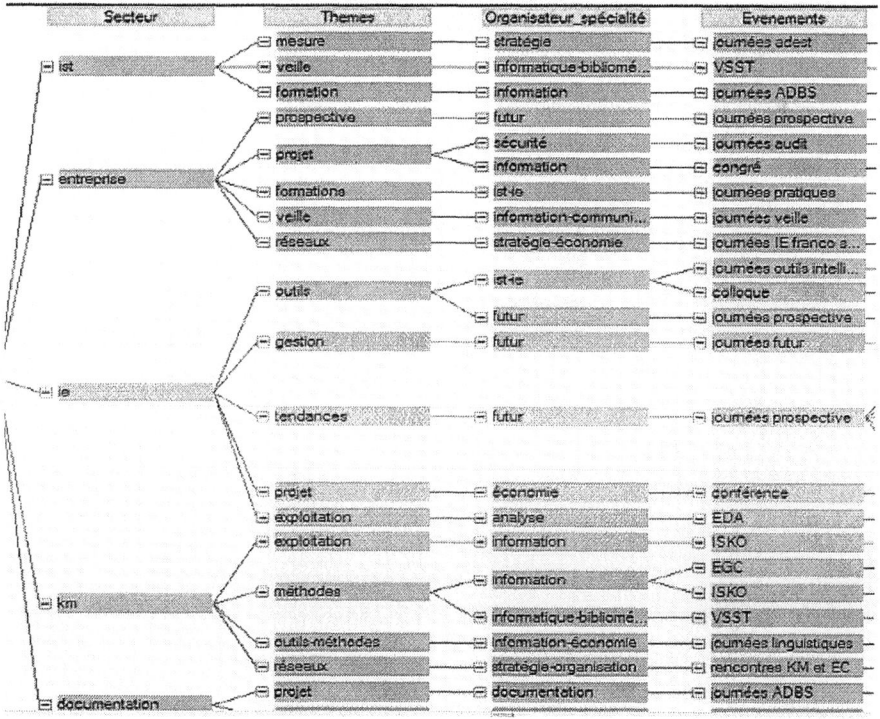

Figure 1.7-1 : Arbre des dimensions

---

[26] Powerplay comporte EXPLORER et REPORTER qui permettent la création de rapports et la mise en évidence de résultats pertinents pour l'aide à la décision
[27] Transformer crée des hypercubes à partir d'une base multidimensionnelle

A partir des résultats de cette première phase expérimentale d'analyse bibliométrique multidimensionnelle, nous avons pu mettre en perspective les thèmes abordés de l'état de l'art regroupés autour de quatre concepts qui sont : les tendances (idées, expériences, gestion de crise), l'information (actualité, national, international, protection), les outils (nouveaux outils, réseaux d'experts, méthodes) et la représentation (traitement des données, cartes heuristiques, cartes d'organisation d'idées) autour de l'intelligence économique – intelligence économique à forte connotation « gestion des connaissances ». Deux verbes d'action sous tendent les relations entre concepts et thèmes : collaborer d'abord, puis partager. Cette phase expérimentale au service d'un état de l'art apporte une aide pour les pistes de recherche à l'acteur enseignant-chercheur et permet d'ébaucher un plan de rédaction pour l'acteur thésard.

1.8. L'Intelligence Economique par l'analyse de bases bibliographiques

Pour compléter un bilan autour de l'intelligence économique nous avons procédé à une recherche bibliographique exhaustive. Pour cela nous avons utilisé les bases de données Current contents, Inspec, Eric, Pascal et Francis. Avant d'expliciter le processus de recherche, le paragraphe ci-après propose un descriptif des bases de données.

Descriptif des bases de données : sources de l'étude bibliographique

Current Contents : bases de sommaires produites par l'ISI (Institute for Scientific Information, USA). Elles couvrent les 50 dernières semaines et la mise à jour est hebdomadaire. Current Contents regroupent 7 séries :

- Agriculture, biology and environmental sciences (990 titres en agriculture, sciences de la vie et environnement)
- Social and behavioral sciences (1 580 titres en sciences sociales et comportementales)
- Clinical medicine (1 000 titres en médecine clinique)
- Engineering, computing and technology (1 030 titres en sciences de l'ingénieur)
- Life sciences (1 400 titres en sciences biologiques et en recherche médicale)
- Physical, chemical and earth sciences (940 titres en physique, chimie et sc. de la terre)
- Arts and humanities (1 110 titres en sciences humaines)

INSPEC : INSPEC® Science & Technology de l'Institute of Electrical Engineers (IEE) est la première base de données mondiale dans le domaine de la physique, de l'électronique et du génie électrique, de l'informatique, de l'informatique industrielle et des technologies de l'information. INSPEC® est une base de données bibliographique contenant des références avec résumés signalant la littérature mondiale en physique, électronique, génie électrique et informatique. Les documents signalés sont principalement des articles de revues et des communications de congrès, mais les 6,2 millions de notices de la base de données recensent également un nombre important d'ouvrages, de rapports techniques et de thèses. Parmi les documents cités dans INSPEC®, on retrouve 4 200 titres de revues et plus de 2 000 actes de congrès, ouvrages et rapports.

ERIC : La base ERIC (Educational Resources Information Center) est publiée par le ministère de l'Education américain. Elle correspond à deux journaux publiés : Resources in education, RIE et Current Index to Journals in Education, CIJE. Elle donne accès à quelques 14.000 documents et plus de 20.000 articles par an. Elle contient les références de conférences, publications officielles, thèses, travaux universitaires, depuis 1966 à aujourd'hui avec mise à jour mensuelle.

PASCAL : base de données bibliographiques multidisciplinaire et multilingue produite par l'INIST[28] (Institut national de l'Information Scientifique et Technique) du CNRS. Elle dépouille 4500 titres de périodiques et des monographies (rapports, congrès, thèses, livres). Elle contient 12 millions de notices depuis 1973 et couvre l'essentiel de la littérature mondiale en sciences, technologie et médecine. La mise à jour est mensuelle.

FRANCIS : base de données bibliographiques multidisciplinaire et multilingue produite par l'INIST (Institut national de l'information scientifique et technique – CNRS). Elle contient 2 millions de références depuis 1972 et couvre l'essentiel de la littérature mondiale en sciences sociales et sciences humaines. La mise à jour est trimestrielle.

Nous avons choisi EndNote V.8[29] logiciel bibliographique qui permet de se connecter directement aux bases de données. Cette procédure permet de rapatrier directement dans la base de données EndNote les notices bibliographiques et économise deux étapes lorsque l'on procède via le web à savoir : exportation, puis réimportation avec maîtrise d'utilisation de filtres adéquats.

Analyse bibliométrique : exploitation des données

Pour ce travail d'analyse ou de bibliométrie, nous avons procédé en deux étapes. La première étape consiste à analyser de façon très large et très exhaustive les bases de données autour de 39 mots-clés définis en corrélation avec le sujet « intelligence économique ».

Les mots-clés français sont traduits en anglais. Plusieurs questions tournent autour des mêmes mots-clés en modifiant l'accentuation ou l'écriture en

---

[28] INIST : Institut national de l'Information Scientifique et Technique
[29] http://www.endnote.com/

attaché, avec trait d'union ou blanc pour certains mots composés. EndNote permet de construire plusieurs bases de données. Ce tableau d'aide à l'organisation de l'interrogation des bases de données, marque d'une croix les bases de données qui donnent des réponses autour du mot recherché et totalise le nombre de références bibliographiques trouvées pour chacune d'elle :

Mots-clés	Current Contents	Inspec	Eric	Pascal	Francis
datawarehouse	X	X	X	X	X
data warehouse	X	X	X	X	X
datamart	X	X	X	X	X
data mart	X	X	X	X	X
entrepôt données	X	X	X	X	X
entrepot donnees	X	X	X	X	X
bases métiers	X	X	X	X	X
bases metiers	X	X	X	X	X
OLAP	X	X	X	X	X
analyse multidimensionnelle	X	X	X	X	X
analyze multidimensional	X	X	X	X	X
intelligence économique	X	X	X	X	X
intelligence economique	X	X	X	X	X
economic intelligence	X	X	X	X	X
système information	X	X	X	X	X
systeme information	X	X	X	X	X
systeme information strategique	X	X	X	X	X
système information stratégique	X	X	X	X	X
strategic information system	X	X	X	X	X
système information décisionnel	X	X	X		X
systeme information decisionnel	X	X	X	X	X
decisional information system	X	X	X	X	X
métas données	X	X	X	X	X
metadonnees	X	X	X	X	X
meta data	X	X	X	X	X

metadata	X	X	X	X	X
méta données	X	X	X	X	X
meta donnees	X	X	X	X	X
référentiel					X
referentiel					
cube analyse			X		X
cube analyze			X		X
urbanisation System information			X		X
meta-model			X		X
metamodel			X		X
metamodel Data warehouse			X		X
metadata reference frame			X		X
utilisateur final			X		X
end-user			X		X
notices trouvées par base	2023	10455	1739	3476	4215

Tableau 1.8-1 : Récupération de notices bibliographiques pour le mois de janvier 2005

Ces 21908 notices bibliographiques constituent une base conséquente, dans laquelle nous pouvons procéder à des analyses ciblées. Pour clore cette première partie sur un bilan autour de l'intelligence économique, nous avons utilisé cette base source pour faire émerger 255 titres de publications dans des revues, des thèses et des colloques, pour la période de 1993 à 2004.

Par cette analyse, nous cherchions simplement à mettre en relation deux données, c'est-à-dire le nombre de publication par rapport aux dates. Deux dates importantes émergent, la première en 1996 avec une ascension dès 1995, la seconde en 2001. Ces dates font suite à la parution du rapport Martre et à une effervescence autour de l'Intelligence Economique dans la littérature qui aboutit au rapport de Bernard Carayon.

A partir des 255 notices bibliographiques sont extraites uniquement les notices provenant d'articles de revues. Cela aboutit à 104 références. Dès 1993, 5 revues de documentation consacrent des articles à l'Intelligence Economique. L'année suivante les revues en documentation enrichissent leur contenu par les secteurs de l'information et des connaissances. A partir de 1995, on remarque une mutation du concept « documentation » et « information » vers le concept « technologie de l'information ».

Titre	Nbre	Date	Secteur
Technologies internationales Strasbourg	45	1995-2004	Information Technologie
IDT Information, documentation, transfert des connaissances	12	1994-1999	Information Documentation Connaissances
Archimag Vincennes	8	1997-2004	Documentation
Documentaliste	5	1993-2004	Documentation
Online Weston CT	5	1998-2003	Documentation
Bases	4	2001-2002	Documentation
Humanisme et entreprise Paris	4	1994-2003	Economie politique
Database Weston	2	1998-1999	Documentation
Online Weston	2	1997	Documentation
Analusis	1	1996	Chimie
Argus Montreal	1	1996	Documentation
Ciencia da informacao	1	1999	Information
Documentacion de las ciencias de la informacion	1	2002	Documentation
EContent Wilton Conn	1	2000	Documentation
FID review	1	1995	Documentation
Fonderie fondeur d'aujourd'hui	1	1998-2000	Entreprise
International journal of information sciences for decision making	1	2000	Information Gestion
International journal of information management	1	1994	Information Gestion
L'Informatique documentaire	1	2000	Informatique Documentation
Le Progrès technique	1	1994	Ingénierie
Les Cahiers de la fonction publique et de l'administration	1	1995	Administration
Micro bulletin	1	1999	Information
Pour	1	2000	Connaissances
RBM Revue européenne de biotechnologie médicale	1	1995	Biotechnologie
Techniques de l'ingénieur L'Entreprise industrielle	1	1996	Entreprise
Un point sur	1	1997	Agronomie

Tableau 1.8-2 : Intérêt des revues de documentation à l'intelligence économique

Cette étude met en relief le passage de l'information à la connaissance dans le cadre du processus d'Intelligence Economique. Nous constatons que les technologies et les organisations sont de plus en plus fortement imbriquées et interactives. A l'heure actuelle nous ne pouvons plus parler de technologies sans aborder des problèmes d'Organisation donc de communication et d'information. A titre d'exemple dans les bibliothèques nous assistons à l'emploi d'un nouveau vocable qui au terme de « bases de données » préfère le terme de « bases de connaissances ».

Pour conclure sur le chapitre 1 de la première partie nous avons montré qu'il est impossible de définir l'intelligence économique par la définition de chacun des deux termes qui composent l'expression « intelligence économique ». Nous avons démontré que l'expression constitue un concept englobant une suite de processus dont le but n'est pas d'accumuler des archives mais de trouver des informations pertinentes, de créer de la connaissance permettant de guider le processus décisionnel. Nous remarquons dans la littérature que le concept est très lié au monde de l'entreprise. Pourtant, le concept n'est pas le « monopole » des institutions privées, c'est pourquoi au terme « entreprise », il est préférable d'utiliser le mot « organisation » ou « institution ». Cela permet de comprendre que l'intelligence économique concerne également les organisations ou institutions publiques. Au terme « clients » nous préférons « utilisateurs ». Nous constatons également que l'intelligence économique est absente en tant que concept au niveau des gouvernances de l'Université, mais qu'il fait l'œuvre de formation voire de plan de formation au sein des universités.

Dans le chapitre 2 nous allons aborder les systèmes d'information, les systèmes d'information stratégiques et les systèmes d'information documentaires pour comprendre comment ces derniers peuvent participer au passage d'un système d'information à un système d'information stratégique dans un contexte universitaire.

Chapitre 2 Les Principes de gestion par les systèmes d'information

La notion de concurrence ne s'exprime pas forcément qu'en données financières mais également en termes de conséquences si les attentes des utilisateurs ne sont pas satisfaites. Pour une institution publique, il en va de même que pour une institution privée au niveau de l'anticipation des besoins des utilisateurs pour éviter les risques à prendre les mauvaises décisions ou à ne pas prendre de décision.

Un des points centraux de l'organisation est son système d'information. En effet informatisé ou non il est devenu le support de toute circulation d'information et de toute décision. Les paragraphes suivants, consacrés aux principes de gestion par les systèmes d'information, permettent d'aborder les systèmes d'information et les systèmes d'information décisionnels via la business intelligence. La business intelligence faisant office de trait d'union entre l'intelligence économique et le système d'information décisionnelle dans nos propos.

2.1. Intelligence économique, business intelligence et information décisionnelle

La Business Intelligence est l'équivalent anglais du terme Veille Economique. L'intelligence économique, comme nous l'avons fait remarquer, est une notion plus vaste qui couvre l'ensemble des activités de collecte d'informations sur l'environnement économique : concurrence et marchés, technologie, politique, société. La business intelligence [GOUARNE, 1998] est devenue un quasi-synonyme de l'information décisionnelle. La business intelligence, dans notre conception des systèmes d'information traite des flux d'information provenant essentiellement de quatre sources :

- Le système d'information interne de l'organisation,
- Les partenaires : institutions privées ou publiques,
- Des fournisseurs de données institutionnels : organisations professionnelles, instituts de sondage, producteurs de bases de données,
- Les supports d'information publics : la presse.

Dans le monde des entreprises grandes ou petites dont l'infrastructure repose en grande partie sur des moyens informatiques, la mise en œuvre de la business intelligence est explicite et passe de plus en plus par un Système d'Information Décisionnel (SID). Un Système d'information décisionnel, bien entendu, n'est pas un système qui prend les décisions. En Anglais, on dit Decision Support

System (DSS[30]), il s'agit d'un système de « soutien » à la décision. La décision elle-même est humaine ; la vocation du système d'information décisionnel n'est pas d'automatiser la décision, elle est d'automatiser le processus de recherche d'information et la mise en forme des données nécessaires à la prise de décision. La décision elle-même est un processus socio-technique, dans lequel les acteurs humains sont en inter-action de plus en plus étroite avec des systèmes automatisés.

La notion de système d'information décisionnel s'est développée dans la dernière décennie du 20ème siècle, alors que celle de Système d'Information (SI) existait déjà. Pourquoi, alors ayant déjà « inventé » le système d'information, il a fallu en inventer un autre, qualifié de décisionnel ? Que demander de plus que des « informations » pour pouvoir décider ? La réponse est à la fois simple et embarrassante : le système d'information « classique » est un système... qui n'informe pas.

Lorsque le concept de système d'information s'est imposé, les « Directeurs Informatiques » (DI) ont été requalifiés de « Directeurs des Systèmes d'Information » (DSI). La conception des systèmes d'information a permis de remettre la technique à sa place au service du contenu informationnel.

Ceci a favorisé une vision systémique cohérente de l'ensemble des applications informatiques, qu'on ne voulait plus voir comme une collection de systèmes isolés. Ce volontarisme, de toute évidence, n'a pas suffi, car aujourd'hui encore, dans les directions des systèmes d'information, s'il est vrai qu'on s'occupe de plus en plus du système d'information, on est bien obligé de faire surtout de l'informatique.

Les systèmes d'information reflètent un cloisonnement par métiers et illustrent que les organisations sont rarement pensées comme un « système ». Un courant réformateur, le Business Process Reengineering[31] (BPR), tend à réorganiser l'entreprise par processus, donc à diluer les cloisonnements organiques traditionnels et à imposer une meilleure intégration du système d'information. Le système d'information est encore, dans une large mesure, une vision d'état-major.

Dans une grande organisation, les applications sont aujourd'hui largement interconnectées, voire techniquement intégrées dans les cas favorables, mais elles ne forment pas un ensemble informationnel homogène. Si elles constituaient un tout sémantiquement cohérent, les problématiques de gouvernance et d'urbanisme des systèmes d'information, si en vogue de nos jours, n'auraient pas de raison d'être.

---

[30] DSS : Decision Support System
[31] BPR : Business Process Reengineering

2.2. Système d'information – système d'information décisionnel

2.2.1 Système d'information

Ce que nous appelons aujourd'hui système d'information [FOUCAUT et THIERY, 1996a] et [ROCHFELD et MOREJON, 1989] est un ensemble organisé mais hétérogène de composants automatiques et/ou semi-automatiques de traitement de données dont chacun est prioritairement destiné à soutenir une activité opérationnelle particulière. Incidemment, chacun de ces composants peut produire des informations de contrôle très détaillées sur l'activité à laquelle il est lié. Mais ces informations ne sont pas directement exploitables à des fins d'analyse et de prévision. De ces limites est venue l'idée d'un autre système d'information, spécialement et exclusivement conçu pour l'aide à la décision, et découplé des opérations.

Dans les années 1970, naît le fondement théorique de la notion de système d'information qui correspond au courant de pensée systémique. La structuration systémique d'une organisation est vue comme un système composé de trois sous-systèmes, à savoir :

Le Système Opérant : Le système opérant est l'appareil de production, qui importe, transporte, transforme et exporte des flux matériels, énergétiques et financiers.

Le Système d'Information : Le système d'information constitue à la fois le reflet et le support informationnel du Système Opérant. Il capte des données dans le Système Opérant auquel il renvoie des commandes.

Le Système de Pilotage : Le système de pilotage détermine le comportement de l'organisation en utilisant le Système d'Information comme une interface à double sens, pour être informé sur le Système Opérant et agir sur ce dernier.

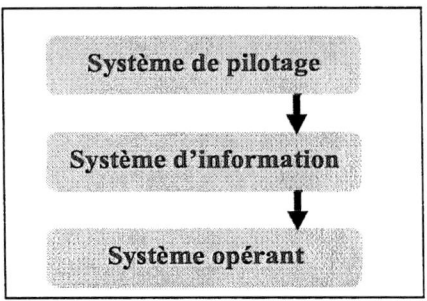

Figure 2.2-1 : Structuration systémique d'une organisation

Ce schéma ne prévoit pas de place pour le système d'information décisionnel. Pour essayer de préciser le rôle du système d'information décisionnel dans une organisation, on pourrait compléter le schéma précédent en situant le système d'information décisionnel entre le système d'information et le système de pilotage, pour illustrer la remontée des informations, mais aussi dans l'autre sens pour montrer l'impact des décisions sur le système d'information.

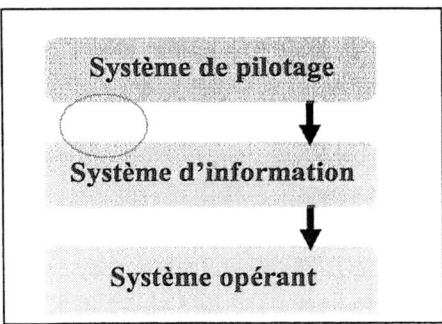

Figure 2.2-2 : Situation du système d'information décisionnel au sein de la structuration systémique de l'organisation

Le Système d'Information possède toutes les données du problème décisionnel, mais pas sous la forme homogène, cohérente, simplifiée qui convient. Un gros travail de transformation et de mise à disposition est à fournir. Le rôle du système d'information décisionnel est d'automatiser les traitements correspondants, dans des espaces de travail séparés du reste du système d'information afin d'éviter toute perturbation mutuelle.

2.2.2 Système d'information décisionnel

Un système d'information décisionnel est un système informatique intégré, conçu spécialement pour la prise de décision, et qui est destiné plus particulièrement aux dirigeants d'entreprise ou d'institution. La DSS fait appel à plusieurs processus qui aboutissent à différents types de décisions.

Le schéma ci-dessous permet de montrer que dans un système d'information, on se place à la fois dans l'opérationnel et dans le décisionnel. La décision et l'action sont complètement imbriquées. Il existe une boucle de rétroaction permanente entre opérations, informations et décisions.

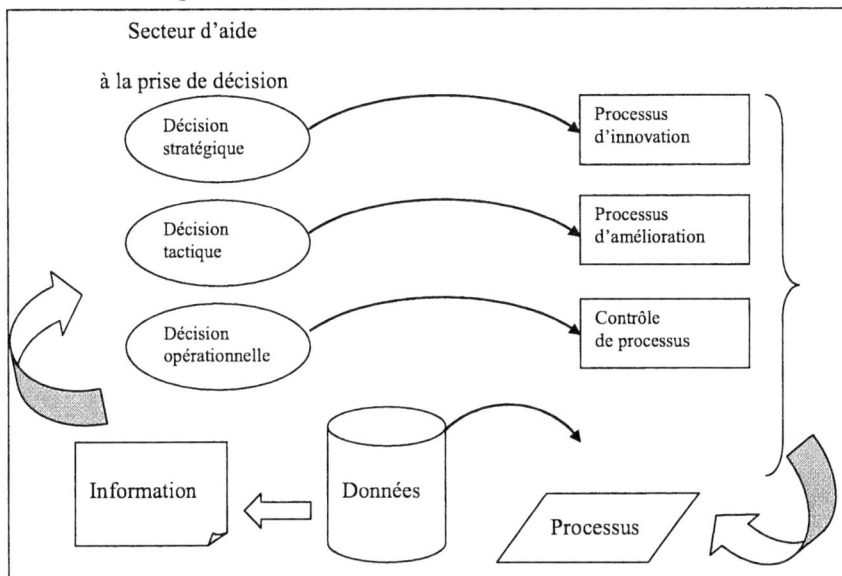

Figure 2.2-3 : Système d'information décisionnel et processus

Le processus opérationnel produit des données. Certaines de ces données peuvent être exploitées par des systèmes automatisés ; elles provoquent des rétroactions non décisionnelles sur le processus. D'autres sont converties en informations qui sortent du système d'information « opérationnel » pour entrer dans le système d'information décisionnel. Le système d'information décisionnel, combiné avec le décideur humain, constitue un dispositif qui, de manière immédiate ou différée, est destiné à rétroagir lui aussi sur les processus : c'est-à-dire sur le système opérant.

La figure 2.2-3 montre le cycle de rétroaction entre processus, données, information, prise de décision et impact sur les processus. Les systèmes d'information décisionnel conçus jusqu'à présent tiennent compte très imparfaitement de cette intégration cyclique entre décision et action. Cette limitation tient en partie à des facteurs techniques par conception. Les logiciels agissent au niveau des différents processus et sont donc mal intégrés entre eux au sein du système d'information. Cette limitation provient aussi de facteurs sociaux et organisationnels, notamment de la difficulté à modéliser l'activité décisionnelle et à la décrire en spécifications informatiques. Les démarches d'urbanisation des systèmes d'information s'effectuent avec le projet de résorber les carences des systèmes d'information en place. Cela se concrétise par des projets d'EAI[32] (Enterprise Application Integration) et également du développement des « portails » qui sont des socles techniques d'intégration.

Par ailleurs, la plupart des systèmes d'information décisionnels des grandes organisations, sont conçus à partir de données exclusivement internes. La portée stratégique de tels systèmes reste donc limitée. Il est nécessaire d'avoir une vue interne et externe à l'organisation de façon à présenter au décideur, à tout instant, une vision combinée en temps réel du terrain, de ses moyens d'actions par rapport à son environnement.

La conception des systèmes d'information décisionnels est complexifiée par la prise en compte des données non structurées. Cette difficulté découle d'un problème de format de données. Les données sont considérées comme structurées si on peut les représenter sous forme de fiches ou de tableaux dont la structure est prédéfinie et régulière. Par exemple, un catalogue de produits indique pour chaque article, un nom, un code, un prix, une quantité en stock.

Dans un ensemble de données structurées, chaque donnée élémentaire possède un « type » prédéfini. Le type étant une notion mi-technique, mi-sémantique : il peut s'agir d'une date, d'un montant, d'un nombre entier ou d'un texte. À l'opposé, une donnée est dite « non structurée » s'il n'est pas possible de prédéfinir sa structure et de la ranger dans une table. Une telle donnée peut être, par exemple, un article de presse, une animation graphique, une séquence musicale, une page. Ces données non structurées sont parfois appelées documents ou documents électroniques.

En réalité, les données dites non structurées sont tout simplement des données dont la structure est plus complexe. Les difficultés viennent de l'inaptitude des systèmes de gestion de bases de données classiques à gérer les structures complexes. On remarque aussi que les dispositifs dédiés à la bureautique, à la gestion documentaire et au travail collaboratif ont toujours été gérés en marge du système d'information. Cette marginalisation peut être rectifiée par le recours au format XML qui permet de structurer des données complexes.

Une fonction importante d'un système d'information décisionnel est de pouvoir prendre en compte des données historisées. Le contenu informationnel des systèmes d'information décisionnel comporte deux composantes :

1) Les données statiques ou référentielles, qui décrivent les éléments du système opérant. Elles concernent la structure de l'organisation.

2) Les données dynamiques ou événementielles, qui reflètent l'activité. Elles concernent les transactions.

---

[32] EAI : Enterprise Application Integration

Un système d'information décisionnel permet de combiner l'historique avec des données en temps réel, ce qui favorise l'anticipation et la projection de scénarios.

2.2.3 Fonctions et architecture d'un système d'information décisionnel

Le système d'information décisionnel met en œuvre cinq fonctions fondamentales [FRANCO, 1997b] autour de la collecte des données, l'intégration des données, la diffusion des données information, la présentation des données et l'administration des données :

1) La collecte des données brutes dans leurs environnements d'origine, ce qui implique des activités plus ou moins élaborées de détection et de filtrage, car un excédent de données, un défaut de fiabilité ou un trop mauvais rapport signal/bruit sont pires que l'absence de données,

2) L'intégration des données, c'est-à-dire leur regroupement en un ensemble technique, logique et sémantique homogène approprié aux besoins de l'organisation,

Les fonctions de collecte et d'intégration sont étroitement liées entre elles, et sont généralement associées à un composant informatique central appelé entrepôt de données (data warehouse). **Le Système de Collecte et d'Intégration** (SCI) capte les données primaires pour les intégrer dans un entrepôt de données. Cette fonction s'effectue à l'aide des outils et des techniques d'extraction de données : ETL (Extract, Transform & Load).

3) La diffusion ou la distribution d'informations élaborées à partir des données dans des contextes appropriés aux besoins des individus ou des groupes de travail utilisateurs,

4) La présentation, c'est-à-dire les conditions de mise à disposition de l'information : contrôle d'accès, personnalisation, ergonomie,

La diffusion et la présentation sont des fonctions fortement orientées sujet, tournées vers l'utilisateur et son métier, manipulant des contenus à forte valeur ajoutée informationnelle et non des données brutes ; elles sont donc fortement imbriquées logiquement et techniquement. **Le Système de Diffusion et de Présentation** (SDP) présente à l'utilisateur les informations dans des formats et des conditions appropriées à la démarche décisionnelle. C'est à ce stade que sont mis à la disposition des décideurs des outils d'analyse multidimensionnelle : OLAP (On Line Analytical Processing). L'analyse multidimensionnelle repose sur des bases de données dérivées de l'entrepôt de données orientées par type d'utilisateurs appelées magasins de données ou bases métiers (data marts).

5) L'administration, qui gère le dictionnaire de données et le processus d'alimentation de bout en bout, car le système d'information décisionnel, outil de pilotage, doit lui-même être piloté.

Le Système d'Administration contrôle le bon fonctionnement de l'ensemble, garantit la traçabilité des données et permet de déterminer le degré d'actualité de chaque information.

Il ressort clairement de ces cinq points que le processus de transformation des données en information pertinente s'opère par la prise en compte des besoins de l'organisation et la prise en compte des besoins des utilisateurs finals, dans un contexte défini. Reprenons ces cinq fonctions fondamentales propres au système d'information décisionnel :

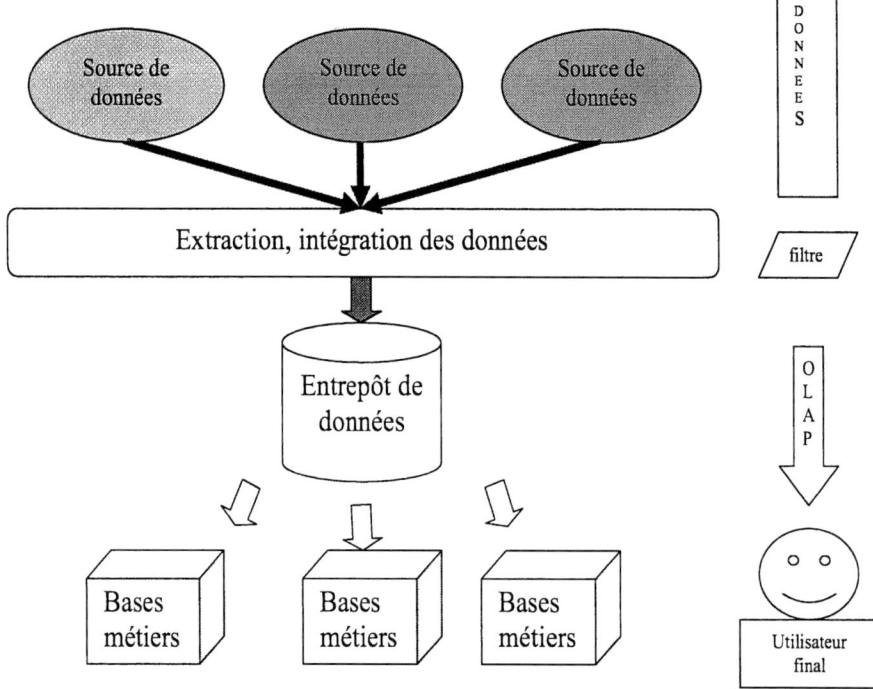

Figure 2.2-4 : Fonctions et architecture d'un système d'information décisionnel

Si nous analysons la Figure 2.2-4, nous constatons qu'une des premières difficultés provient des sources de données. Ces sources de données sont hétérogènes et reposent sur des architectures qui diffèrent sur le plan de leur modèle. On peut être face à des bases de données[33] reposant sur différents

---

[33] Bases de données : Système d'Organisation de l'information, conçu pour une localisation et une mise à jour rapide et facile des données.

modèles comme par exemple : le modèle hiérarchique[34], le modèle réseau[35], le modèle relationnel[36], le modèle déductif[37], le modèle objet[38].

La Figure 2.2-4 illustre les fonctions et l'architecture d'un système d'information décisionnel, nous pouvons déjà préciser un certain nombre de verrous en rapport avec notre recherche. Nous nous plaçons au niveau de la représentation de l'utilisateur final. Pour être amené à représenter l'utilisateur final, nous avons également besoin de pouvoir représenter le système d'information décisionnel dans son ensemble. Nous pouvons déjà dire que la mise en perspective de l'utilisateur final et du système d'information décisionnel passera par différents niveaux ; ces niveaux pouvant être de l'ordre du fonctionnel, de l'applicatif ou encore de l'organisationnel.

Il s'agit de pouvoir rendre exploitables des bases de données reposant sur des modèles variés. Un verrou important apparaît en Figure 2.2-4, il se situe au niveau de la notion d'intégration. Nous retrouvons cette fonction d'intégration dans un réservoir à partir de bases hétérogènes dans l'entrepôt de données.

Afin de ne pas confondre structure et outil, l'architecture d'un système d'information décisionnel repose toujours sur un modèle. C'est le modèle qui est à l'origine des choses. Repartons du modèle ANSI/SPARC pour caractériser un système de gestion de bases de données.

---

[34] Modèle hiérarchique : Les données sont classées hiérarchiquement, selon une arborescence descendante. Ce modèle utilise des pointeurs entre les différents enregistrements. Il s'agit du premier modèle de SGBD dès le début des années 60.

[35] Modèle réseau : Ce modèle utilise des pointeurs vers des enregistrements. Toutefois la structure n'est plus forcément arborescente dans le sens descendant. Ce type de modèle a vu le jour au milieu des années 60.

[36] Modèle relationnel : SGBDR, Système de gestion de bases de données relationnelles, en anglais : Relational data model apparu en 1975. Base construite sur le modèle relationnel qui permet de structurer les données en un ensemble de tables ou tableaux, appelés relations. Les données sont enregistrées dans des tableaux à deux dimensions : lignes et colonnes. La manipulation de ces données se fait selon la théorie mathématique des relations. A la fin des années 90 les bases relationnelles sont les bases de données les plus répandues : environ trois quarts des bases de données.

[37] Modèle déductif : Les données sont représentées sous forme de table, mais leur manipulation se fait par calcul de prédicats.

[38] Modèle objet : SGBDO, Système de gestion de bases de données objet. Organisation cohérente d'objets persistants et partagés par des utilisateurs concurrents modélisant une application. Les données sont stockées sous forme d'objets, c'est-à-dire de structures appelées classes présentant des données membres. Les champs sont des instances de ces classes. Les modèles objets ont vingt ans mais peu de SGBDO sont opérants actuellement.

L'architecture ANSI/SPARC

L'architecture ANSI/SPARC, datant de 1975, définit des niveaux d'abstraction pour un système de gestion de bases de données. Elle est définie sur trois niveaux :

Niveau externe : Il définit les vues des utilisateurs. Chaque schéma externe donne une vue sur le schéma conceptuel à une classe d'utilisateurs.

Niveau conceptuel : Il définit l'arrangement des informations au sein de la base de données. Le schéma conceptuel est produit par une analyse de l'application à modéliser et par intégration des différentes vues utilisateurs. Ce schéma décrit la structure de la base indépendamment de son implantation. Il est obtenu par intégration des vues externes.

Niveau interne ou physique : Il définit la façon selon laquelle sont stockées les données et les méthodes pour y accéder.

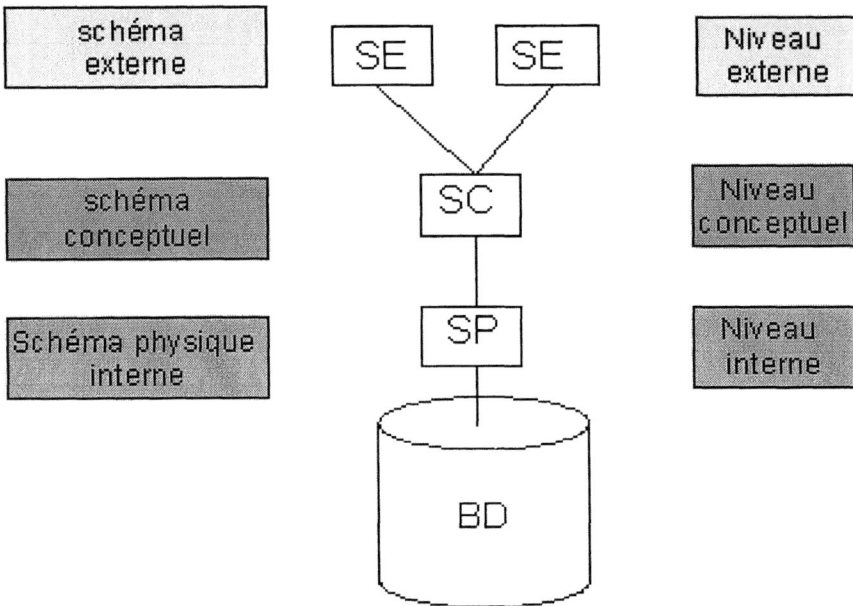

Figure 2.2-5 : Système de gestion de bases de données, l'architecture ANSI/SPARC

Les caractéristiques d'un système de gestion de bases de données

L'architecture à trois niveaux, définie par le standard ANSI/SPARC, permet d'avoir une indépendance entre les données et les traitements. Il offre la capacité de modifier le schéma de la base de données à un niveau donné, sans remettre en cause le schéma aux niveaux supérieurs.

D'une manière générale un SGBD[39] doit avoir les caractéristiques suivantes :

Indépendance physique : Le niveau physique peut être modifié indépendamment du niveau conceptuel. Cela signifie que tous les aspects matériels de la base de données n'apparaissent pas pour l'utilisateur, il s'agit simplement d'une structure transparente de représentation des informations. On peut modifier l'organisation physique des fichiers, rajouter ou supprimer des méthodes d'accès.

Indépendance logique : le niveau conceptuel doit pouvoir être modifié sans remettre en cause le niveau physique, c'est-à-dire que l'administrateur de la base doit pouvoir la faire évoluer sans que cela gêne les utilisateurs. L'ajout ou le retrait de nouveaux concepts ne doit pas modifier des éléments qui n'y font pas explicitement référence.

Manipulabilité : des personnes ne connaissant pas la base de données doivent être capables de décrire leurs requêtes sans faire référence à des éléments techniques de la base de données.

Rapidité des accès : le système doit pouvoir fournir les réponses aux requêtes, le plus rapidement possible, cela implique des algorithmes de recherche rapides.

Administration centralisée : le SGBD doit permettre à l'administrateur de pouvoir manipuler les données, insérer des éléments, vérifier son intégrité de façon centralisée.

Limitation de la redondance : le SGBD doit pouvoir éviter dans la mesure du possible des informations redondantes, afin d'éviter d'une part un gaspillage d'espace mémoire mais aussi des erreurs.

Vérification de l'intégrité : les données doivent être cohérentes entre elles, de plus lorsque des éléments font référence à d'autres, ces derniers doivent être présents.

Partageabilité des données : le SGBD doit permettre l'accès simultané à la base de données par plusieurs utilisateurs.

Sécurité des données : Le SGBD doit présenter des mécanismes permettant de gérer les droits d'accès aux données selon les utilisateurs.

L'architecture des systèmes gestion de bases de données par niveau, constitue des étapes à prendre en compte lors de la conception de l'entrepôt de données qui participe de l'urbanisation d'un système d'information.

Développement des bases de données à finalité opérationnelle

De nombreuses structures, lors de l'éclosion de l'informatique individuelle, ont développé des bases de données à finalité opérationnelle ou fonctionnelle, parfois appelées bases « métier ». Ces bases servaient en général à un groupe

---

[39] SGBD : système de gestion de bases de données.

précis, pour les aider à augmenter leur efficacité dans un domaine bien particulier. Du fait de ces spécificités, chaque base était souvent conçue indépendamment des autres : il en a résulté des systèmes d'information parcellisés, balkanisés, sans cohérence. Pour pouvoir être intégrées à un entrepôt de données, les bases métiers doivent passer par une étape de conception avant d'être fusionnées.[40]

Certains éditeurs de logiciels ont compris l'intérêt qu'ils pouvaient tirer d'une unification de ces bases de données. Ainsi il est possible de croiser des données incohérentes pour trouver des corrélations intéressantes. Des créations d'Infocentres ont vu le jour pour offrir une vision centralisée de toutes les données de l'entreprise.

Ce travail de réunification de systèmes de gestion des données reste faible dans le secteur public. On s'aperçoit que certaines bases du personnel peuvent servir à créer des « qui fait quoi », que des bases géographiques peuvent permettre de diffuser à chaque service délocalisé les données de sa région. Dans un autre registre des bases d'erreurs peuvent permettre à un éditeur de logiciels de valoriser sa politique d'amélioration de ses produits. Dans un domaine spécifique comme celui de la documentation une politique d'acquisition dans un institut documentaire devient plus performante en mettant en relation des données « lecteurs », des données « emprunt », des données « fréquentation », des données « consultation » et des données « inscription » ; ces données appartenant à des services différents.

Même des bases de données a priori très pointues et hermétiques peuvent donner lieu à la création de services d'information à valeur ajoutée pour des publics plus ou moins généralistes. Aussi de plus en plus, les données de l'institution ou de l'administration deviennent diffusables et valorisables.

2.2.4 Difficultés rencontrées lors de la mise en œuvre du processus d'évolution

La plupart des bases de données métier ont été conçues par des spécialistes pour des spécialistes d'un sujet donné. En devenant des instruments de communication à destination du public, elles doivent subir des adaptations.

Par exemple, un simple catalogue de bibliothèque doit être adaptable dans sa conception pour s'intégrer au système d'information globale de l'université.

De plus, l'entretien de ces bases dans le temps n'a pas toujours été parfaitement suivi. Ces bases peuvent avoir également subi des développements spécifiques pour satisfaire des spécificités de fonctionnement d'une organisation. Citons quelques difficultés pour en faire des bases publiables :

---

[40] Infocentre : Concept inventé par IBM, ancêtre de l'Executive Information System (EIS) dans les années 1970

Des bases malpropres. Cela implique, avant publication, une remise à niveau de la base parfois très coûteuse : coût de détermination, d'acquisition et de saisie des données manquantes.

Des bases avec des champs manquants. Par exemple, mention de la commune sans mention de la région. Cela oblige à programmer des croisements avec des tables de correspondance.

Une indexation des enregistrements de la base ne correspondant pas aux besoins des utilisateurs pour parvenir à l'information.

Une indexation des informations trop détaillée, à partir de thésaurus dont une partie des termes sont incompréhensibles aux utilisateurs.

La désignation de certains champs par des codes connus de l'organisation mais indéchiffrables par des tiers.

La gestion des bases par des services différents.

Le champ commun qui permettrait de croiser des données de différentes bases n'est pas codé de la même façon d'une base à l'autre.

Les standards techniques diffèrent d'une base à l'autre. Ces standards techniques particuliers ne sont pas toujours interopérables.

Les référentiels varient d'un corpus de données à l'autre.

Ces différents points témoignent des difficultés à surmonter pour rendre diffusable une base de données métier. Les coûts de remise à niveau peuvent être importants. Il convient, lors de la création d'une nouvelle base, de prendre des précautions pour que ce soit possible d'extraire des données pour les intégrer dans un entrepôt de données.

Le recul que l'on a sur l'existant autour des bases de données implique la mise en place d'une fonction Administration Des Données. Cette fonction est indispensable pour la création et le suivi d'un système d'information. L'entité ADD[41] aura une vision globale des données disponibles dans l'organisation, des incohérences à réviser. L'ADD pourra, en coopération avec les administrateurs des différentes bases métiers, définir les axes d'indexation communs des enregistrements facilitant leur publication ultérieure et le développement des interfaces de consultation adaptées au grand public.

Le recours à l'entrepôt de données permet de proposer des solutions pour faire évoluer un Système d'Information en un Système d'Information Stratégique voire en un Système d'Information Décisionnel. Le transfert d'un Système d'Information en Système d'Information Décisionnel repose sur les bases métiers orientées vers les acteurs.

---

[41] ADD : Administration Des Données.

2.3. De la conception des systèmes d'informations à la conception des systèmes d'informations stratégiques

L'évolution actuelle des systèmes d'Information dans les entreprises vers des architectures client-serveur nécessite d'adapter les méthodes classiques de conception de système d'information. En effet, dans ces nouvelles architectures, les applications client-serveur se présentent sous la forme de composants de différents types : composants de stockage, composants de traitement, et composants dynamiques d'exécution.

Actuellement le standard en informatique d'organisation reste la méthode Merise ou ses dérivées [ROCHFELD et MOREJON, 1989] et [FOUCAUT et THIERY et SMAILI, 1996b]. Merise est une méthode de conception de système d'information. Elle est une méthode de conception, de développement et de réalisation de projets informatiques. Elle a été dérivée en Merise 2 [PANET et LETOUCHE, 1994] où le lien entre les données et les traitements est enfin effectif et réel.

2.3.1 Processus de modélisation

La modélisation sert à se représenter une construction à partir de représentations intelligibles artificielles, symboliques de situations d'après les recherches en conception des systèmes d'information de [FOUCAUT et THIERY, 1996a] et [FOUCAUT et THIERY, 1998].

Le propos de l'équipe SITE, sur l'idée de base de leurs propositions, est qu'il est possible d'utiliser le même modèle tout au long des étapes de cette conception qui aboutit, en final, à l'ensemble des composants logiciels constituant le système d'information automatisé.

La tendance actuelle est aux méthodes de conception orientées objet telles que OMT[42] [RUMBAUGH, 1995] ou UML[43] [FOWLER et SCOTT, 1997] ou tout au moins reposant sur des modèles plus évolués tels que celui de Merise/2 [PANET et LETOUCHE, 1994]. Sans occulter les mérites et avancées que Merise a permis en informatique d'entreprise, il faut reconnaître que la multiplicité des niveaux de conception et de réalisation des systèmes d'information, la multiplicité des modèles aux différentes étapes et peut-être surtout le manque de règles de passage d'un niveau à un autre, d'un modèle à un autre ont gravement nui à l'utilisation complète de la méthode.

---

[42] OMT : Object Modeling Technique. Signifie technique de modélisation objet.
[43] UML : Unified Modeling Language/Langage unifié pour la modélisation.

Le modèle OOE[44] (Objet Opération Evénement) [ROLLAND et FOUCAUT, 1987] a été introduit en 1987 à partir des recherches sur la méthode REMORA et complété en 1996 par [FOUCAUT et THIERY, 1996a].

Le modèle OOE définit des règles de passage de la modélisation conceptuelle à la modélisation logico-physique qui doivent permettre d'aboutir à la liste des composants logiciels à programmer. Rappelons ici brièvement ce modèle et ses fondements :

- La catégorie *OBJET* représente les éléments concrets ou abstraits du système et de son environnement c'est-à-dire l'organisation.

  Par exemple une commande.

- La catégorie *OPERATION* représente les actions se déroulant dans le système ou ses sous-systèmes.

  Par exemple, l'analyse de la commande à la suite de sa saisie qui va modifier la quantité en stock du produit commandé.

- La catégorie *EVENEMENT* représente les faits survenant dans le système au cours du temps.

Par exemple, l'arrivée d'une commande qui déclenche l'analyse de la commande, la rupture de stock caractérisée par le fait que la quantité en stock est devenue inférieure à un certain stock. Dans cette approche l'état du système est défini à un instant donné par l'état des objets qui lui appartiennent à cet instant. Le système évolue au cours du temps à la suite de l'exécution d'opérations qui sont déclenchées par des événements internes ou externes au système. Les opérations agissent sur les objets et provoquent des changements d'état qui à leur tour peuvent être des événements. Cette interaction entre les trois catégories de phénomènes est illustrée par la figure suivante :

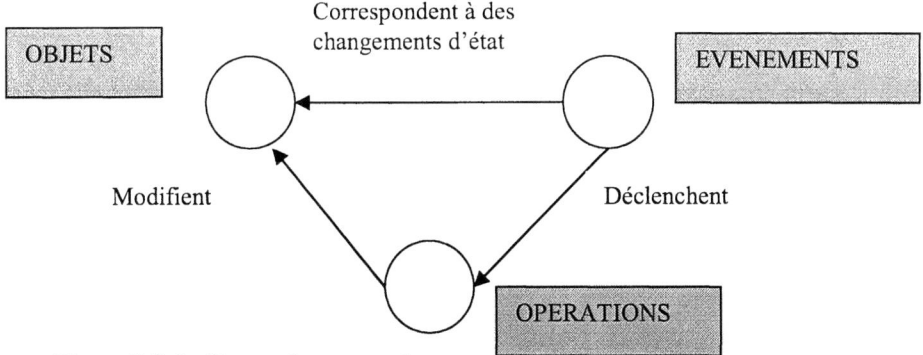

Figure 2.3-1 : Dynamique causale

---

[44] Objet Opération Evénement : dynamique causale car les mêmes causes produisent toujours les mêmes effets.

La puissance de cette proposition réside en l'intégration des concepts que montre cette figure. On l'appelle la dynamique causale car les mêmes causes produisent toujours les mêmes effets. Ceci vient à l'origine de la méthode REMORA qui a fait date au niveau mondial dans le monde des méthodes de conception des systèmes d'information bien avant que cela ne devienne une évidence. Dès les années 70 [THIERY, 1976], les membres de l'équipe REMORA [ROLLAND et FOUCAUT, 1978] propose une modélisation reposant sur des concepts simples qui permettent ensuite non seulement de construire la base de données quasiment automatiquement mais aussi de construire l'ensemble des transactions sur la base de données par des règles de passage de la solution conceptuelle (à partir des événements et des opérations).

L'idée avancée par l'équipe SITE est que les systèmes d'informations stratégiques sont des systèmes d'information particuliers et que la modélisation proposée précédemment peut s'adapter à ces nouveaux systèmes d'information. Cependant la conception de système d'information stratégique nécessite une démarche de conception particulière et une modélisation complexe. Toutefois l'idée sous-jacente de modélisation fondée sur le minimum de concepts réutilisables à chaque étape de la démarche paraît tout à fait réaliste.

2.3.2 Les entrepôts de données et les systèmes d'informations stratégiques

Préambule

Nos considérons l'entrepôt de données, comme un support au système d'information décisionnel et aux outils de fouille de données, permettant d'extraire de nouvelles connaissances. De nombreux moyens informatiques sont aujourd'hui mis en œuvre pour aider les organes de décision des organisations.

L'informatique de gestion a gagné sa place dans l'entreprise depuis les années 60 par une succession de progrès technologiques, logiciels et méthodologiques qui ont tous contribué à une réduction des coûts d'exploitation. L'invention du compilateur et de la compatibilité des séries de machines dans les années 60 a permis aux grands comptes de s'équiper. Le microprocesseur et les bases de données dans les années 70 ont rendu l'informatisation accessible aux moyennes et grandes entreprises. Les bases de données relationnelles, les progiciels de gestion, ainsi que les premiers micro-ordinateurs des années 80 ont largement contribué à l'équipement des petites et moyennes entreprises, commerces, administrations.

Jusque là, la plus grande partie des applications était dédiée au traitement des données directement liées à l'activité quotidienne des organisations : paie, comptabilité, commandes, facturation. On regroupe ces applications sous le terme d'Informatique de Production ou d'Informatique Opérationnelle. L'architecture générale était l'architecture maître-esclave, avec le maître, un puissant ordinateur (mini ou gros système) en site central et les esclaves, terminaux passifs en mode texte.

L'organisation de l'entreprise était très hiérarchisée dans sa structure informatique et sa structure de pilotage. Des techniques d'aide à la décision ont été mises en place. Elles sont essentiellement fondées sur des outils de simulation et d'optimisation, parfois sur des systèmes experts. La mise en œuvre de ces techniques nécessitait l'intervention d'équipes d'informaticiens pour le développement de produits spécifiques. Ces outils étaient mal intégrés dans le système d'information.

Avec l'apparition des ordinateurs personnels et des réseaux locaux, une autre activité a émergé, tout à fait distincte de l'informatique de production. Dans les secrétariats, les cabinets, on utilise des tableurs et des logiciels de traitements de texte, des petites bases de données sur des machines aux interfaces graphiques plus agréables. Jusqu'aux années 90, ces deux mondes bureautique/informatique se sont ignorés.

La montée en puissance des micro-ordinateurs et l'avènement de l'architecture client-serveur a permis un décloisonnement remarquable entre bureautique et informatique. Le but principal est de fournir à tout utilisateur reconnu et autorisé, les informations nécessaires à son travail. Cette nouvelle approche de l'information fait naître une nouvelle informatique, intégrante, orientée vers les utilisateurs et les centres de décision des organisations. C'est l'ère du client-serveur qui prend vraiment tout son essor à la fin des années 90 avec le développement des technologies Intranet.

Les définitions, les objectifs, l'architecture et la conception de l'entrepôt de données dans les chapitres qui suivent vont nous montrer que l'entrepôt de données est un puissant outil de reporting. Les paragraphes suivants permettent de concrétiser toutes les difficultés de la mise en œuvre d'un datawarehouse.

Les entrepôts de données sont devenus maintenant non pas un phénomène de mode mais un instrument indispensable à la bonne marche de l'organisation. Ils sont en effet à la base de toute stratégie et prise de décision de l'entreprise. Ainsi 95% du top 500 des entreprises aux USA ont mis en place un data warehouse ou entrepôt de données[45], à l'origine essentiellement destiné au marketing.

Le concept de Data Warehouse

Le concept de data warehouse [THIERYa] est une base de données organisée pour répondre aux besoins spécifiques de la prise de décision. Cette base contient des informations historiques sur l'entreprise, son fonctionnement et son environnement. Elle est alimentée à partir des bases de production et d'informations externes à l'entreprise. Elle est thématique, relative à un

---

[45] J.M . Franco, Le Data Wharehouse : objectifs, définitions, architectures, Eyrolles 1997

domaine intéressant le décideur possédant une référence temporelle, sûre c'est à dire dont la qualité a été vérifiée, facile d'accès, non volatile et régulièrement complétée. En fait, l'entrepôt de données est une vue intégrée de l'organisation. Il est le noyau du système d'information stratégique.

D'après [INMON, 1997] « Le Data Warehouse est une collection de données orientées sujet, intégrées, non volatiles et historisées, organisées pour le support d'un processus d'aide à la décision ». Il fournit de l'information :
- Thématique, c'est à dire relative à un domaine intéressant le décideur possédant une référence temporelle,
- Sûre, c'est à dire dont la qualité a été vérifiée selon [LESCA et LESCA, 1995] et [BRIARD, 2000],
- Facile d'accès,
- Non volatile, car régulièrement complétée et « nettoyée » rarement.

Ce que l'on demande aux outils actuels c'est de permettre une extraction fiable des données du système d'information pour construire le système d'information stratégique et, aussi bien sûr, des possibilités d'exploitation bien meilleures qu'avec les environnements informatiques existants.

Différents types de données manipulées par un Data Warehouse

J.-M. Franco [FRANCO, 1997b] détaille et complète les notions abordées par la définition d'Inmon, William H sur les données. Les données peuvent être:

Détaillées, c'est à dire issues des bases de données de production. Elles reflètent les événements les plus récents. Des intégrations régulières de données issues des systèmes de production sont réalisées à ce niveau.

Par exemple le nombre d'étudiants inscrits au cours du mois de janvier 2005.

Orientées sujet, les données sont organisées par thèmes et non pas par processus fonctionnels, comme c'est l'habitude dans les organisations traditionnelles. L'intérêt est de disposer de l'ensemble des informations sur un sujet le plus souvent transversal aux structures fonctionnelles de l'entreprise. Cette approche permet également de développer le système décisionnel via une démarche incrémentale sujet après sujet.

Données intégrées, afin d'assurer la présentation de données homogènes, celles-ci doivent être mises en forme et unifiées afin d'avoir un état cohérent. Une donnée doit avoir une description et un codage uniques. Cette phase d'unification, qui d'apparence est simple, est en réalité complexe du fait de l'hétérogénéité des bases de données.

Données historisées, dans un système de production, la donnée est sans cesse mise à jour : à chaque nouvelle transaction. L'ancienne valeur est perdue. Ces systèmes conservent assez rarement un historique des données. Dans un entrepôt de données, la donnée ne doit jamais être mise à jour. Elle représente une valeur insérée à un certain moment. Cette démarche induit la gestion d'un référentiel de temps associé à la donnée pour l'identification de cette donnée.

Données non volatiles, c'est une conséquence de l'historisation décrite ci-dessus.

Agrégées, ce sont des résultats et des synthèses d'analyse, accessibles à tous, et correspondant à des éléments d'analyse représentatifs des besoins utilisateurs. Elles constituent déjà un résultat d'analyse et une synthèse de l'information contenue dans le système décisionnel, et doivent être facilement accessibles et compréhensibles.

Par exemple le nombre d'emprunts de documents de la semaine, du mois, le nombre d'emprunts de document moyen par mois sur les deux dernières années.

Fortement agrégées, enfin elles peuvent être fortement agrégées et complétées par des métas données qui explicitent les règles d'agrégation.

Les objectifs d'un entrepôt de données

Un environnement de concurrence plus pressant contribue à révéler l'informatique décisionnelle. Tout utilisateur de l'organisation ayant à prendre des décisions doit pouvoir accéder en temps réel aux données de l'institution. Il doit pouvoir traiter ces données, extraire l'information pertinente de ces données pour prendre les bonnes décisions.

Par exemple, au sein d'une université, les questions peuvent varier en fonction des utilisateurs qui interrogent le système d'information.

Quels sont les taux de réussites aux examens ?

Quelle est l'évolution des étudiants inscrits dans telle filière au cours du temps ?

La documentation acquise dans tel domaine est-elle proportionnelle au nombre d'inscrits ? Par qui est empruntée cette documentation – des étudiants inscrits à l'université de rattachement du centre de documentation ? Ou encore – les emprunts satisfont-ils également des étudiants d'autres universités ?

Quels sont les périodes d'emprunt par rapport aux types de documents empruntés ?

Quels sont les services, offerts via un portail documentaire ou universitaire, les plus utilisés ?

On le voit, on peut aisément répondre à certaines questions et ne pas pouvoir le faire dans tous les cas, car le système opérationnel ne permet pas de répondre aux besoins des utilisateurs. Les bases de données opérationnelles sont trop complexes pour pouvoir être appréhendées facilement par tout utilisateur. De plus le système opérationnel ne peut pas être interrompu pour répondre à des questions nécessitant des temps de calcul importants.

Il s'avère donc nécessaire de développer des systèmes d'information orientés vers la décision. Il faut garder un historique et restructurer les données, éventuellement récupérer des informations démographiques, géographiques et sociologiques. Les entrepôts de données ou data warehouse sont la réalisation de ces nouveaux systèmes d'information.

2.3.3 Bases métiers ou data marts

Un entrepôt de données donne naissance, par filtrage non plus par rapport aux dimensions mais par rapport à des profils utilisateurs, à des data marts ou *bases métiers*. Ce sont des sous bases du Data Warehouse destinées à une fonction de l'entreprise ou de l'institution : service des ressources humaines, services financiers, services administratifs, services pédagogiques ou encore services documentaires. Elles sont alimentées périodiquement, elles reposent sur une vue multidimensionnelle des données, enfin elles sont non modifiables par les utilisateurs.

Les bases de données métiers permettent :

- Un pré calcul des agrégats à tous les niveaux, en fait les outils SIS utilisent les algorithmes reposant sur des matrices creuses (c'est à dire comportant beaucoup de 0) qui permettent de stocker puis de retrouver uniquement les résultats intéressants ;
- Une séparation des données quantitatives des données qualitatives, si tant est que l'outil puisse modéliser ces dernières ;
- Une souplesse dans la définition des dimensions : par exemple on peut rajouter un niveau semestre à la dimension temps. Ceci dit, il faudra bien sûr re-générer l'hypercube car les résultats pré agrégés du niveau semestre seront à calculer.
- Enfin et peut être surtout, ce type de structure, et bien sûr les outils d'exploitation associés, permettent de se « promener » dans les données aisément, ce que l'on appelle le « data surfing ». Le data surfing c'est la possibilité donnée au décideur de naviguer de manière ergonomique et intuitive dans un modèle multidimensionnel.

Les décideurs auront une vision différente des données et souhaiteront que leur soient proposées uniquement les données qui sont utiles à la réponse de leur besoin. Au lieu de calculer ce besoin, nous proposons d'en intégrer la représentation dans le modèle de l'utilisateur, ce qui constitue l'originalité de nos propositions. Cela revient dans un S-IS à stocker parmi les métas-données du système, une représentation explicite de la structure des différentes bases métiers. Notre préoccupation principale est donc la prise en compte de l'acteur dans la construction puis l'exploitation d'entrepôts de données. En effet actuellement rien n'existe vraiment dans le domaine ni dans les systèmes d'entreprises (y compris dans les outils de Gestion de Relations Clients (GRC) ou de personnalisation du e-business), ni dans les recherches en cours sur les S-IS.

Quels sont les enjeux d'un data warehouse ?

Odile Thiéry propose une démarche pour révéler les enjeux d'un data warehouse [THIERYa]. Il doit permettre de transformer les données contenues dans le système d'information en données pertinentes. Cela pose des problèmes d'extraction des données, de vérification de leur qualité mais aussi de personnalisation des informations. Il doit aussi fournir un environnement facilitant l'analyse des informations utiles au décideur. Il doit l'aider à découvrir les supports de décisions stratégiques afin d'aider à une analyse décisionnelle.

En effet avec un SI-S[46] on réalise des statistiques des rapports à la demande du décideur. En revanche avec un S-IS[47] nous cherchons des tendances à mettre en évidence.

L'entreposage de données et la fouille de données constituent de nouvelles technologies de pointe pour la gestion et l'analyse de très grandes quantités de données. Les applications d'entreposage de données transforment différentes sources de données en un modèle intégré multidimensionnel. Les programmes de traitement analytique en ligne peuvent aider à mettre en relief les tendances et les attentes des utilisateurs. Ceci permet de rentrer dans un processus d'anticipation pour améliorer les réponses du système d'information.

Les systèmes d'information peuvent être stratégiques sous deux angles [TARDIEU et GUTHMANN, 1991]. D'une part tous les systèmes d'information actuels des organisations comportent des informations stratégiques et permettent l'automatisation de l'organisation pour satisfaire au mieux les objectifs stratégiques de la direction.

- Exemple : un système d'information améliorant la gestion des acquisitions de documents dans un établissement documentaire, élaboration à partir de résultats comptables de tableaux récapitulatifs en Excel.

C'est ce que l'on appelle des SI-S (système d'information *stratégique).*

D'autre part de plus en plus de systèmes d'information sont dédiés uniquement à la prise de décision.

- Exemple : un système d'information d'aide au choix des disciplines à couvrir dans un centre de documentation.

C'est ce que l'on appelle des S-IS (système *d'informations stratégiques).* Là c'est le système d'information dans son entier qui est consacré aux décisions stratégiques et ne comporte que des informations de type stratégiques.

- Exemple : évolution du coût des acquisitions par type de documents sur plusieurs années.

---

[46] SI-S : systèmes d'information *stratégique*
[47] S-IS : système *d'informations stratégiques*

Nous nous intéressons ici aux S-IS c'est à dire aux systèmes d'information de deuxième type, ceux qui sont directement dans les préoccupations des chercheurs en Intelligence Economique. La Figure 2.3-2 représente les deux types de système d'information, l'entrepôt de données réalisant la jonction entre les deux.

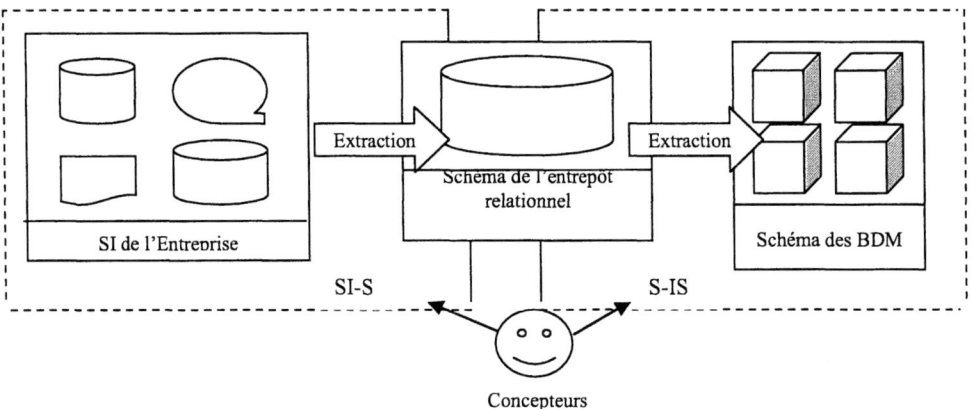

Figure 2.3-2 : Représentation du SI-S et du S-IS

Cette figure montre que le système d'information de l'entreprise est le premier à être construit, il est divers et varié. Il comporte des informations *stratégiques*.

- Exemple des indications de répartition budgétaire.

Il faut en extraire les informations nécessaires à la prise de décision et également leur structure (ce que l'on appelle les métas données). Ceci constitue l'entrepôt relationnel (appelé ainsi car il est actuellement géré par un SGBD relationnel).

De cet entrepôt sont extraites des bases de données multidimensionnelles, appelées ainsi car elles permettent de regarder l'organisation sous différents angles ou dimensions.

- Par exemple sur l'axe temps ou quantité d'étudiants ou encore nombre de matières.

Ces bases de données multidimensionnelles constituent ce que l'on appelle le système *d'informations stratégiques*, en effet elles ne sont constituées que de données propres à la décision.

Exemples de SI-S

- Un SI améliorant la gestion des inscriptions des étudiants pour ne l'identifier qu'une seule fois ; c'est un choix stratégique

- un SI améliorant la communication interne dans l'université par la mise en place d'outils de partage
- un SI diminuant les erreurs de saisie par la mise en place d'un récupérateur de données de façon automatique comme la carte à puce et son lecteur approprié.

Exemples de S-IS
- Un SI gérant des tableaux de bord par exemple dans un service de comptabilité
- un SI d'analyse de situations financières d'une UFR d'Université
- un SI de gestion de services à l'égard de l'utilisateur interne ou externe, c'est-à-dire un professionnel ou un usager.

Aujourd'hui s'il y a beaucoup de SI-S les S-IS sont encore relativement peu nombreux. Pourtant, dès le milieu des années 90, les entreprises possédaient des bases de données et des systèmes d'information relativement complets quoique souvent non historiques car établis à partir des bases de données de production.

D'autre part la recherche en particulier mathématique a proposé de nombreuses méthodes d'aide à la décision et de modélisation du processus de fouille de données mais en fait les décideurs utilisaient peu l'informatique. Pourquoi ? Tout d'abord les informations contenues dans les bases de données étaient relativement peu accessibles malgré le standard d'interrogation SQL[48]. En effet, il faut être relativement spécialiste pour parler SQL couramment. Ensuite les tableurs tels que Excel suffisent à satisfaire de nombreux besoins et enfin les SIAD (systèmes d'aide à la décision interactifs ou intelligents) restent souvent à l'état de prototype [PEAUCELLE, 1999].

En conclusion, c'est justement pour ces raisons d'imperfections de l'existant que la philosophie des S-IS a été entièrement revue, tenant compte beaucoup plus de l'intervention et de la modélisation du décideur dans le processus de décision, l'outil n'étant là que pour l'aider à découvrir de nouvelles informations sans rien imposer. C'est à ce prix que cette nouvelle génération d'outils s'imposera et c'est à cela que nous nous employons dans nos recherches.

2.4. *L'existant dans le contexte universitaire*

2.4.1 Paysage documentaire en réseau

En juin 1999, un rapport sur Bibliothèques Universitaires et Nouvelles Technologies émanant de Bruno Van Dooren a été remis au ministre de l'éducation nationale, de la recherche et de la technologie pour donner des

---

[48] SQL : Structured Query Language

recommandations à la réalisation d'un système d'information documentaire (SIDOC). Ce rapport propose trois niveaux de programme : organiser la production des documents électroniques, organiser la diffusion de l'information électronique et organiser les conditions d'usage des technologies de l'information.

Les objectifs autour de l'organisation de la production des documents électroniques concernaient le signalement des collections des universités françaises, le signalement des contenus, la constitution de corpus de références de textes numérisés, la préservation et la communication du patrimoine écrit et graphique des universités, la valorisation de la production des universitaires.

Les objectifs autour de l'organisation de la diffusion de l'information électronique concernaient la création dans chaque université d'un système d'information documentaire accessible par le web, l'accès du public universitaire aux ressources électroniques, la virtualisation de l'université par la numérisation d'outils pédagogiques, la valorisation des sites web des universités françaises.

Les objectifs autour de l'organisation des conditions d'usage des technologies de l'information concernaient la familiarisation des étudiants à l'outil informatique, l'apprentissage de la recherche d'information pertinente, l'appropriation par les enseignants-chercheurs des outils d'informatique documentaire, le développement d'une recherche nationale sur la documentation électronique.

Une grande culture du travail en réseau reposant sur les normes et les standards préside dans l'organisation du travail dans les bibliothèques. Depuis le début des années 2000 plusieurs projets révèlent le paysage documentaire. Le SUDOC[49] et les initiatives des archives ouvertes concrétisent le souci à mutualiser des services dans un souci de cohérence de gestion, de rationalisation des coûts, de partage des compétences.

SUDOC

En 2001, l'Agence Bibliographique de l'Enseignement Supérieur déploie le SUDOC http://www.sudoc.abes.fr/ dans les établissements de l'enseignement supérieur. Les échanges de données entre le catalogue du Sudoc et les systèmes locaux de gestion de bibliothèque (SIGB) permettent aux bibliothèques du réseau de récupérer dans leur système local les notices qu'elles produisent ou localisent dans le catalogue collectif. Actuellement 160 établissements (SCD, SICD, BU et BIU, bibliothèques de grands établissements ou de grandes écoles, bibliothèques CADIST ainsi que quelques établissements participent à l'ensemble des applicatifs du réseau et au signalement de l'ensemble de leurs documents. Ils regroupent 960 bibliothèques. Le réseau se compose en outre et

---

[49] SUDOC : Système Universitaire de Documentation

uniquement pour le signalement des publications en série, d'environ 2000 bibliothèques et centres de documentation supplémentaires.

Parallèlement au catalogue SUDOC, des services dérivés ont été développés dans le portail SUDOC. Le portail documentaire SUDOC http://www.portail-sudoc.abes.fr/ a pour vocation première de faciliter l'accès à un large éventail de ressources utiles pour la recherche et l'enseignement supérieur. Là où un catalogue collectif comme le catalogue SUDOC vise avant tout à signaler et à localiser tous types de ressources, le portail SUDOC donne la priorité aux ressources en ligne. L'objectif est de donner accès au contenu des documents.

En tant que portail documentaire à échelle nationale, il présente deux faces complémentaires. D'un côté, il permet d'offrir aux étudiants, aux enseignants et aux chercheurs un accès unifié aux ressources en ligne dont ils ont besoin, qu'elles soient en accès libre ou qu'elles aient été acquises par leur établissement d'appartenance, et donc accessibles à leur seul établissement. D'un autre côté, le portail SUDOC vise à donner une visibilité nationale et internationale aux documents produits ou publiés par les établissements de l'enseignement supérieur et de la recherche français qui le souhaitent.

En tant que guichet unique sur le web, le portail SUDOC entend faciliter les recherches des étudiants, des enseignants et des chercheurs, en France et à l'étranger. En tant que fournisseur de données et de services, il aspire à enrichir les applications locales des établissements d'enseignement et de recherche. Le portail SUDOC est une interface de recherche fédérée. La recherche fédérée permet d'interroger de manière homogène des bases hétérogènes. Elles sont hétérogènes à différents égards :

- par leur contenu : certaines bases ne contiennent que des métas données (catalogues, bibliographies…), d'autres donnent accès aux documents primaires (textes, images…).
- par leur statut : certaines bases sont en accès libre, d'autres sont réservées aux abonnés. Pour d'autres encore, l'accès aux métas données est libre, mais l'accès aux documents décrits par les métas données nécessite un abonnement.
- par leurs fonctionnalités de recherche : certaines proposent de nombreux tris et index (y compris sur le texte intégral), d'autres ont des fonctionnalités plus pauvres.
- par leur localisation : certaines bases sont externes au portail, d'autres sont gérées en interne.
- par leur mode d'interrogation : différents protocoles d'interrogation sont employés (Z39.50, SRW/U, http…).

La priorité du portail SUDOC est de donner accès aux documents primaires et de permettre une interrogation sur le texte intégral de ces documents. Cette interrogation ne se limite pas aux documents PDF ou HTML. Le portail est capable d'indexer des documents structurés (en XML) pour offrir des index ciblés sur différentes parties du texte intégral (table des matières, bibliographie, notes...).

En collaboration avec le groupe technique du consortium Couperin, le module APE (Accès aux Périodiques Electroniques) a été développé dans une logique conforme à celle du portail, notamment en ce qui concerne la gestion des identifiants. Cet outil a pour objectif de permettre aux utilisateurs d'accéder plus facilement aux périodiques électroniques auxquels leur établissement est abonné.

Depuis avril 2005, le CRU (Comité Réseau des Universités) réalise une expérimentation pilote pour le compte des établissements d'enseignement supérieur français souhaitant mettre en place un service de fournisseur d'identités et/ou de fournisseur de services. L'objectif de ce service est de « faciliter le partage de ressources numériques en ligne entre établissements d'enseignement supérieur en interconnectant leurs services d'authentification. Il devient possible d'ouvrir l'accès à une ressource numérique (pédagogique, scientifique, etc.) à une population identifiée, sans devoir gérer localement l'enregistrement des utilisateurs. (...) ». Le produit choisi pour cette expérimentation est Shibboleth, une application Open Source, bien adaptée au contexte universitaire.

Dans le cadre du catalogue SUDOC, les membres du réseau dispose d'un système de pilotage qui permet un certain nombre de statistiques d'activités (consultation, catalogage, PEB, consultation des bases, utilisation des services et provenance des utilisateurs....).

Pour les établissements qui disposent d'un serveur OAI-PMH, ils peuvent valoriser leurs ressources locales. Le protocole OAI-PMH est un protocole web qui permet d'échanger simplement des données XML – dans la plupart des cas, des notices Dublin Core. En utilisant un protocole et un format (Dublin Core) standards, chaque établissement est assuré de pouvoir coopérer non seulement avec le portail SUDOC, mais aussi avec d'autres partenaires. Pour les établissements qui le souhaitent, le portail SUDOC propose l'indexation automatique du texte intégral, en complément du moissonnage des métas données.

En cohérence avec les missions de l'ABES, il est accordé une attention toute particulière aux thèses, en particulier aux thèses françaises. Dans le cadre du prochain circuit national des thèses électroniques, fonctionnel en 2006, et avec l'accord de l'établissement de soutenance, le portail SUDOC pourra, à partir du signalement des thèses électroniques dans le catalogue SUDOC, indexer et donner accès automatiquement à celles-ci, qu'il récupérera de l'application STAR. Ce service n'exigera de l'établissement de soutenance aucune démarche particulière, hormis un accord express.

2.4.2 Existant des systèmes d'information documentaires

Comment échanger des données dans le cadre d'un réseau documentaire sans contraintes techniques liées à leur format [DALBIN, 2003] ? Comment changer de système informatique de façon simple et fiable ? Comment intégrer des documents bureautiques dans un système documentaire ? Comment améliorer les performances d'un système de recherche ? Parce qu'elle garantit la préservation des données, parce qu'elle en facilite l'échange et la recherche, la modélisation des données apporte des réponses à ces questions : c'est ce que se proposait de montrer une journée d'étude organisée par l'ADBS à Paris le 20 mai 2003.

Plusieurs facteurs modifient considérablement le contexte de développement des systèmes d'information documentaire (SID). Leur ouverture vers d'autres systèmes, documentaires ou non documentaires (gestion des droits par exemple), la complexité et la grande variété des usages, des ressources et des acteurs à prendre en compte, le passage de la notion de document à celle d'objet d'information numérique constituent des éléments à prendre en compte pour le développement des systèmes d'information documentaire. Ils constituent une rupture dans les techniques utilisées, malgré une continuité et un élargissement des missions des professionnels de l'information-documentation.

Ce contexte nous amène aujourd'hui à considérer la modélisation comme indispensable dans nos démarches de conception des SID.

2.4.2.1 Différents modèles

L'OAIS ou Open Archival Information System constitue un modèle de référence pour un système ouvert d'archivage d'information. L'OAIS est un cadre conceptuel et terminologique pour l'implantation de système de gestion de ressources numériques dans le but d'en assurer la préservation et l'accessibilité à long terme. Il est l'aboutissement de réflexions menées à l'apparition de problèmes inédits : les risques de perte de données liés à l'obsolescence des technologies (codage ou supports). Issu du monde des archives du secteur de l'aéronautique, l'OAIS est devenu en 2002 une norme (ISO 14721 : 2002) adoptée par tous les programmes de préservation et d'accès à long terme des bibliothèques. L'enjeu est de taille puisqu'il est question de la préservation de ressources électroniques, pour leur mise à disposition future, avec toutes les données permettant d'en assurer la lecture – quels que soient les problèmes (techniques, juridiques, etc.) qui peuvent se poser dans l'avenir.

Le modèle OAIS

Ce cadre définit deux modèles complémentaires : un modèle fonctionnel et un modèle d'information, indépendants de produits commerciaux.

Le modèle fonctionnel de l'OAIS emprunte au modèle d'un SGED (système de gestion électronique de document) un découpage en cinq grandes fonctions : production, versement, stockage et préservation, utilisation, et rajoute une couche administration et accès.

Les traitements et sous-traitements opérés tout au long de cette chaîne créent des contraintes techniques que le travail d'abstraction a permis de modéliser, puis de documenter à l'aide de métas données spécifiques. Cette chaîne a été représentée selon un modèle par couches où chacune constitue un traitement qui rend un service à la couche immédiatement supérieure et sur lequel opère le sous traitement suivant de la chaîne. À chaque couche sont associés des sous traitements et des catégories de métas données.

Le modèle d'information, quant à lui, manipule des objets d'information et s'appuie sur la notion de paquet d'information d'archivage (archivage information package ou AIP). Le véritable objet est ici le contenu informationnel dont l'intelligibilité doit être préservée, et ceci quel que soit l'environnement technique dans lequel on se trouve. Deux classes d'objets d'information principales, constituant les paquets d'information d'archives (PIA), ont été définies : l'information contenue (IC) et l'information complémentaire à la pérennisation (PDI). Ces deux premières classes fournissent le cadre pour la création des métas données de préservation. Elles sont associées à deux autres classes : l'information d'empaquetage qui correspond à l'objet numérique accompagné des métas données relatives à son empaquetage sur un support spécifique et l'information de description, facilitant l'accès au contenu. Chaque classe d'objets d'information est également constituée d'autres classes spécifiques. Par exemple, pour la classe PDI : l'information de référence, de provenance (qui décrit l'historique de l'IC), contextuelle (relation entre l'IC et son environnement), de fixité (mécanisme d'authentification vérifiant que l'IC n'a pas été altérée).

Avec cet exemple, on voit immédiatement que ce schéma est plus complexe mais plus riche et qu'il vise à aborder la question de la pérennisation des ressources numériques de façon globale et dans le temps, en prenant en compte toutes les contraintes (volumes, flux, diversités des types d'objets documentaires, etc.). Trois catégories de métas données complémentaires ont été définies : descriptives, administratives (gestion des objets composants y compris les informations techniques, gestion des droits d'accès), et de structure (structure logique pour assembler les différents composants logiques, lien avec les objets numériques).

Ces réflexions sur l'oasis se sont traduites au plan national par la mise en place en 1999 d'un groupe de travail, le PIN (pérennisation des informations numériques) qui regroupe des institutions techniques et scientifiques, des industriels, des organismes à vocation patrimoniale.

Le modèle METS

Le modèle METS (Meta data Encodage and Transmission Standard), réalisé à l'initiative de la Digital Librairie Fédération (DLF), est une implémentation particulière du modèle de référence OAIS qui permet les échanges d'objets numériques entre bibliothèques. METS est un schéma XML permettant la création de documents METS en XML. Un document METS est composé de la description de la structure hiérarchique des objets numériques constituant une ressource numérique ; cette description répertorie tous les noms et localisations des fichiers, et toutes les métas données de structure, administratives et descriptives (Dublin Core). Il est structuré en sept sections : header, descriptive metadata, administrative metadata, file group, structure map, structural links, behavior. La bibliothèque du Congrès aux États-Unis est actuellement l'agence de maintenance de ce modèle.

Il n'a pas suffi d'une démarche analytique de type descriptif autour des systèmes actuels pour établir ces modèles que nous venons de décrire. C'est par un processus d'abstraction que ces modèles ont pu être proposés. Selon Catherine Lupovici [LUPOVICI, 1999] la modélisation permet de faire évoluer la vision des ressources numériques, elles-mêmes étant un « tissu d'objets d'information liés entre eux ».

2.4.2.2 Développement du modèle OAI

L'OAI[50], Open Archive Initiative et les métas donnés Dublin Core facilite l'accès et l'échange de documents. Ce protocole d'échange permet de créer, d'alimenter et de tenir à jour, par des procédures automatisées, des réservoirs d'enregistrements qui signalent, décrivent et rendent accessibles des documents, sans les dupliquer ni modifier leur localisation d'origine.

Dans un contexte en forte évolution (accélération de la recherche, développement des réseaux, web, baisse de popularité des éditeurs commerciaux), la publication scientifique vit une période de changement en ce qui concerne la production et la publication électroniques. De nombreux modèles alternatifs se sont développés, mais ils restent indépendants les uns des autres et ne permettent pas une synergie entre les collections. Lors d'une convention à Santa Fé en 1999, des professionnels ont décidé de développer un « cadre général pour la fédération de contenus sur le web ».

Deux solutions ont été présentées : interroger simultanément des bases hétérogènes et réparties selon le protocole Z39.50[51] ou collecter massivement

---

[50] http://www.openarchives.org/OAI/2.0/openarchivesprotocol.htm, site officiel du protocol
[51] Z3950 : est une norme américaine de la NISO4 (National information standard organisation) finalement reconnue et adoptée par l'ISO en mars 1997 sous le nom de

les métas données dans un ou plusieurs réservoirs centraux. L'intérêt pour cette dernière formule s'est développé dans les musées et bibliothèques, et a abouti en septembre 2000 à une formalisation de l'Open Archive Initiative.

Ces travaux ont abouti à la mise au point d'un protocole de collecte et de mise à disposition de métas données : l'OAI-PMH[52] (protocol for metadata harvesting, ou Protocole de collecte de métas données de l'initiative Archives ouvertes) [OAIP], dont une deuxième version est sortie en juin 2002. L'objectif est de découvrir, présenter et analyser le contenu d'une archive, quel que soit son contenu, pour la mettre largement à disposition. L'OAI-PMH facilite la description et la diffusion des métas données d'articles scientifiques disponibles en accès ouvert sur Internet, notamment dans des répertoires de pré-publications. Il s'est vite révélé très adapté au partage de métas données de documents scientifiques ou culturels, présentes dans des ensembles de ressources homogènes ou hétérogènes, plus ou moins réparties.

Le modèle de données sous-jacent se découpe en trois niveaux : la ressource (objet physique auquel on peut rattacher des métas données), un item (objet documentaire et toutes les métas données), un enregistrement (un format de métas données issu d'un item, un identifiant, une date de création ou de mise à jour). Les métas données sont décrites obligatoirement selon le Dublin Core, mais d'autres formats sont possibles et décrits par des schémas XML[53].

Le modèle fonctionnel détermine deux catégories d'acteurs :

Les *fournisseurs de données* ou plutôt de métas données qui mettent en place une application informatique compatible avec le protocole OAI-PMH. De nombreux fournisseurs de données OAI[54] sont déjà opérationnels. On peut citer par exemple des réservoirs en chimie http://www.chemweb.com ou dans le domaine des sciences de la vie http://www.pubmedcentral.nih.gov, ou encore en France le Centre pour la communication scientifique directe du CNRS http://www.ccsd.cnrs.fr.

Les *fournisseurs de services* qui localisent les fournisseurs de données et collectent leurs métas données de manière automatique et incrémentale. Des informations sur la provenance sont ajoutées aux métas données, permettant des traitements à valeur ajoutée sous la forme de services : recherche, personnalisation ou alerte.

Ce protocole est un réel succès en raison d'une part de la simplicité du protocole, d'autre part d'une relation avec le mouvement « ouvert » ou « open

---

ISO 23950. Z39.50 est développée et mise à jour par le ZIG5 (Z39.50 Implementers Group) groupe international et informel et suivie de près par la Bibliothèque du congrès (Z39.50 maintenance agency6) L'invention de Z39.50 date de la fin des années 1980.
[52] OAI-PMH : The Open Archives Initiative Protocol for Metadata Harvesting
[53] XML : Extensible Markup Language
[54] OAI : Open Archive Initiative

access », et enfin des possibilités qu'il offre en termes de constitution d'archives et de catalogues collectifs, de développement de sites portails et de façon plus générale de transport et d'échange de métas données. Ce modèle poursuit son développement avec des extensions techniques et fonctionnelles, comme les projets d'incorporation de la gestion de la certification ou des droits.

Grâce au protocole OAI, une bibliothèque agissant en tant que fournisseur de données a la possibilité d'offrir une visibilité accrue à ses documents, notamment à ses publications électroniques ou à ses fonds spécialisés.

Réciproquement, en tant que fournisseur de service, une bibliothèque peut réaliser une base de données ou un portail documentaire dans son domaine de spécialité ou sur un thème quelconque, en collectant les données descriptives de ressources et documents de tous types, accessibles sur l'Internet dans des entrepôts OAI. Enfin, le protocole OAI permet de faire communiquer entre elles des bases de données diverses et hétérogènes, et donc de réaliser des partenariats entre plusieurs établissements.

Les principes conceptuels

Le protocole OAI s'appuie sur quelques concepts documentaires simples :
- la ressource, qui est le document-objet décrit, réel (exemple : un livre) ou virtuel (une image numérique, un texte électronique),
- l'item, qui est la fiche ou la notice informatique décrivant cet objet (exemple : une notice bibliographique en format UNIMARC), et qui contient ou génère des métas données échangeables pour le protocole OAI, à la seule condition qu'un identifiant unique, construit selon les recommandations de l'Open Archive Initiative, puisse être attribué à l'item dans la base qui le contient,
- l'enregistrement (record), qui est un ensemble de métas données extraites d'un item dans un format XML, et qui fait l'objet de l'échange entre l'entrepôt et le moissonneur (exemple : la description du livre en format BiblioML ou Dublin Core) ; il y a autant d'enregistrements possibles par item que de formats dans lesquels l'entrepôt est moissonnable.

Les principes organisationnels

Dans ce contexte, le protocole définit le langage par lequel communiquent le fournisseur de données (entrepôt) et le fournisseur de services (agrégateur), qui rassemble des données collectées par un moissonneur. Pour alimenter l'agrégateur, le moissonneur visite plusieurs entrepôts, qu'il doit interroger massivement une seule fois ou en plusieurs étapes, pour extraire les enregistrements des items qui l'intéressent.

Après la collecte, le moissonneur dépose les données dans une base que le fournisseur de services rend accessible à ses clients. L'interrogation de cette base est directe et ne sollicite pas les entrepôts d'origine. En effet, l'utilisateur final interroge uniquement le réservoir de notices, constitué par moisson, du fournisseur de service, qui lui retourne en réponse la liste de notices pertinentes.

Ces notices proposent notamment un lien hypertexte vers le document primaire, seulement accessible sur le serveur du fournisseur de données.

Le choix du format d'exposition des données

Rendre une base documentaire (bibliothèque d'images, base de thèses, base de prépublications ou catalogue de bibliothèque) compatible avec le protocole OAI ne demande pas de modifications profondes de sa structure ni des données qu'elle contient : il suffit d'ajouter une couche supplémentaire permettant d'exposer ses objets documentaires selon des formats prescrits par l'OAI, soit au minimum le Dublin Core ou tout autre format XML. À la requête ListMetadataformats d'un moissonneur, l'entrepôt doit pouvoir décliner la liste des formats disponibles avec l'adresse à laquelle est accessible la DTD[55] ou le Schéma XML.

L'usage de l'OAI-PMH dans le portail SUDOC

Le moissonneur nourrit une base XML. Ainsi, le portail SUDOC de l'Agence bibliographique de l'enseignement supérieur (ABES) comporte une base XML alimentée soit par saisie directe, soit par moisson OAI, soit par des opérations de chargement en série. La constitution d'une base XML pour les ressources électroniques ne remplace pas l'interrogation de catalogues distants selon la norme Z39-50, mais vient compléter cette architecture pour des recherches fédérées.

2.4.2.3 Protocole de communication par la fédération d'identités

Une fédération d'identités est constituée de fournisseurs d'identités et de fournisseurs de services. Un **fournisseur d'identités gère des utilisateurs** (par exemple : une université), un **fournisseur de services propose des services** (par exemple : Elsevier).

La relation entre les fournisseurs s'établit sur le principe du choix d'accès à des fournisseurs de services pour l'un, du choix de donner l'accès à des fournisseurs d'accès pour l'autre. La fédération établit et formalise le niveau de confiance minimal partagé entre les fournisseurs. La confiance accordée à un fournisseur d'identités par un fournisseur de services est fondée sur la qualité de l'authentification des utilisateurs, la qualité des attributs propagés et sur la disponibilité des services d'authentification et de propagation d'attributs. La confiance accordée à un fournisseur de services par un fournisseur d'identités

---

[55] DTD : Document Type Definition

est fondée sur l'assurance que les attributs propagés ne servent qu'aux usages initialement prévus.

En conséquence, la fédération d'identités doit promouvoir une politique claire et volontariste s'appuyant sur le respect des engagements des membres. Dans ce cadre, les fournisseurs d'identités comme les universités, s'engagent à utiliser un produit compatible Shibboleth, à sécuriser leur environnement logiciel (SSO[56], Espace Numérique de Travail, annuaire), à respecter la législation sur la protection des données.

Actuellement, pour donner accès aux ressources électroniques, deux méthodes sont utilisées : des plages d'adresses IP déclarées aux fournisseurs de services et Reverse proxy qui est une solution fonctionnelle et satisfaisante pour l'utilisateur mais difficile à administrer. Ces solutions permettent de donner accès aux ressources du réseau de l'université mais sans authentification. Le principe est binaire : « accès » « pas d'accès ». Shibboleth est une solution plus fine qui permet de donner accès depuis n'importe quel poste Internet puisque l'utilisateur est renvoyé vers son Espace Numérique de Travail dans lequel il s'authentifie et accède à la ressource ; aucune information personnelle n'est envoyée au fournisseur de services.

Shibboleth permet de : quantifier les accès pour un fournisseur donné, d'identifier un utilisateur au comportement contraire aux conditions d'utilisation du service, de suspendre l'utilisation du service pour un utilisateur donné, d'offrir un service à une population limitée (personnels, étudiants, enseignants-chercheurs, responsables...). Shibboleth s'appuie sur des standards déjà déployés dans l'établissement (annuaire, SSO, Espace Numérique de Travail), Shibboleth est un standard utilisable par d'autres applications.

2.4.3 La brique documentaire d'un environnement numérique de travail

Une journée consacrée à la construction de la brique documentaire au sein d'un environnement numérique de travail à Grenoble [GRENOBLE, 2005] au mois de novembre 2005, a permis de faire un état des lieux de la situation à cette époque sur un plan national et international en bénéficiant de l'éclairage des représentants de la Direction de l'Enseignement Supérieur. Une présentation d'une expérience à l'étranger a montré l'intérêt d'avoir une démarche stratégique également orientée sur un plan international. L'expérience et l'expérimentation menées à Valenciennes apportent un témoignage quant à la mise en pratique d'un ENT avec intégration de l'aspect documentation. Des représentants de l'INIST ont réaffirmé l'importance à valoriser la production

---

[56] SSO : Single Sign-On

scientifique en tenant compte d'une dimension nationale et surtout internationale.

Marie-Thérèse Rebat [REBAT, 2005] de la sous-direction des bibliothèques et de la documentation, responsable des Systèmes d'information documentaire des établissements a fait le panorama de la profession de la documentation au service de la recherche. Ses propositions concernent l'intégration du système d'information documentaire (SID) dans le système global de l'université via l'environnement numérique de travail pour aboutir au système global d'information (SIG).

Un ENT est un dispositif qui permet à tous les usagers de disposer des services en rapport avec leur activité à partir d'un point unique, cela implique une réflexion globale sur l'organisation en tenant compte des acteurs et des objectifs.

Les Objectifs d'un ENT :

Favoriser la contribution à l'apprentissage de l'autonomie [PEGUIRON et DAVID et THIERY, 2003]. Simplifier les procédures administratives. Améliorer la circulation de l'information. C'est un espace qui doit permettre la mobilité physique et intellectuelle. Cela va en faveur de l'idée de formation tout au long de la vie. Pour l'élaboration de l'intranet, il est nécessaire de dégager les besoins existants et les nouveaux besoins. Définir les modes d'accès. Cela passe par une phase de typologie des usagers en les catégorisant et en intégrant l'aspect « évolutif » [PEGUIRON et KISLIN et BOUAKA, 2003].

Les Services d'un ENT :

Des services communs accessibles par Ldap[57] reposant sur le protocole SSO[58] permettent une authentification. Les services proposés sont par exemple des outils de bureautique, un moteur de recherche, environnement email, forum de discussions, agenda, stockage modulé, personnalisation via les RSS[59]. Les briques « métiers » sont ajoutées par rapport aux services de la recherche documentaire, de la pédagogie ou encore de la scolarité.

Qu'est ce qu'un Système d'Information Global ?

C'est la base de l'ENT, développé dans le cadre d'une université numérique en région ou d'une université thématique. Le développement d'un Système d'Information Global (SIG s'inscrit dans une démarche stratégique de l'équipe

---

[57] Ldap : Lightweight Directory Access Protocol. Structure d'annuaire standard sur les réseaux TCP/IP

[58] SSO : Single Sign-On, dispositif permettant à un utilisateur d'accéder à des services divers en ne s'identifiant qu'une seule et unique fois

[59] RSS : acronyme de Really Simple Syndication (syndication vraiment simple), ou de Rich Site Summary (Résumé complet d'un site) est un format de syndication de contenu Web

présidentielle. Il concerne l'organisation structurelle. L'architecture fonctionnelle du SIG doit respecter les standards nationaux, européens et internationaux. Ce n'est pas seulement un outil, mais une organisation structurelle. Il s'agit de mettre en valeur l'identité de l'université et de permettre un accompagnement des usagers lors du processus de recherche documentaire.

Comment participer à la conception de l'ENT de l'université ?

La conception se fait à partir de briques métiers à partir de bases structurées. D'où une nécessaire transversalité entre les acteurs, coordonnée par un comité de pilotage. Le comité de pilotage permet de valider les objectifs, proposer des financements, constituer les référentiels propres à l'établissement. Le SIG est une mise en acte politique de l'établissement. La mise en action de ce projet implique des outils de gestion de documents, de documents électroniques, des outils de publication et des tableaux de bord. La mise en œuvre se fait de pair avec la mise en place d'un « workflow management[60] » ou encore d'un Business Process Management System[61]. Il y a plusieurs niveaux de respects des standards, notamment au niveau des protocoles : ISO Z39-50, OAI-PMH[62], SRU[63]-SRW[64] et au niveau des règles de gestion d'un établissement LOLF[65]. A titre d'exemple, l'université de Valenciennes s'intègre à l'ENT de l'Université par l'utilisation de référentiels. L'environnement repose sur un système commun d'authentification.

Nous pouvons regarder du côté de l'Illinois [FOULONNEAU, 2005] pour trouver des universités qui sont regroupées pour coordonner une activité autour de l'OAI. Leur recherche méthodologique et technique a abouti à une perception documentaire tournée autour de l'interopérabilité et la réutilisation des données. Les cyberinfrastructures proposent des briques fonctionnelles articulées autour de services informatiques : messagerie, WIFI, stockage... et une brique bibliothèque : catalogue en ligne, commande de documents, gestion des prêts. Une autre brique juxtaposée autour de la gestion de la pédagogie : calendrier, note, devoir à faire, gestion de la vie des personnels de l'université. Ces briques ne sont pas interconnectées. Cette cyberinfrastructure permet l'orientation des financements.

Parallèlement, on trouve une autre cyberinfrastructure pour l'éducation. Il s'agit d'un environnement d'apprentissage virtuel reposant sur les jeux, la

---

[60]Workflow management : Technique de management fondée sur le principe du workflow ou travail collaboratif. Le workflow management a pour but d'analyser, de modéliser, de simuler et d'améliorer les processus.

[61] Business Process Management System : Système de contrôle de processus

[62]OAI-PMH : Open Archive Initiative Protocol for Metadata Harvesting ou Protocole de Collecte de Métas données de l'Initiative Archives Ouvertes

[63] SRU : Search and Retrieve URL Service

[64] SRW : Search Retrieve Web Service

[65] LOLF : Loi organique relative aux lois de finances

simulation et la modélisation. On trouve là, une stratégie de l'information pour l'enseignement : information brute ou des publications. Dans cette thématique, réside la problématique de la communauté du e-learning.

La mise en œuvre des centres de ressources virtuelles s'appuie sur les contenus : données selon un socle commun (masse critique réutilisable), intégration d'outils de production (visualisation/transformation/exploitation). Les bibliothèques numériques sont construites en tenant compte de l'interopérabilité des données d'où une problématique technique autour de DC-LOM[66], Dublin Core Education, métas données descriptives, métas données de structure (objets complexes IMS[67]). Cela aboutit à une question : comment partager des métas données au sein des bibliothèques ? Une réponse peut être apportée au niveau de :

- la qualité des entrepôts,
- la qualité des données,
- la qualité des services.

Il est nécessaire de repenser les métas données. La réflexion concerne les formats avec contrainte d'avoir un schéma XML[68]. Ainsi peut être pris en compte l'aspect « contextualisation » d'une ressource. D'où la nécessité d'une granularité dans la représentation des ressources qui prend en compte le contexte de l'information (MODS[69]) car il y a une multiplicité des métas données et une prolifération de normes.

- Que doit-on promouvoir ?
- Avec quel Schéma ?

En conclusion, nous sommes face à une diversité d'objets à traiter, d'où la nécessité de revenir sur des principes fondamentaux comme effectuer une typologie des objets à traiter. Faire un travail sur les problèmes de normalisation, se ré-impliquer dans les standards. A ce stade, nous voyons bien que deux pistes évoluent en parallèle et qui prêtent à confusion.

- Il y a d'une part la volonté de pouvoir interroger des bases hétérogènes et cela peut se faire effectivement par le développement d'un moteur de recherche fédérée.
- D'autre part, il y a la volonté de tirer parti de données existantes pour les intégrer dans un entrepôt de données en vue de permettre des bases métiers à des publics ciblés.

---

[66] LOM : Learning Object Metadata
[67] IMS : Introduction to Metadata Standards
[68] XML : Extensible Markup Language ou langage de balisage extensible
[69] MODS : Metadata Object Description Schema

Après cet éclaircissement nous pouvons dire que la seconde piste est privilégiée dans nos recherches.

Chapitre 3 Les acteurs

Si nous nous reportons aux données statistiques de la revue électronique Le Journal du Net[70] relatives aux chiffres-clés de l'Internet et des nouvelles technologies en France et dans le monde (internautes, marchés, e-business...) nous pouvons nous poser la question de savoir ce que nous pouvons encore apporter comme « nouveauté » pour améliorer les systèmes d'information. Cette question est renforcée par le nombre croissant de professionnels de l'informatique, des sciences de l'information et de la communication et de l'intelligence économique formé et opérationnel au travers le monde. Nous menons nos réflexions dans un domaine en pleine évolution qui met en scène des professionnels de mieux en mieux formés et performants et des systèmes d'information recelant une quantité d'information de mieux en mieux organisées. Nous nous apercevons également qu'à chacune de nos idées, nous trouvons déjà une foultitude de solutions. Pour reprendre une métaphore qui consiste à dire : les causes produisent les mêmes effets, nous pourrions dire que des situations de recherche similaires produisent l'émergence d'idées nouvelles communes. Partant de ce postulat qui nous rassure un peu, nous prenons le parti de nous focaliser sur des domaines spécifiques autour des acteurs d'un système d'information tout en tenant compte des remarques d'Alain Juillet qui lors d'un entretien avec Nicolas Arpagian pour la revue 01 Net [O1NET, 2005] précise que « Nous manquons cruellement d'outils informatiques d'origine française ou européenne. »

Très tôt nous avons remarqué la nécessité de dissocier les processus de recherche d'information par rapport à un système d'information. Cette hypothèse de départ a été renforcée par le bilan autour de l'intelligence économique qui a mis en relief que l'intelligence économique du point de vue « action » est une suite de processus où toutes les étapes sont en interaction. Par la dissociation, nous avons déjà pu mettre en évidence un raisonnement par niveaux (étudiants, enseignants et administratifs). De la même façon, nous allons nous attacher au comportement de ces acteurs par rapport aux fonctionnalités du système d'information.

3.1. Processus de recherche d'information par les acteurs

3.1.1 Méthode des 4P

L'analyse des pratiques et des tendances des utilisateurs lors de la recherche d'information sur Internet [PEGUIRON, 2001] nous a permis de mettre en évidence plusieurs points. La recherche d'information devient performante

---

[70] Le Journal du Net : http://www.journaldunet.com/chiffres-cles.shtml

après connaissance de la typologie des différents systèmes de recherche. Cette typologie favorise l'adoption d'une méthodologie de recherche que nous avons mise en évidence et qui repose sur la méthode des 4P que nous caractérisons par les systèmes Pull, Push, Prospective et Peer to Peer. La mise en perspective de cette méthodologie de recherche met en relief l'utilisateur lors d'un processus de recherche d'information qui se décline selon trois niveaux : processus de recherche, systèmes de recherche, outil de recherche.

Pull[71]

L'utilisateur fait la démarche d'aller vers l'information. Ce système procède de la navigation. L'outil spécifique dans ce cas est le navigateur (Netscape, Internet explorer, Mozilla, Opera ...).

Push[72]

L'information arrive à l'utilisateur. C'est un système qui repose essentiellement sur l'adresse électronique. L'outil spécifique est dans ce cas la messagerie électronique (Les listes de discussion, les lettres de diffusion, les news, les systèmes d'alerte...).

Prospective[73]

Le processus de prospective permet de détecter de nouvelles tendances, d'identifier des réseaux d'experts ou de mettre en évidence des risques. C'est un système qui repose sur un système de veille. Des logiciels dédiés aux différents types de veille ou d'analyse constituent l'outil spécifique de ce processus (Agents intelligents, outils d'aide à la prise de décision, cartographie...).

Peer to Peer[74]

Le Peer to Peer prône l'échange de fichiers, la distribution des applications à travers des stations communicantes. Ce système repose sur une conception du partage de l'information. Les logiciels de la génération point à point prônent la distribution décentralisée des requêtes et propagent en chaîne la recherche d'information sur le réseau.

---

[71] Pull : Mode classique de la recherche d'information sur les réseaux. L'utilisateur se connecte sur des serveurs et cherche l'information

[72] Push : Mode nouveau de collecte d'informations sur Internet. En s'abonnant à des fournisseurs de contenu (des chaînes Web), l'information arrive directement sur la machine dès qu'elle est mise à jour et cela sans que l'utilisateur ait besoin d'aller la chercher.

[73] Prospective : Mode de recherche d'information pour rechercher les nouvelles tendances.

[74] Peer to peer : Liaison poste à poste par opposition au modèle client-serveur. Dans ce type de réseau les ordinateurs sont connectés les uns aux autres sans passer par un serveur central.

3.1.2 Le modèle EQuA²te

D'après le modèle EQuA²te élaboré au sein de l'équipe SITE [DAVID et THIERY, 2002], nous observons plusieurs processus dans le phénomène de la recherche d'information dont nous tirons parti pour nos réflexions. Le modèle EQuA²te représente une situation de recherche d'information qui implique les phases cognitives suivantes :

- L'exploration du monde de l'information   => Explore
- L'interrogation de la base de l'information   => Query
- L'analyse de la base de l'information   => Analyse
- L'annotation fondée sur différentes préférences   => Annote

Ce modèle utilise des verbes d'action pour décrire différents stades de la recherche d'information : explorer, questionner, analyser et annoter. Ces termes évoquent les fonctionnalités sous-jacentes du système d'information, de façon à pouvoir donner satisfaction à l'utilisateur final. Nous tirons parti de ce modèle pour analyser les situations de nos différents acteurs en situation de recherche ou de production d'information.

Notre objectif [THIERY et DAVID, 2002] est de faire des propositions permettant de concevoir un SIS de qualité et répondant aux besoins des différents acteurs de l'université. C'est ici que nous rejoignons (ce qui est mal modélisé par le concept de bases métiers dans les outils actuels du marché), à savoir la modélisation de l'utilisateur.

3.1.3 Le modèle utilisateur

L'objectif de la modélisation de l'utilisateur est de pouvoir personnaliser les réponses du système. La modélisation de l'utilisateur est la façon de représenter un utilisateur et ses comportements. Cela concerne également la façon d'exploiter les connaissances dont nous disposons à son sujet. Trois catégories de modèle sont proposées :

a) Le **profil de l'utilisateur** où à un utilisateur est associée sa requête qui exprime son besoin. Dans ce contexte, le besoin de l'utilisateur est relativement stable. Le profil est appliqué aux nouvelles informations afin de lui proposer les informations les plus pertinentes.

b) Le **modèle implicite** de l'utilisateur où le comportement et les préférences de l'utilisateur sont déterminés d'une manière implicite. Par exemple la visualisation d'un document par l'utilisateur peut être interprétée comme une adéquation du document par rapport à sa requête.

c) Le **modèle explicite** de l'utilisateur où le comportement et les préférences de l'utilisateur sont également représentés mais selon les spécifications de l'utilisateur. Par exemple, même si l'utilisateur visualise un document, il faut qu'il indique son opinion sur le degré de pertinence du document par rapport à sa requête.

L'exploitation d'un profil de l'utilisateur (a) est généralement individualisée. Le modèle implicite ou explicite (b) et (c) peut être individualisé ou traité par la méthode de stéréotype. Par la technique de stéréotypage, les utilisateurs sont regroupés dans des classes et une interprétation s'applique à tous les utilisateurs de la classe.

La représentation des paramètres cognitifs sur les utilisateurs, par exemple les paramètres nécessaires pour connaître le niveau de connaissance d'un utilisateur pour une meilleure interprétation de sa requête, nécessite la sauvegarde du modèle de l'utilisateur au travers des sessions et individualisé.

[THIERY et DAVID, 2002] ont travaillé sur la personnalisation des réponses en système de recherche d'information (SRI). Ils ont débuté par la modélisation de l'élève dans un contexte d'apprentissage humain à partir des images. Nous avons proposé un modèle explicite représenté par des paramètres cognitifs pour chaque élève. Le modèle cognitif est fondé sur les phases cognitives identifiées dans un processus d'apprentissage humain. Quatre phases, qui correspondent à des niveaux d'habitudes évocatives, ont été intégrées dans le modèle :

- La **phase d'observation** : l'apprenant prend connaissance de son environnement par le processus d'observation,
- La **phase d'abstraction élémentaire** : l'apprenant désigne les objets observés par des mots, ce qui correspond également à une phase d'acquisition de vocabulaire,
- La **phase de symbolisation et de raisonnement** : l'apprenant emploie des vocabulaires spécialisés qui relèvent d'un niveau d'abstraction des concepts élevés,
- La **phase de créativité** : l'apprenant découvre et s'approprie des connaissances qui ne sont pas présentées d'une manière explicite dans le système.

Ce modèle a été transformé en un modèle de l'utilisateur dans un cadre de recherche d'information. Cette transformation a été facilitée par la similarité entre la démarche d'un utilisateur en recherche d'information et celle d'un apprenant. Le modèle de l'utilisateur permet de proposer une architecture de SI qui repose sur l'évolution cognitive de l'utilisateur.

On constate que l'usage qui est fait de l'information trouvée reste le point aveugle ; cette constatation nous oriente vers la proposition d'un système d'investigation de bases web compatibles où la prise de décision revient à l'utilisateur qui évolue dans un système de recherche d'information collaborative.

3.2. De l'utilisateur à l'acteur

Le paradigme de la recherche d'information s'est élargi pour inclure les utilisateurs et leur interaction avec le système [POLITY, 2001].

- le paradigme cognitif orienté-utilisateur.

En effet jusqu'à présent l'analyse du besoin d'information étudiée n'a pas produit des modèles convaincants et l'usage qui est fait de l'information trouvée reste le point aveugle. A la notion d'usagers s'ajoute la notion d'usage.

- le paradigme orienté-acteur.

L'information est vue comme un processus d'interprétation et d'appropriation cognitive propre à un individu ou un groupe donné. L'information dans un processus d'intelligence économique [OUBRICH, 2003] est transformable en connaissance par l'intermédiaire des acteurs et des processus organisationnels. Les acteurs présentent les agents du savoir, dont leurs missions consistent à créer des nouvelles connaissances. Une information n'est transformée en connaissance que si les acteurs possèdent les connaissances appropriées à son traitement ou encore à sa mise en valeur. Ces connaissances sont nommées les « savoir-qui » [GUILHON et LEVET, 2003] ; les « savoir-qui » sont possédés par les acteurs chargés du processus global d'intelligence économique, ou par les médiateurs dont les postes se situent à l'interface des autres métiers, et qui ont pour mission de faire émerger l'information et de la diffuser pour la transformer en connaissance [GUILHON, 2003].

Par les processus organisationnels qui gouvernent l'intelligence économique, nous faisons allusion au Knowledge Management et à l'Apprentissage Organisationnel. Le Knowledge Management ou Gestion des Connaissances est centré sur l'idée de la connaissance, alors que celui de l'Apprentissage organisationnel renvoie aux divers processus de transformation de l'information en connaissance stratégique. Cette dimension processus fait référence à la création d'un contexte qui facilite l'expression des principaux processus d'Apprentissage Organisationnel et du Knowledge Management.

Le Knowledge Management signifie gestion du savoir, des connaissances. Le capital intellectuel des organisations est reconsidéré et placé au centre de la création de valeur. Pour l'organisation, il s'agit de gérer un capital immatériel, en l'occurrence la connaissance, grâce à des outils et à un mode de management. Cette démarche s'effectue au moyen de méthodes et d'outils, consistant à recueillir, capitaliser, exploiter et diffuser la connaissance. Son objectif est d'apporter à la structure qui l'utilise, une valeur ajoutée par la pérennisation de ses « savoir » et « savoir-faire ». A terme, la Gestion des Connaissances vise à augmenter la performance de l'organisation en partageant, créant et en redistribuant les connaissances d'une institution pour en améliorer la gestion. Les « connaissances » au sens où nous l'entendons deviennent alors synonymes d' « information contextualisée ».

L'apprentissage organisationnel comporte une notion de transversalité dans le management stratégique. L'apprentissage organisationnel n'est pas la somme des apprentissages individuels, c'est l'institution dans son ensemble qui doit apprendre à s'adapter. [ARGYRIS et SCHON, 1978] décrivent l'apprentissage organisationnel comme le processus qui implique la détection et la correction d'une erreur. Lorsque l'erreur est détectée et corrigée, elle permet à l'organisation de poursuivre ses politiques, d'accomplir ses objectifs. Ce processus de détection et de correction d'erreur est un apprentissage en double boucle. L'apprentissage en double boucle implique la modification des normes, des politiques, et des objectifs fondamentaux d'une organisation. L'apprentissage organisationnel résulte d'interactions individuelles qui aboutissent à une compréhension commune des choses.

En conclusion l'usager d'un système d'information dans une structure partagée devient acteur. En ajoutant de la valeur aux informations, il participe au principe de la gestion des connaissances. Nous voyons là tout l'intérêt à structurer le contenu des informations électroniques pour améliorer d'une part un meilleur taux de pertinence des informations trouvées et d'autre part améliorer la visibilité des auteurs devenus acteurs du système d'information dans un contexte qui tient compte à la fois de la gestion des connaissances et de l'apprentissage organisationnel.

Pour conclure sur cette première partie nous avons pu dégager notre domaine conceptuel c'est-à-dire l'intelligence économique, notre domaine d'application qui est l'université, nos objets de recherche qui sont la modélisation des acteurs dans un système d'information. En seconde partie nous aborderons un aspect « conception » par l'apport de l'intelligence économique pour faire évoluer un système d'information en un système d'information stratégique avec la prise en compte du contexte universitaire.

> # Partie II : Modélisation de l'acteur d'un système d'information stratégique universitaire

L'éducation est au centre de toutes les stratégies de construction de l'avenir. C'est un enjeu mondial, un des grands défis du troisième millénaire. [Joël de Rosnay]

Cette seconde partie intitulée Modélisation de l'acteur d'un Système d'Information Stratégique universitaire restitue notre contribution pour répondre à la question posée au niveau de notre problématique, c'est-à-dire : comment intégrer la représentation des utilisateurs dans un système d'information stratégique universitaire ?

Pour mener à bien notre contribution, nous nous appuyons sur le bilan précédent et nous empruntons une démarche scientifique. Tout d'abord nous définissons des concepts :

L'université est notre domaine d'application : ses composants constituent des *concepts de base*.

La modélisation des ressources documentaires et la modélisation des utilisateurs sont nos objets de recherche. Ils constituent des *concepts manipulés*.

De façon pragmatique « **théorie** », « **méthode** » et « **modélisation** » nous permettent de caractériser nos objets de recherche.

- Par la « théorie », nous voulons démontrer l'hypothèse de notre problématique. Nous pensons que si nous prenons en compte un certain nombre d'éléments propres à l'utilisateur en amont de l'urbanisation d'un SI, nous travaillons à une meilleure satisfaction de l'usager.
- La « méthode » correspond à une phase plus pragmatique qui nous permet de lister, compter, classifier des éléments propres à nos objets de recherche pour en faire émerger des caractéristiques.
- La « modélisation » s'appuie sur les deux phases précédentes pour réduire ou transformer les objets de nos recherches à une taille gérable pour représenter la réalité [DAVID, 1999].

Ces différentes phases exploratoires aboutiront à la proposition en partie III d'une solution sous la forme d'un modèle. Modèle qui fait l'œuvre d'expérimentations afin d'évaluer les résultats de nos recherches. Nous utilisons alors l'outil entrepôt de données pour effectuer nos analyses.

Pour apporter notre contribution à la modélisation de l'acteur d'un SIS universitaire le chapitre 4 va nous permettre de développer les propos entamés sur les systèmes d'information documentaires par une étude sur les normes et les standards pour nous servir de clé d'entrée pour alimenter notre réflexion sur un SIS universitaire. Cette démarche nous amène au chapitre 5 à montrer la faisabilité d'aboutir à un système d'intelligence économique par l'exploitation du processus d'intelligence économique qui révèle la nécessité d'intégrer la modélisation de l'utilisateur dans la conception du système d'information stratégique universitaire, la modélisation de l'acteur faisant l'œuvre du chapitre 6.

Chapitre 4 Prise en compte des normes et standards pour modéliser les ressources documentaires

Nos propos portent sur la constitution d'un pôle de ressources documentaires dans un cadre pédagogique destiné à la formation et à la recherche prenant en compte l'utilisateur. Nous avons choisi comme cadre d'étude l'Université Nancy 2 qui comporte pour l'année 2002 environ 19 000 étudiants inscrits, 600 enseignants-chercheurs et enseignants titulaires et 350 personnels administratifs, techniques, d'éducation et d'encadrement. Nous sommes dans un environnement de formation où évoluent des acteurs, des systèmes de ressources documentaires, des systèmes de production d'information et des systèmes de recherche d'information. Les dispositifs des nouvelles technologies éducatives mettent à disposition : des cours, des projets, des ressources documentaires, des données financières, des données administratives, des informations sur les acteurs, des systèmes de partage d'information d'où se dégagent de nouvelles fonctionnalités.

Le recours à des normes et des standards pour la conception d'un entrepôt de données de ressources documentaires dans un cadre pédagogique, intégrant la modélisation de l'utilisateur assurent l'interopérabilité des composants et la réutilisation de ressources. La normalisation n'est pas systématiquement synonyme de restrictions ou de contraintes fortes. La norme fournit un cadre dans lequel il est possible de trouver de multiples moyens d'expression. Cependant tous les cas de figure ne sont pas exprimables par le recours à une norme, comme les usages faits d'une information. La description de ressources en vue de leur réutilisation dans des parcours de formation, évoque les difficultés rencontrées et permet de formuler des propositions pour combler des manques et rendre plus opérationnels certains descriptifs.

L'équipe SITE a développé deux modèles propres aux acteurs : MEPD[75] et WISP[76]. Parallèlement à ces deux modèles, nous trouvons un panel de normes autour des documents électroniques et de ressources en ligne. Nous évoluons dans un processus d'enseignement qui tend à favoriser la prise d'autonomie des étudiants, en proposant des formations individualisées. Si on s'attarde sur le processus d'apprenant lors du parcours de l'étudiant, on s'aperçoit que la modélisation du système d'information permet de mettre en relation des objets propres à différentes classes.

Sachant qu'il n'existe pas de normes préétablies pour un Entrepôt de Données Documentaires et que l'élaboration d'un standard est un long

---

[75] MEPD : Modèle pour l'explicitation d'un problème décisionnel
[76] WISP : Watcher-Information-Search-Problem

processus qui s'étale sur plusieurs années, nous analysons les normes existantes. Nous devons identifier les classes des ressources documentaires de notre Entrepôt de Données Documentaires. Une fois ces classes d'objets bien définies, nous avons recours aux normes existantes, qu'il faut enrichir selon les besoins spécifiques à notre SI–SIS. Nous sommes à un stade de réflexion où à la fois il faut décrire les utilisateurs de l'Entrepôt de Données et à la fois décrire les ressources d'information. Le but étant de favoriser la mise à disposition de l'utilisateur final, les ressources d'information les plus adaptées. Sachant qu'un utilisateur peut avoir plusieurs rôles, il est donc amené à disposer d'un environnement pluriel.

4.1. Modélisation des ressources documentaires

Par cette section, nous développons la problématique des normes documentaires abordée en section 2.4. intitulée « L'existant dans le contexte universitaire ». Il s'agit de pouvoir énoncer les principales caractéristiques d'une ressource selon différentes facettes : technique, pédagogique, utilisation, référencement, droits, relations. Les modèles de description des ressources documentaires ont aujourd'hui acquis de fait une certaine stabilité. Il s'agit d'adapter ces standards pour qu'ils rencontrent les besoins spécifiques et concrets des utilisateurs. Cela signifie interpréter, raffiner, étendre et parfois même simplifier les syntaxes et les sémantiques pour s'adapter aux exigences fonctionnelles d'une application particulière, tout en restant interopérable avec les schémas d'origine. Nous disposons de normes de description françaises, européennes et internationales. Ces normes prennent en compte les concepts propres à leurs contours géographiques. Il est donc quasiment impossible de recourir à leurs recommandations et de les calquer à nos critères. Néanmoins, nous évoluons dans un contexte où il y a souci d'harmonisation sur un plan européen, cela se concrétise par la mise en place du LMD[77]. Dans un contexte mondial, on favorise les échanges internationaux pour les formations, les stages et les emplois.

4.1.1 Typologie des ressources documentaires

Le but de la recherche d'information est d'atteindre la documentation primaire (ouvrages, articles de périodiques, mémoires, thèses, brevets) sur différents supports via la documentation secondaire par exemple : les catalogues et/ou via la documentation tertiaire par exemple : les bases de données.

Le document était auparavant électronique par « accident », traversant cet état au cours d'une des multiples manipulations et conversions qui l'amenaient jusqu'à l'utilisateur. Ce format est désormais son format originel, poursuivi d'un bout à l'autre de la chaîne documentaire, de la production par traitement de

---

[77] LMD : Licence-Master-Doctorat

texte à la consultation sur écran. C'est la définition même du document qui est remis en cause : initialement perçu comme un ensemble organisé d'informations, il est à présent démembré en éléments que le langage informatique qualifie justement de « données ». Le terme même de document est en passe d'être dépassé par le développement des systèmes hypertextes ou de recherche par arborescence de structures qui extraient l'information indépendamment de son origine (d'où une perte substantielle d'informations délivrées par le contexte). Le phénomène s'est accentué avec l'apparition des « hyperdocuments », constitués d'informations de toute nature et de toute origine, qui amènent à considérer la fédération de serveurs Internet comme un seul document. Si l'électronique enlève au document sa cohérence interne, elle le fait enfin accéder à une mobilité essentielle pour circuler dans un système documentaire. Libéré du statisme de l'imprimé, converti en de multiples formats favorisant sa diffusion, puis en un quelconque paquet de bits en transit sur un réseau, il s'intègre désormais à un mouvement d'échange. Il appartient aux bibliothèques de conjuguer cette circulation du document électronique avec la chaîne documentaire, sachant que leur objet n'est plus le traitement du document, mais bien celui de l'information qui en représente un état provisoire.

Qu'est ce qu'un document par rapport au contenu ?

Les documents peuvent s'inscrire sur différents supports qui stockent des instructions pour construire du sens.

- papier : livres, périodiques, encyclopédies, thèses ...,
- magnétique : cassettes audio ou vidéo,
- photographique : microfilms ou microfiches,
- numérique : disquettes, disques durs, cd-roms, sites web.

L'ISO 9000:2000 définit le document comme « l'ensemble d'un support d'information et des données enregistrées sur celui-ci sous une forme en général permanente et lisible par l'homme ou par une machine ». C'est cette dernière alternative qu'on retiendra pour définir le document électronique comme un ensemble d'informations numériques. Aujourd'hui, on peut dire qu'un document est un assemblage d'objets documentaires liés tant au niveau de la forme que du sens. La numérisation permet d'intégrer tous ces objets (texte, son, dessin) sous un format unique, et sur un support indépendant de la nature de l'information, intégration qui lui permet de circuler dans tous les canaux numériques et d'être disponible sans contrainte géographique. Ces quelques traits suffisent déjà à les distinguer de leurs « ancêtres » papier.

Mode de représentation d'un document

On peut représenter un document par :

- sa perception (auditif, olfactif, tactile, visuel),

- le processus cognitif de lecture (linéaire comme le livre ; non linéaire comme l'encyclopédie, l'hypertexte),
- par le codage (analogique comme le film ; numérique comme le cd-rom),
- par l'aspect représentatif (élément informationnel linguistique comme le texte ; iconique, comme l'image)

On peut avancer qu'aujourd'hui tout document existe à un moment ou un autre sous forme numérique à un stade de sa production. Cette affirmation est d'importance si l'on ajoute que ce document devrait recouvrir cette même forme à un stade quelconque de sa diffusion : le support papier devient une étape inutile de la vie d'un document. On a vu quelques produits, initialement compléments de l'imprimé, se substituer totalement à leur parent, essentiellement des banques de données ou des répertoires, qui bénéficient d'une grande rapidité de mise à jour.

Bibliothèques numériques

Outre le fait que les bibliothèques offrent leur catalogue via Internet, elles offrent de nombreux services directement chez l'utilisateur. Ainsi le chercheur peut consulter directement depuis son laboratoire ou son domicile des bases de données, des journaux électroniques et des livres électroniques. Les bibliothèques qui ont adopté la norme ISO Z39.50 permettent via des logiciels spécifiques (EndNote) l'interrogation simultanée de plusieurs catalogues et la récupération de notices en grand nombre.

Le SI de l'université propose différents types de documents à destination de types d'acteurs différents qui font l'objet de réflexions au chapitre 2 de la partie II.

On recense entre autres: des documents administratifs, des cours, des plaquettes, des images, des vidéos, du son, des catalogues de bibliothèque, des bases de données, des livres électroniques, des journaux électroniques. Tous ces éléments sont au service des conceptions de formation, pour les enseignants et les étudiants en situation de recherche ou de création d'information. L'étape de modélisation de classes d'objets permet de faire apparaître des attributs et des valeurs selon le schéma suivant :

Nom de la classe
Attribut1: type=valeur initiale Attribut2: type=valeur initiale

Figure 4.1-1 : Formalisme de représentation

L'objectif de la modélisation, puis de la description est de favoriser la visibilité d'un patrimoine pédagogique tout en préservant une expression simple des informations pouvant répondre aux questions suivantes :

- Quelles sont les caractéristiques de la ressource ?
- Comment est gérée la propriété intellectuelle ?
- Comment classer cette ressource ?
- Comment mettre en relation le profil de la ressource et le profil utilisateur ?

4.1.2 Description des ressources documentaires

1er cas de figure :

Ces types de documents sont gérés par des systèmes qui leur sont propres, accessibles au travers de leur propre moteur de recherche ou par des moteurs de recherche fédérés. En ce qui concerne les catalogues de bibliothèque, les bases de données, les livres électroniques, les journaux électroniques, le format utilisé pour la description des notices tend vers le format MARC, avec des sous-parents : LC-MARC, UNIMARC, US-MARC. En ce qui concerne la classification et l'indexation, on s'aperçoit qu'il est impossible d'avoir recours à un système unique. Quant à l'indexation, on voit les limites du recours à un thésaurus unique. Ces systèmes de classification et d'indexation ne suffisent pas à tous les impératifs de description pour les ressources documentaires.

2ème cas de figure :

Les documents sont déposés sur le SI sans classification, sans indexation, sans aucune information sur leur contenu, leur contenant, leur but, leur impératif technique. Les pratiques mettent en évidence que peu d'utilisateurs remplissent les propriétés du document qu'ils conçoivent et déposent sur un SI. D'où la difficulté de récupérer des zones vides. Plusieurs scénarios s'offrent pour palier ces lacunes. Le processus de description des propriétés d'un document est une étape contraignante pour un auteur et suppose une culture de la description de documents. Le processus peut se faire de différentes manières :

- remplir un formulaire,
- récupération du profil utilisateur : identification, domaine, données sur le document (taille, format…),
- une combinaison de ces deux éléments : un formulaire pré rempli par récupération du profil utilisateur et de données sur le document à compléter ou à modifier en proposant en arrière fond des listes contrôlées enrichissables.

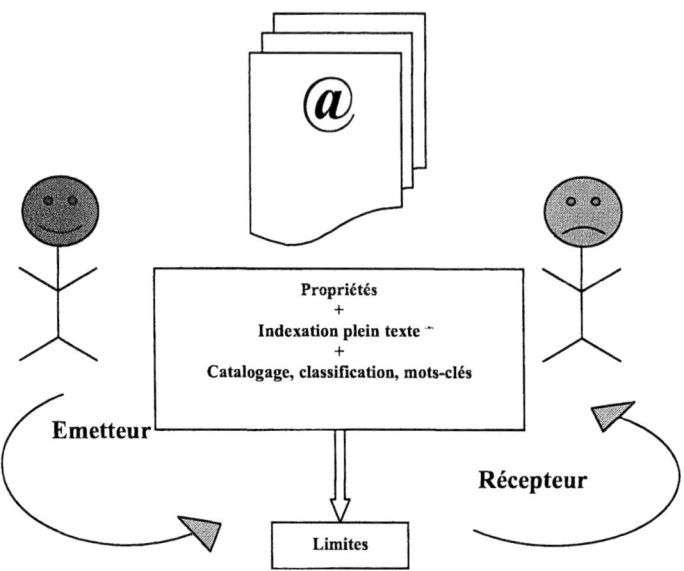

Figure 4.1-2 : Limites des descriptions des ressources documentaires

Fort de ces préambules, il s'agit bien pour nous de faire rencontrer utilisateur et documentation. Corréler acteurs et ressources passent par l'analyse des normes et standards en vigueur dans les universités. On peut distinguer les normes propres aux documents de tous types et les normes propres aux documents pédagogiques.

Documents de tous types :

Ce souci d'indexation de documents électroniques a pris toute son ampleur avec l'indexation des pages web par les moteurs de recherche. La Dublin Core, la RDF[78] ou XMP[79] sont des réponses pour ajouter des métas données [80], prises en compte lors de l'indexation et sensée améliorer les réponses du système par rapport aux mots-clés de la question posée. Les normes IPTC[81], EXIF[82], DIG35[83], JPEG[84] ont été plus particulièrement développées pour les images. MPEG-7[85] concerne la description des objets multimédia. RKMS[86] aide à décrire les ressources audio. PRISM[87], NewsML[88], NITF[89] concernent la

---

[78] RDF : Resources Description Framework
[79] XMP : Extensible Metadata Platform
[80] Méta données : Une métadonnée est une «donnée sur des données»
[81] IPTC : International Press Telecommunications Council
[82] EXIF : EXchangeable Image File
[83] DIG : Digital Imaging Group
[84] JPEG : Join Photographic Experts Group
[85] MPEG : Moving Pictures and associated audio information coding Experts Group
[86] RKMS : Recordkeeping Metadata Schema
[87] PRISM : Publishing Requirements for Industry Standard Metadata
[88] NewsML : News Markup Language

presse. Les ressources décrites sont très variées : monographies, publications en série, articles, archives, pièces de musée, images, séquences audio ou vidéo, des textes, graphiques, photos, séquences audio, vidéo et animations.

Ressources pédagogiques :

Les normes LOM[90], EML[91] et Scorm[92] apportent de nombreux éléments de réponses sur plusieurs points : le domaine, le matériel, l'interopérabilité des plates-formes, le type de médias, l'interface homme – machine, la description des contenus, l'architecture du système, les technologies collaboratives, le vocabulaire, les informations sur le participant, la description des compétences, la propriété intellectuelle, la qualité. Nous voyons qu'au même titre que nos acteurs, ces domaines constituent des classes d'objet.

4.2. Les Métas informations et leur mise en application par les métas données

Les métas informations autour d'un texte permettent d'ajouter de la valeur à un système d'information. L'acteur est à la fois demandeur et consommateur, car il est placé dans différents contextes puisqu'il peut avoir plusieurs rôles : demandeur ou producteur d'informations. Les degrés d'exigence de l'utilisateur varient en fonction des informations. Nos recherches ont clairement mis en évidence qu'un étudiant n'a pas les mêmes besoins qu'un expert dans sa quête de l'information. Par exemple, dans la plateforme Moodel, il faut distinguer les cours selon leur support. Une présentation PowerPoint qui a une durée de vie limitée ne nécessite par forcément le même formalisme de description qu'un cours magistral. Du coup en fonction de son rôle lors d'un scénario de recherche d'information l'utilisateur n'attend pas la même « réponse idéale du système » selon l'objectif de sa recherche.

A titre d'exemple un responsable d'UFR enseignant l'informatique n'aura pas la même approche au niveau de la recherche s'il veut préparer un cours ou améliorer les conditions de travail de son personnel : S'agit-il pour lui de s'informer par rapport à l'offre commerciale dans l'objectif de renouveler l'équipement du personnel ? S'agit-il de préparer un enseignement détaillé intégrant l'offre actuelle du marché, mais aussi un certain nombre de caractéristiques globales communes aux différents produits, et des critères de choix ? S'agit-il de faire une synthèse sur les évolutions historiques de la technologie ? S'agit-il d'acquérir quelques notions de base ? S'agit-il de se documenter sur les évolutions les plus récentes et les plus significatives ? S'agit-il de réfléchir à l'impact social d'une nouvelle technologie ?

---

[89] NITF : News Industry Text Format
[90] LOM : Learning Object Metadata
[91] EML : Educational Modelling Languages
[92] Scorm : Sharable Content Object Reference Metadata

En fonction de ces différents facteurs l'attente de l'utilisateur varie. S'il est difficile d'imaginer quels besoins peut conduire tel acteur à récupérer de l'information lorsqu'il est dans une recherche via le web par exemple, il est plus facile par contre dans un contexte comme l'ENT d'imaginer ses attentes pour l'orienter selon les cas, vers des documents simplement analytiques, signalétiques, synthétiques ou au contraire vers des documents spécialisés.

En d'autres mots, une connaissance de l'acteur permet de corréler ses objectifs dans son environnement de travail. Dans cette perspective, une recherche d'informations ne peut se contenter d'être décrite par son sujet, qui concerne le thème abordé dans les documents et qui a longtemps été exprimée par les descripteurs. Une recherche d'information doit également permettre de décrire un certain nombre de facteurs relatifs au mode de discours. De quelle façon le texte traite-t-il du sujet ? Sous quel angle, en privilégiant quel aspect, en s'adressant à quel type d'acteur, dans quelle perspective, avec quel mode d'expression ?

Or certaines attentes simples étaient déjà impossibles à décrire dans les SRI traditionnels où les notices bibliographiques étaient pourtant déjà très riches en « information sur l'information ». Elles sont encore plus difficiles à exprimer dans le contexte actuel de documents numériques directement mis à disposition de la communauté par leur auteur, sans étape intermédiaire d'intégration dans une collection.

Lorsque nous parlons d'attentes relatives à des caractéristiques liées au mode de discours comme par exemple de quelle façon le texte aborde-t-il le sujet qu'il traite ?, nous évoquons en fait des métas informations de deux types.

4.2.1 **Métas informations simples**

Certaines d'entre elles sont objectives et factuelles. Il s'agit d'informations que l'on aimerait voir renseignées, et dont l'instanciation par des experts serait relativement aisée et probablement consensuelle. Nous pouvons mettre dans cette catégorie de multiples données relatives au contexte de production, nous inspirant de l'analyse de Bronckart [BRONCKART, 1985], ancien collaborateur de Jean Piaget, qui considère qu'un texte peut être décrit par sa finalité, l'enjeu social dans lequel il s'inscrit, son contenu thématique, les processus cognitifs qu'il mobilise et son support. Par exemple, dans le cas des documents scientifiques, il est relativement aisé de différencier un article d'un mémoire ou d'un support de cours, ou un article primaire. Quelqu'un qui connaît le domaine peut différencier une publication à comité de lecture d'une autre qui ne l'est pas. Par l'analyse d'informations fournies dans le corps du document, ou par le site qui héberge le document, il pourra identifier la communauté dont fait partie l'auteur, son domaine de compétence ou sa spécialité disciplinaire. La démarche adoptée sera alors sensiblement de la même nature que celle qui préside habituellement à l'élaboration de langages documentaires contrôlés : il faudra

normaliser un ensemble de valeurs possibles pour des informations telles que
« type de revue », « type d'article ou de texte », « domaine de l'auteur » et dans
un deuxième temps il faudra décrire les documents par les valeurs adéquates.

Si l'élaboration d'un langage de représentation contrôlé relève d'une
responsabilité humaine, le choix des valeurs significatives pour un texte donné
pourra sans doute dans certains cas être assisté par la mise en œuvre de
procédures automatiques d'instanciation, par le repérage d'indices textuels ou
structurels dans le texte ou son environnement immédiat.

4.2.2 Métas informations prenant en compte des jugements de valeur

Les jugements de valeur dont nous parlons ici ne sont pas des jugements au
sens absolu (du type « ce document est bon »ou « ce document n'est pas bon »)
mais sont des jugements de valeur relatifs à certains types d'attentes. Par
exemple, sur une grille évaluant le degré d'accessibilité à un profane, des
valeurs maximales correspondraient à des documents utilisables par un public
n'ayant qu'un minimum de connaissances préalables sur le sujet, alors que des
valeurs minimales correspondraient à des documents qui ne pourraient être
utiles qu'à des lecteurs très avertis et spécialistes du même domaine que l'auteur
du document. Une telle caractérisation pourrait être largement développée ou
affinée selon les attentes spécifiques de différents publics. A titre d'exemple,
nous pourrions envisager une évaluation sur des critères tels que :

- Valeur institutionnelle : valeur institutionnelle ou officielle de producteur (liée à la communauté d'appartenance de l'auteur), valeur institutionnelle du support éditorial (liée à la revue ou la collection),
- Valeur d'accessibilité : accessibilité à un public plus ou moins expert du domaine,
- Valeur de précision : précision des données (vocabulaire ou représentation, précision des mesures), information sur les données (conditions de collecte, outils d'analyse),
- Valeur d'intermédiation : nombre de niveaux entre le document et l'information originelle,
- Valeur de synthèse : mise en relation ou en contexte, interdisciplinarité,
- Valeur d'originalité : aspect novateur ou atypique,
- Valeur de subjectivité : opinions, jugements, expression du point de vue de l'auteur,
- Valeur d'impact : facteur d'impact (citations), couverture dans les bases de données, exploitation (informations sur les fréquences de consultation, prêt, demandes de photocopies).

4.2.3 Les métas données

Nous allons voir comment tirer parti des métas informations par le recours aux métas données sur un plan informatique. Les métas données constituent un des éléments qui ont permis la structuration des bibliothèques numériques, comme l'explique un article de François Role [ROLE, 2004]. Comme nous l'avons vu, l'expansion rapide des réseaux et les progrès techniques numériques rendent accessible un nombre croissant de ressources électroniques. D'où l'idée de structurer le contenu et de lui associer une description. Actuellement, la structuration du contenu passe de plus en plus par l'utilisation de langage de balisage logique reposant sur XML. L'association d'une description au contenu revient, elle, à créer des « métas données » (metadata en anglais) relatives à ce contenu pour en faciliter la gestion et l'exploitation. Cette notion de métas données est très souvent évoquée dans des publications issues de différentes communautés (bibliothèques numériques, bases de données multimédias, web, data warehouse). Les métas données dépendantes du contenu (content-dependent metadata), ce sont celles qui peuvent être dérivées directement de ce dernier. Par exemple dans le domaine des documents textuels, il peut s'agir d'index en texte intégral. Les métas données qui sont fondées sur le contenu des données, mais qui peuvent être dérivées directement, sont considérées comme indépendantes du contenu. Par exemple, la date de dernière modification d'un fichier est une méta donnée indépendante du contenu de ce fichier. L'idée générale qui se dégage de la notion de méta donnée est celle de données relatives à d'autres données, et destinées à supporter des traitements impliquant ces autres données.

On ne peut espérer trouver ce qu'on cherche dans une bibliothèque informatisée en n'utilisant que des critères de recherche à base de mots du texte : il faut absolument effectuer des recherches qui tiennent compte du contexte. Le contexte se décrit d'abord à l'aide de la notion de structure du document, qui distingue le titre de l'ouvrage et son résumé, les divers chapitres, le titre et les paragraphes d'un chapitre, le titre d'un paragraphe, les figures et leur titre, etc. Le contexte se décrit ensuite avec les concepts d'un vocabulaire standard. Les mots de ce vocabulaire ont des définitions connues et précises, et leur liste est courte : quelques centaines de mots en général. Le vocabulaire lui-même caractérise un domaine de connaissances. Nous trouvons des outils qui permettent d'extraire les métas données de ressources électroniques. Nous pouvons citer par exemple un site canadien http://www.cancore.ca/editeurs.html qui recense quelques liens sur des éditeurs de métas données de ressources pédagogiques comme ADLib, ALOHA 2, LOMPad, PALOMA, Reload v2.0 et SHAME. Ces éditeurs sont opérationnels via des interfaces web.

Nous avons également testé un logiciel sous Windows MetaDataMiner Catalogue PRO. Ce logiciel explore et capture les métas données des documents et propose des exports sur le schéma Dublin Core.

Nous pouvons conclure à une forte activité de la part des professionnelles de l'information pour redéfinir les formats de description des ressources documentaires électroniques. Ce mouvement est conditionné à la fois par les modes d'accès à l'information via des browsers mais également à un souci de pertinence des réponses. Cette démarche est renforcée par la présence du moteur de recherche Google. Cette situation implique une démarche de repositionnement des professionnels de l'information. Une remarque anime pratiquement tous les débats lors des plans de formation autour de la recherche documentaire : comment amener les étudiants à découvrir d'autres outils de recherche que Google quand Google est en mesure de les satisfaire rapidement. Un proverbe dit : pour faire face à un gorille il faut danser avec lui jusqu'à ce qu'il s'épuise !

Avant d'aborder dans le chapitre suivant le processus de l'intelligence économique pour intégrer la modélisation de l'acteur dans un contexte universitaire, nous pourrons retenir l'importance des formats de description des ressources électroniques dans un cadre de modèles alternatifs décrits en 2.4.2. Ces modèles aussi appelés modèles palliatifs sont apparus à une période de crise dans les services de documentation compte tenu de l'augmentation du coût de la documentation électronique. Contexte économique et nouvelles technologies ont permis de se distancer du « modèle catalogue » pour l'émergence d'idées autour de « système d'information communicationnel » où nous glissons d'une science « faite » à une science en train de « se faire » et de « se dire ».

Chapitre 5 L'intelligence économique intégrant la modélisation de l'utilisateur dans un contexte universitaire

Ce chapitre nous permet de montrer que le système d'information de l'université est complexe et hétérogène car il repose sur une juxtaposition d'applications. Nous allons montrer comment nos idées pour modéliser les acteurs de l'université en nous appuyant sur le processus de l'intelligence économique permettent de créer de la valeur au sein de l'université. Les technologies permettent de repenser les systèmes organisationnels où les acteurs passent du rôle de « consommateur » d'information au rôle de « passeur » d'information.

Enjeux

Les étudiants ont pour but de réussir, apprendre mieux, autrement, efficacement par la construction d'un projet professionnel qui doit les aider à trouver un emploi. Il est possible de les aider en améliorant l'offre de recherche.

Les enseignants sont amenés à produire et diffuser des informations. On peut contribuer à améliorer leur visibilité.

Les décideurs doivent anticiper les événements pour mener une politique globale. On peut aider le processus décisionnel par l'élaboration d'indicateurs.

5.1. *Système d'information de l'université*

Dans une université cohabitent de nombreux Systèmes d'Information (SI) spécifiques aux besoins des institutions. Ces systèmes épars abritent des informations qui peuvent être utiles aux composantes voisines. On se pose la question à savoir : comment participer à l'amélioration du système d'information ? On assiste à des efforts de rationalisation pour permettre des passerelles entre ces différents systèmes d'information afin de mutualiser des fonds d'information. Toutefois ces passerelles pour la plupart n'existent uniquement que dans un sens. Les SGBD développent des passerelles afin d'importer dans leurs systèmes locaux les données des logiciels de l'administration centrale. Il ne semble pas encore être possible, pour les institutions mettant à jour leurs systèmes locaux via leur propre système d'information de mettre à jour en temps réel les données de l'administration centrale. Ces institutions effectuent une ressaisie. A la lecture de différents cahiers des charges élaborés lors de l'informatisation ou réinformatisation de leurs services, on constate bien que les institutions tiennent compte de l'existant de l'administration centrale dans le but d'une récupération, toutefois l'inverse (alimentation via une passerelle des logiciels de l'administration centrale) est rarement émis.

L'existant

Dès 2002, nous avons entrepris d'analyser « l'Existant » que nous avons exposé lors de notre contribution à VSST'2004, [PEGUIRON et THIERY, 2004]. Quatre éléments importants ressortent et constituent le cadre de base pour élaborer une stratégie :

Agence de mutualisation des universités – AMUE[93]

Sur un plan national, plusieurs consortiums d'universités se sont constitués pour proposer des espaces numériques de travail (EPPUN[94], Esup[95] ...). Ces consortiums tiennent comptent des recommandations de l'AMUE [AMUE, 2002] pour la constitution d'un Système d'Information sous forme de briques. On peut trouver au sein de ces briques notamment des environnements de formation à distance comme MOODLE [MOODLE, 2005], ARIADNE [ARIADNE], Dokeos [DOKEOS], ainsi que des portails documentaires. L'agence de mutualisation des universités [AMUE, 2003] mène une étude pour produire des cahiers des charges autour de ses futurs produits pour l'année 2006, plus spécifiquement autour de la Scolarité et de la Gestion en vue de l'élaboration fonctionnelle, organisationnelle et technique du Système d'Information ou Système d'information de Gestion d'un établissement.

L'entrepôt de données

Au sein de l'agence de mutualisation des universités une équipe sous la conduite de Sibylle Rochas, élabore un entrepôt de données à partir de bases de données de gestion des services de la scolarité APOGEE[96], des ressources humaines HARPEGE[97] et de la gestion financière NABUCO[98] afin d'aider au pilotage des universités. Des projets [DESNOS, 2002] et [NATAF, 2001] aboutissent à la mise à disposition d'un extracteur de données et d'un méta dictionnaire pour les sites pilotes.

L'audit

Le cabinet de consultant Cap Gemini Ernst et Young [CAP, 2003] mène un audit sur les Etudes préalables à l'élaboration d'un Système d'Information et de Gestion afin d'optimiser les performances d'un établissement universitaire. Nous retrouvons dans la Tranche 1 de cette étude les concepts propres à l'entrepôt de données qui doivent nous guider dans l'élaboration de notre

---

[93] AMUE : Agence de mutualisation des universités
[94] EPPUN : Espaces pédagogiques pour les universités numériques
[95] Esup : Environnement numérique de travail d'accès intégré aux services pour les étudiants et le personnel de l'enseignement supérieur
[96] APOGEE : Gestion de la scolarité
[97] HARPEGE : Gestion des ressources humaines
[98] NABUCO : Gestion financière et comptable

démarche qui sont entre autres : paramétrer le système de pilotage, définir les objectifs, ajuster les tableaux de bord, alerter.

Esup

Esup portail [ESUP] est la constitution d'un consortium d'universités auquel adhèrent d'ores et déjà : l'Université de Valenciennes, l'Université Nancy 2

[BOYER et NOMINE, 2001], l'Université Henri Poincaré Nancy 1 [Antoine et AVELIN et BOURGES, 2003], l'Université de Rennes 1, l'Université Paul Sabatier Toulouse 3 bientôt enrichi d'autres universités : Université du Littoral, Université de Versailles, INPL, INPT, Université du Havre, Université Antonine (AUF), Université Rennes 2, IUFM de Bretagne, Université de Franche-Comté, Centre Universitaire de Formation et Recherche Jean-François Champollion (ALBI). A présent plus 50 établissements sont concernés par le projet.

Rappelons qu'un espace numérique de travail (ENT), dans notre cas Esup, désigne un dispositif global fournissant à un usager un point d'accès à travers les réseaux à l'ensemble des ressources et des services numériques en rapport avec son activité. Il est un point d'entrée pour accéder au système d'information de l'établissement. L'établissement d'enseignement est le périmètre de référence de l'espace numérique de travail du point de vue de l'utilisateur. L'espace numérique de travail s'adresse ainsi à l'ensemble des usagers, étudiants, enseignants, personnels administratifs et techniques.

Cela ne signifie pas que les services et ressources sont exclusivement fournis par l'établissement : l'espace numérique de travail doit au contraire favoriser leur mutualisation, au niveau inter établissements, avec les partenaires publics et privés, en France, en Europe ou au niveau international. Esup portail contient les briques assurant l'accès aux applications métiers mises en place dans les universités (comptabilité, scolarité, gestion des ressources humaines, enseignement à distance, gestion documentaire, vie de l'université). Il s'appuie sur le système d'information de l'établissement qui doit être conçu en cohérence avec les applications de gestion propres à l'établissement.

Esup Portail retenu par l'Université Nancy 2, comme l'explique Brigitte Nominé [NOMINE, 2004] implique d'avoir un système d'information complet, cohérent et structuré. Cela suppose une base d'utilisateurs avec droits associés, ainsi que la définition de profils types et de leur environnement standard. L'architecture technique est sous forme de briques. Esup portail repose sur uPortal ; uPortal est un projet de portail libre développé pour les institutions de l'éducation supérieur. Un portail est par définition une agrégation de contenus et de services. Concrètement, uPortal est divisé en onglets, eux même subdivisés en canaux. Chaque canal étant porteur d'un service ou d'un contenu, facilement transférable d'un uPortal à un autre. Il existe beaucoup de canaux libres de droits, développés par la communauté d'utilisateurs d'uPortal dans le monde. Notamment la communauté universitaire française : ESUP. Cette fabrication offre la possibilité de pouvoir s'intégrer à l'existant via une $n^{ème}$ brique au Système d'Information. Voyons comment exploiter le processus d'intelligence économique dans l'élaboration du système d'information de l'université.

5.2. Exploitation du Processus Intelligence Economique

Si on observe la mise en place du système d'information globale de l'Université Nancy 2, on remarque qu'il repose sur la juxtaposition de services au sein de l'espace numérique de travail. Détaillons les briques d'Esup pour lesquelles on y retrouve le logiciel qui en gouverne la gestion informatique de chacune d'entre elles :

- Brique administrative : NABUCO,
- Brique scolarité : APOGEE,
- Brique ressources humaines : HARPEGE,
- Brique de dépôt de cours : MOODLE[99],
- Brique documentation : HORIZON[100],
- Brique vie de l'université ....

On constate que toutes les données issues de ces différents systèmes d'information peuvent participer à l'alimentation d'un infocentre[101]. Cependant un infocentre est une vision centralisée des données qui ne concernent que les données de production donc peu ou pas historisée. En revanche l'alimentation d'un infocentre ne nécessite pas la construction d'un nouveau système.

---

[99] MOODLE : Gestion de cours
[100] HORIZON : Système Intégré de Gestion de Bibliothèque
[101] Infocentre : Terme IBM. Ancêtre du DataWarehouse, l'infocentre est une base relationnelle destinée aux travaux d'analyse et d'aide à la décision.

Brique administrative : nabuco
Brique scolarité : apogee
Brique ressources humaines : harpège
Brique de dépôt de cours : moddle
Brique documentation : horizon
Brique vie de l'université ….

Figure 5.2-1 : Système d'Information Global de l'Université Nancy 2

Si on s'attarde sur les briques « administrative », « scolarité » et « ressources humaines » dont les logiciels ont servi à construire à un extracteur de données proposé par l'AMUE, on constate que cette solution n'a pas été retenue par toutes les universités sur un plan national (dont aucune à NANCY) car les logiciels ont été complétés par des développements locaux. Les structures des tables ont été changées et ne permettent plus d'implémenter le produit développé par l'AMUE.

La plateforme de gestion de cours MOODLE permet de déposer les cours des enseignants. A l'heure actuelle, MOODLE est essentiellement un lieu de dépôt. Des projets en cours menés par le Professeur Monique Grandbastien pour l'Université Henri Poincaré, ont mis en avant la nécessité à améliorer les descripteurs des cours déposés. Au vue de nos travaux de recherche, Madame Grandbastien s'est adressée à notre équipe pour nous associer dans les projets en cours. MOODLE témoigne de l'évolution du rôle de l'acteur enseignant. Producteur de contenu, l'enseignant est amené à devoir s'attacher au contenant. Sur ce point, nous apporterons des réflexions pour améliorer la visibilité de l'auteur.

HORIZON est le système intégré de gestion de bibliothèque choisi par le service commun de l'Université Nancy 2. Il permet de gérer le contenu de 30 bibliothèques de l'université des sciences humaines de Nancy. Il offre un portail d'information HIP[102] qui permet la recherche dans les ressources documentaires possédées par les bibliothèques.

Les différentes briques du Système d'Information Global sont accessibles à partir d'une authentification unique reposant sur le Ldap. Si on se tourne vers

---

[102] HIP : Horizon Portail d'Information

l'Université Henri Poincaré, on retrouve pratiquement la même structure reposant sur les mêmes logiciels. Le dernier choix du même logiciel documentaire HORIZON confirme l'orientation des universités vers des outils semblables. Ces choix technologiques préfiguraient la volonté d'aboutir à une université unique. Cette notion de transversalité, d'abord apparue au sein de chaque université, symbolisée par exemple par la Revue Transversale de Université Henri Poincaré est devenue une nécessité mise en avant par les décideurs des trois universités nancéiennes pour anticiper d'une part la baisse de la natalité – 8000 étudiants en moins ces prochaines années – et d'autre part pour ramener en rang 1 « l'Université de Nancy ».

Nous constatons que nous avons une juxtaposition de systèmes d'information qui ne permettent pas de répondre à certaines questions dans un contexte décisionnel car un système opérationnel ne permet pas de répondre aux besoins des utilisateurs. Ces constatations aboutissent à nos propositions pour développer un système d'information global vers la décision.

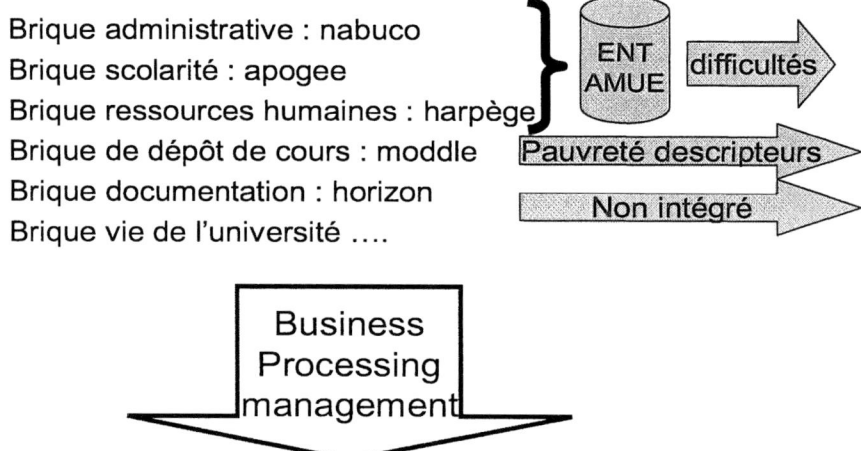

Figure 5.2-2 : Le processus Intelligence Economique pour l'intégration des services

C'est pourquoi, nos propositions, par le recours au processus d'intelligence économique, favorisent un système à l'image du Business Processing management dans le but d'améliorer le Système d'Information Global par le biais de l'intégration. Intégration déjà au sein de chacune des universités, avec l'idée actuelle et sous-jacente que prochainement, il s'agira d'intégrer les services des différentes universités pour ne participer qu'à un seul système d'information global.

D'ors et déjà, l'Université Henri Poincaré a fait évoluer son système d'authentification Ldap vers le procédé Shibboleth[103]. Dans un environnement Shibboleth, les usagers peuvent être authentifiés comme appartenant à un groupe (enseignants, étudiants de licence, master ou doctorat) mais ne pas être autorisés à utiliser telle ou telle ressource. Sa particularité est de modifier complètement la manière d'accéder aux ressources en ligne. Traditionnellement les usagers se connectent au système propriétaire des données (site web d'un éditeur, portail d'une entreprise ou d'une institution) où se fait leur authentification. Avec Shibboleth, c'est l'institution à laquelle appartient l'usager qui vérifie qu'il est bien inscrit dans son annuaire et transmet au fournisseur de contenu les informations nécessaires à l'accès. L'échange d'informations entre Shibboleth et les services visés se fait dans un environnement web, permettant un accès rapide aux ressources demandées.

Rappelons qu'il s'agit de favoriser les apprentissages, améliorer le service aux usagers, rationaliser l'offre de services, valoriser les infrastructures, valoriser les productions, réutiliser les ressources, renforcer l'autonomie des étudiants, améliorer la visibilité des auteurs, faciliter la création. Ce préambule constitue un cadre pour notre problématique entre : l'intelligence économique, le processus décisionnel et la problématique de l'information.

Aujourd'hui on trouve de nombreux cours en libre accès et des formations diplômantes. Nous sommes dans un environnement de formation où évoluent des acteurs, des systèmes de ressources documentaires, des systèmes de production d'information et des systèmes de recherche d'information.

Nous observons le comportement des utilisateurs en situation de recherche d'information, et réfléchissons à la constitution d'un pôle de ressources documentaires dans un cadre pédagogique destiné à la formation et à la recherche. Nous constatons que l'évolution des ressources documentaires est liée aux technologies de l'information. Cette constatation ouvre un certain nombre de questions :

- Y aurait-il de nouvelles propositions dans cette évolution liée à l'accès à l'information ?
- Peut-on déterminer de nouvelles fonctions pour accéder à l'information ?
- Comment constituer la source de l'information pour sa mise en place ?

Un des enjeux consiste à rendre plus efficaces les systèmes d'information. Les réflexions que nous menons sur l'utilisation des systèmes d'information

---

[103] Shibboleth est un logiciel médiateur «glue» en anglais, c'est-à-dire de couches logicielles intercalées entre le réseau et les applications. Ces programmes servent principalement à authentifier et autoriser les usagers de services en ligne, distinction importante dans ce contexte. Le projet a été lancé en 2000, sa version 1.1 est sortie en 2003.

aboutissent à enrichir la modélisation de l'utilisateur. La prise en compte de la modélisation de l'utilisateur nous permet d'agencer au mieux cet ensemble d'information que l'on qualifie d'entrepôt de données et de construire des bases métiers destinées à un type d'acteur particulier.

Nous réfléchissons à l'évolution d'un Système d'Information en un Système d'Information Stratégique voire en Système d'Information Décisionnel. Comment contribuer à cette évolution ? Dans quels buts nos réflexions permettent d'améliorer les systèmes d'informations pour satisfaire les utilisateurs finals lors de situation de consultation et/ou de prise de décision ? Pourquoi et comment un entrepôt de données permet de proposer des solutions pour faire évoluer un SI en SIS voire en SID.

L'entrepôt de données permet la mise à disposition des décideurs d'indicateurs pour la mise en évidence des causes de certains faits. Par anticipation nous envisageons que l'analyse des rôles des différents acteurs permet de dresser des métas données. La classification des acteurs de l'université fondée sur leurs activités constitue un élément pris en compte pour la construction des bases métiers.

5.3. Le cadre de l'étude

Les analyses entreprises depuis 2002, permettent d'observer les différents « Internet Pédagogiques » mis en place et leur évolution. Nous sommes face à des problèmes propres à l'entrepôt de données de ressources documentaires. Nous évoluons dans un contexte d'informations hétérogènes. En effet, nous disposons de sources de données structurées, semi-structurées ou non structurées.

L'enseignement évolue dans un contexte qui change d'un point de vue technique, géographique, économique et pédagogique [DUVEAU-PATUREAU, 2003]. Le statut de la connaissance change pour passer du donné au construit, de la vérité à la représentation négociée, de l'appropriation individuelle à l'intelligence collective. Le changement du statut de la connaissance implique de mettre une stratégie en place en se posant les questions :

- Avec quelle technologie ?
- Pour qui ?
- Pourquoi ?

Avec quelle technologie ?

Une université abrite des bases de connaissances difficiles à identifier. Nous passons d'un simple processus de transferts de fichiers, de partages de documents à une véritable capacité à travailler et à collaborer à distance. Ces possibilités sont importantes pour des institutions qui sont géographiquement dispersées. Les moyens techniques permettent une formalisation, une capitalisation et une mutualisation des savoirs. Cette notion de partage a pris toute son ampleur avec l'apparition du « Point à Point » qui favorisent la création d'espaces de travail virtuels permettant de partager applications, images, voix, données et fichiers de tous types.

Pour qui ?

Dans un contexte universitaire, à la question pour qui ? On peut répondre par les acteurs de l'université qui sont : les directions, les enseignants, les étudiants, les personnels administratifs et techniques. Les directions ont intérêt à étendre leur marché, trouver des étudiants, rationaliser les coûts, être visibles, harmoniser, mutualiser et offrir des supports de formation. Les étudiants ont pour but de réussir, apprendre mieux, autrement, efficacement par la construction d'un projet professionnel qui doit les aider à trouver un emploi.

Pourquoi ?

A la question pourquoi ? On peut énoncer quelques enjeux : résoudre des problèmes liés à la formation, échanger des points de vue, reproduire et innover. Cela permet une délocalisation par rapport aux problèmes de distance, une possibilité d'analyse. Les enjeux d'un entrepôt décisionnel sont également économiques. La réalisation passe par un coût, il est donc nécessaire d'envisager un réinvestissement des documents et leur réutilisabilité sur diverses plate formes.

5.4. Système d'intelligence économique révélateur du processus d'intégration

Dans notre étude, le SIS universitaire repose sur un Entrepôt de Ressources Documentaires. Nous allons tenter de répondre à la question : comment construire le SID d'un environnement pédagogique ? Cette construction passe par une phase de collecte des connaissances au profit de conceptions pédagogiques. Il est temps de faire un bilan intermédiaire avant de poursuivre notre cheminement théorique. Comme nous l'avons vu nous disposons de données provenant de l'Université à partir des logiciels NABUCO, HARPEGE et APOGEE qui sont des SGBD, c'est-à-dire des Systèmes de Gestion de Bases de Données. Face aux ressources administratives nous avons des ressources documentaires gérées localement par un SIGB, c'est-à-dire un Système Intégré de Gestion de Bibliothèque.

- Les données issues des SGBD propres à l'Université peuvent être valorisées au profit d'un Système d'Information Documentaire ou Système d'Information Décisionnel de l'Université.
- Les données issues du SIGB peuvent être valorisées au profit d'un Système d'Information Documentaire voire d'un Système d'Information Décisionnel.

Outre le fait que l'on observe une onomatopée dans les termes, on voit bien qu'un remède à la juxtaposition de données peut s'opérer par un processus d'intégration. Comme nous l'avons fait remarquer précédemment, il s'agit de passer de la dimension « infocentre » à une dimension « business processing management ». Le Système d'Information Global de l'Université par intégration du Système d'Information Documentaire dans le Système d'Information Décisionnel devient un Système d'Intelligence Economique (SIE), [SALLES, 2000a].

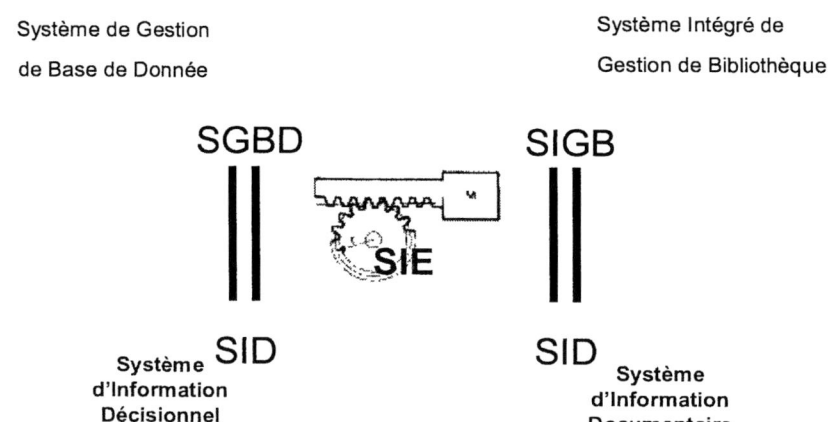

Figure 5.4-1 : Intégration par le processus de l'intelligence économique

Le schéma ci-dessus figue le cœur de notre problématique symbolisée par un engrenage pour illustrer le phénomène « intégration » dans le système d'intelligence économique.

Pour représenter nos propos, nous poursuivons la modélisation des documents en poursuivant le scénario de mise en correspondance, enseignant et enseigné, par l'intermédiaire de média d'enseignement.

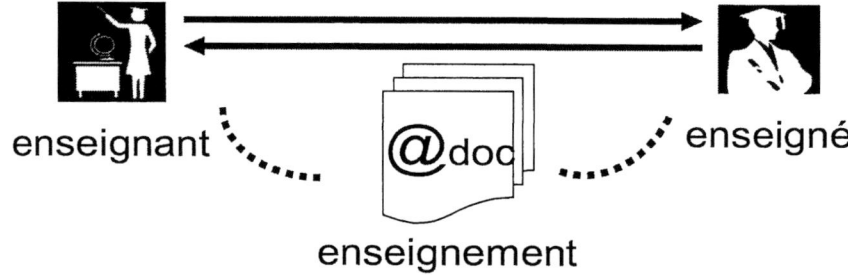

Figure 5.4-2 : Mise en correspondance enseignant-enseigné

La conception de ressources documentaires au service de formations peut être de plusieurs types, dont nous décrirons deux aspects. La conception d'une formation peut être :

- Une transposition de la conception d'un document sur papier
- Un processus plus élaboré de gestion de contenu

Transposition de la conception d'un document sur papier

La conception d'une formation peut être une transposition un peu améliorée d'un document papier en un document électronique, dans ce cas on aboutit à un parcours linéaire. Cette solution est assez répandue car elle a l'avantage d'être relativement économique, mais, en contrepartie, elle présente de gros inconvénients. Elle n'apporte pas de réponses aux différents besoins de l'élève au sein d'une même formation. Quand un enseignant veut faire des variantes d'un même contenu pour répondre à des publics différents, soit il est obligé de faire des ressources différentes en partant de zéro à chaque fois, soit il est amené à construire une navigation si complexe qu'elle devient rapidement ingérable.

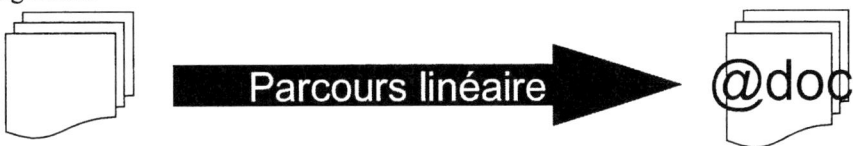

Figure 5.4-3 : Transposition d'un document papier sous format numérique

Processus plus élaboré de gestion de contenu

Il s'agit de séparer des connaissances au sein d'un cours. Le recours au XML, permet de séparer le contenu du contenant. Outre le fait qu'il est possible de rechercher par mots clés dans l'index, on peut restreindre les recherches dans les titres, les en-têtes ou l'ensemble de la ressource selon la structuration du document électronique adoptée. Il existe une base de connaissances constituée de modules. Selon un mécanisme d'assemblage, il est possible de répondre aux différents besoins d'étudiants d'UFR différentes.

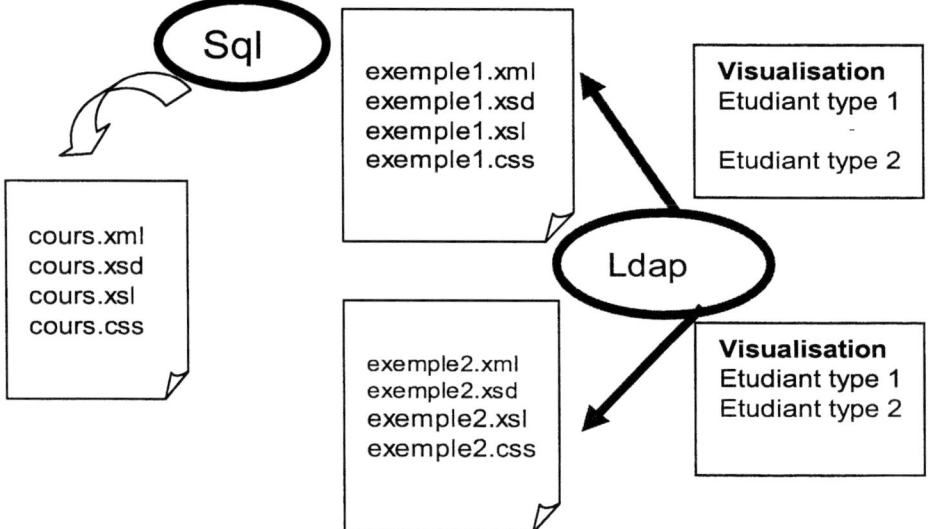

Figure 5.4-4 : Processus plus élaboré de gestion de contenus

En conclusion la construction d'un Entrepôt de Données, passe par un principe de mutualisation. Ceci consiste à utiliser dans un module, des éléments créés par d'autres. Dans le cadre de la mutualisation, bien que les considérations techniques existent toujours, elles sont devancées par des considérations de notions de propriété intellectuelle. Après ces considérations, nous sommes en mesure de dire que le recours à un ED n'est pas une quête d'économie, mais un souci de rationalisation des coûts et un transfert des coûts sur un autre type d'activités. Il permet grâce à une plus grande personnalisation, d'accroître l'efficacité d'une formation. La modélisation des acteurs permet de déduire :

- une remise en cause des méthodes de travail
- un travail de préparation plus important

Chapitre 6 La modélisation de l'acteur

6.1. Les acteurs dans l'Université

Compte tenu du cadre de ce projet universitaire où se côtoient : étudiants, enseignants-chercheurs, administratifs évoluant dans des domaines et des disciplines variées du point de vue de leur thématique, la structure informatique que nous proposons est calquée sur le modèle d'un entrepôt de données proposé par [FRANCO, 1997b], tenant compte des différents métiers.

- Par exemple une personne peut avoir des responsabilités différentes : elle peut avoir le statut de responsable, d'enseignant ou de missionnaire.

Nous abordons les données relatives aux acteurs par différents niveaux. Nous distinguons trois niveaux : le niveau acteur, le niveau administratif et le niveau enseignement.

Le niveau acteur permet une première typologie des acteurs autour de 3 classes, qui fait apparaître des étudiants, des enseignants et des administratifs.

Le niveau enseignement permet d'identifier des bases « référents » corrélées avec les acteurs précédemment identifiés : des bases de cours plutôt destinées aux étudiants, des bases de références au service des enseignants et des bases de textes réglementaires à la destination des administratifs.

Le niveau administratif recense des données relatives à la situation administrative de l'acteur étudiant, des données relatives à la situation administrative de l'acteur enseignant et des données de gestion administrative et financière des étudiants, des enseignants et des formations utiles à l'acteur administratif. Illustrons par un schéma ces données relatives aux acteurs [AMUE, 2003], complété par l'existant.

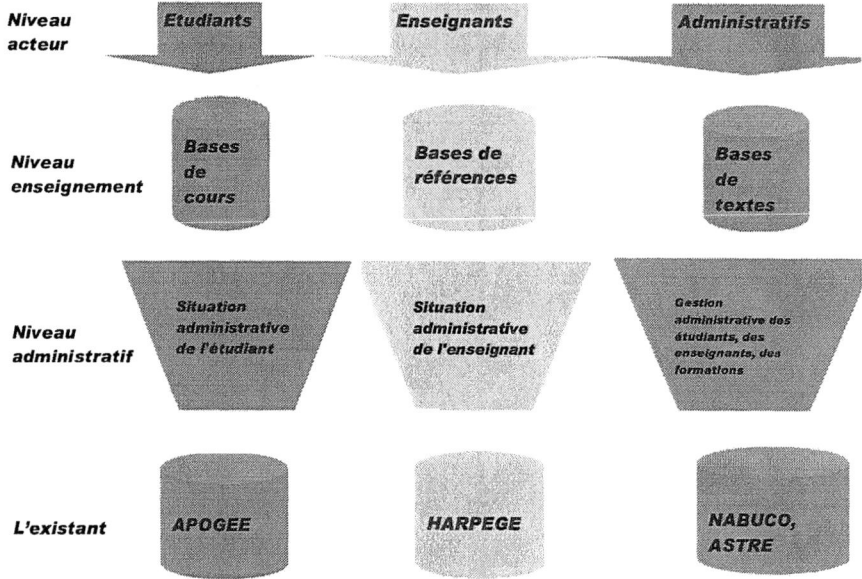

Figure 6.1-1 : Données relatives aux acteurs

Comme on le constate sur la Figure 6.1-1, le système d'information initial propose des bases existantes que l'on pourra exploiter. Ces bases existantes servent à un groupe précis afin d'augmenter leur efficacité dans un domaine [IMPACT, 2002]. Il existe des sources de données pour des groupes particuliers d'acteurs. Cependant, ces sources sont conçues indépendamment les unes des autres. Elles sont souvent parcellisées, n'ont pas forcément de cohérence. Leur corpus de données peut différer d'une entité à l'autre. La représentation des données est parfois différente. On peut avoir affaire à des bases malpropres ou s'apercevoir de champs utiles manquants. Par rapport aux nouveaux publics, l'indexation s'avère inappropriée et peut avoir recours à des codes différents. En devenant des instruments de communication à destination d'autres publics, elles doivent subir des adaptations.

Il est possible d'exporter les données de ces bases dans différents formats, notamment en format texte, pour ensuite en tirer parti. Le fichier des étudiants tiré d'Apogée[104] permettait déjà en 2002, de constituer les logins pour qu'ils puissent se connecter à des stations de travail et de disposer de boîtes aux lettres. Un système d'authentification plus élaboré a été mis en place depuis lors. Il repose sur le Ldap de l'Université et est couplé à un système

---

[104] Apogée, Application pour l'organisation et la gestion des étudiants, apporte des réponses précises en matière de clarification de l'offre de formation, d'amélioration de l'accueil des étudiants, de gestion de la scolarité et de pilotage de l'établissement.

d'authentification pour l'accès aux stations de travail qui repose sur l'Active Directory[105].

6.2. Contextualisation de la problématique par une analyse préalable

Schéma global

Le paragraphe précédent a mis en relief différents niveaux reposant sur des bases existantes. On repère que ces bases abritent des données qui peuvent être utiles aux différents niveaux. Elles peuvent être utiles à la fois en terme de qualité : de signalement, de production et d'analyse. Par combinaison, elles peuvent alors devenir des données de qualité de prospection au service de phénomène d'anticipation. L'anticipation peut se situer à un niveau pragmatique pour la gestion de l'université et son positionnement sur un plan régional, national voire international ; dans ce cas la gestion concerne les ressources financières et humaines. L'anticipation peut également se situer à un niveau pédagogique et documentaire. Le niveau documentaire étant au service de la pédagogie dans un contexte d'apprentissage et complémentaire dans un contexte d'auto apprentissage et de production de documents électroniques.

Au niveau des acteurs, on met également en évidence un phénomène d'anticipation comportemental lors de l'utilisation d'un système d'information. Ces observations nous amènent à des réflexions en terme organisationnel au niveau des systèmes d'information en place dans l'optique d'une intégration au système d'information global de l'université.

Si on considère le niveau de l'existant, dans notre cas, il est nécessaire de pouvoir croiser des données de ces bases existantes. Nous sommes face à des bases gérées par des services différents, construites à l'aide de standards techniques pas toujours inter opérables. On peut y remédier. L'entrepôt de données et la mise en œuvre d'un data warehouse donne des solutions pour rendre interopérable des bases de données. Pour notre étude, l'entrepôt de données permet de définir des corpus communs de données, des référentiels choisis, des formats de description de données. Nous pouvons enregistrer des données à l'aide de tables communes pour définir un certain niveau de cohérence.

---

[105] Active directory est un annuaire au sens informatique chargé de répertorier tout ce qui touche au réseau comme le nom des utilisateurs, des imprimantes, des serveurs, des dossiers partagés, etc. L'utilisateur peut ainsi trouver facilement des ressources partagées, et les administrateurs peuvent contrôler leurs utilisations grâce à des fonctionnalités de distribution, de duplication, de partitionnement et de sécurisation des accès aux ressources répertoriés.

Au sein d'un entrepôt de données, dans un contexte pédagogique, il s'agit de concevoir des bases prenant en compte des fonctionnalités spécifiques. Le schéma ci-dessous représente les sources existantes concernant nos publics qui peuvent alimenter un entrepôt de données. Cet entrepôt doit répondre aux besoins des différents acteurs. Les acteurs pourront tirer parti de bases métiers filtrées et adaptées à leurs besoins. La Figure 6.2-1 permet de corréler les besoins des utilisateurs et les bases métiers.

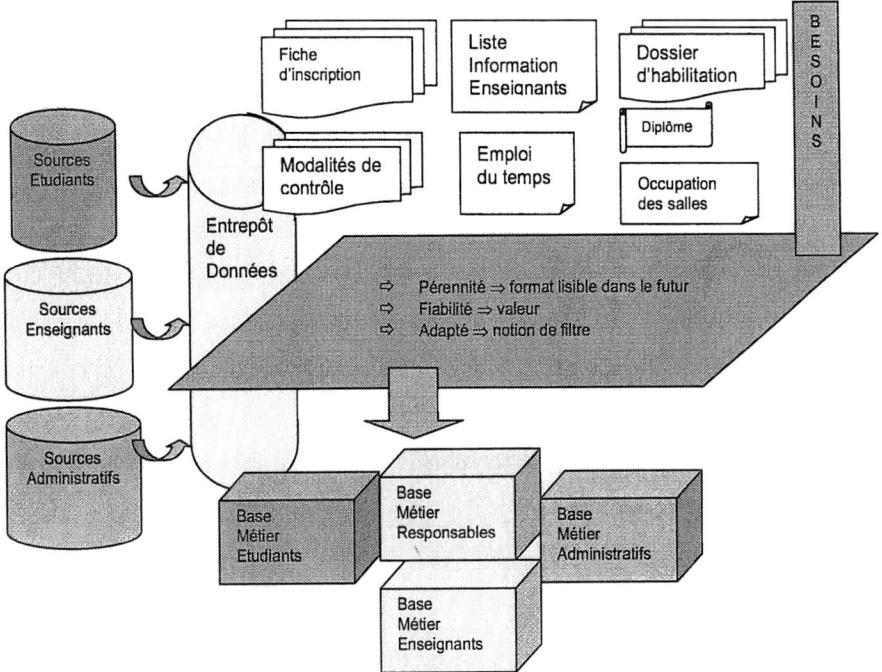

Figure 6.2-1 : Bases métiers dictées et adaptées aux utilisateurs finals

Notre approche de filtrage de l'information par le profil de l'utilisateur [DAVID et THIERY, 2001] est donc fondée sur la modélisation de l'utilisateur en intégrant des attributs d'identification de l'utilisateur, de son comportement et du contexte d'utilisation des informations qu'il cherche. Le processus du filtrage de l'information lors de la constitution de l'entrepôt de données s'opère par un filtrage thématique et dans la constitution des bases métiers par un filtrage fonctionnel. Voici quelques questions relatives :

Au besoin d'information sur la discipline pédagogique : Pourquoi ? Pour rapprocher les étudiants et les enseignants ou pour gérer les groupes de TD et de TP. Ici le point d'ancrage est la discipline pédagogique.

A la décompartimentation des services de gestion : Pourquoi ? Toutes les informations doivent pouvoir servir à tous les utilisateurs d'un campus. On le perçoit au niveau décisionnel. C'est identique au niveau du système d'information. Cette transversalité fait appel au rapprochement des données [NATAF, 2002].

Au moteur de rapprochement qui peut varier : Comment ? L'entrepôt de données permet de faire des tables de correspondance. Le système d'information met à disposition des moteurs de rapprochement plus incisifs.

Les bases métiers sont créées par rapport aux usages et par rapport aux fonctionnalités dont ont besoin les acteurs. Si on met ce schéma en perspective avec la Figure 2.2 3 : Système d'information décisionnel et processus, on remarque que la prise en compte en amont des besoins de l'utilisateur final lors de la fabrication de l'entrepôt de données, implique une rétroaction entre l'amont et l'aval du data warehouse. Nous sommes bien dans une situation de suite de processus propre à un système d'information décisionnel. Les besoins des utilisateurs s'inscrivent dans cette boucle de rétroaction entre le back office et le front office, puisqu'ils évoluent constamment. Il s'agit pour nous de définir un modèle de l'utilisateur qui devra prendre en compte ses besoins.

6.3. Comment penser un modèle par rapport aux acteurs de l'université ?

Nous sommes amenée à penser un modèle de l'acteur dans un contexte en évolution constante du point de vue des réformes de l'enseignement, de la conformation actuelle et future de l'université, des technologies informatiques, des normes et des standards. Pour passer en revue les acteurs nous les observons dans un premier temps de façon à repérer des pistes qui pourraient être prise en compte pour la suite de nos travaux.

6.3.1 Vers l'étudiant actif

Rappelons une étude [PEGUIRON, 2001] que nous avions menée en 2001 sur le comportement d'étudiants dans une salle multimédia. Nous avions mis en évidence les tendances et les pratiques des étudiants lors de l'usage d'une station de travail. Notamment nous avons pu mettre en évidence l'utilisation importante de plusieurs outils en même temps, avec un phénomène de zapping. Les étudiants naviguent, ont recours à plusieurs messageries, disposent dans la grande majorité d'un compte de messagerie instantané et discutent simultanément avec d'autres internautes. Dans le cas où un utilitaire est absent de la station, ils savent où le trouver sur la toile et l'installer. Ils s'entraident mutuellement dans les situations qu'ils ne maîtrisent pas. On note plusieurs traits de caractère importants. Par exemple ils font preuve d'un esprit d'autonomie, de créativité et de contribution. L'utilisation de ces outils tend à favoriser et à développer ces capacités.

Processus propres à l'étudiant

Dès le début de nos recherches et avant même de penser de façon pragmatique au recensement des besoins des acteurs, nous avons eu la démarche d'observer la jeune génération ou la « millenial generation » ou encore la génération du troisième millénaire au travers de deux types de jeux. Nous avons été interpellée par les « cartes magic » et la quantité d'informations contenues sur un micro support à l'image des métas données que l'on pourrait définir autour d'un profil d'utilisateur. Décrivons une carte sous l'angle d'un micro contenu :

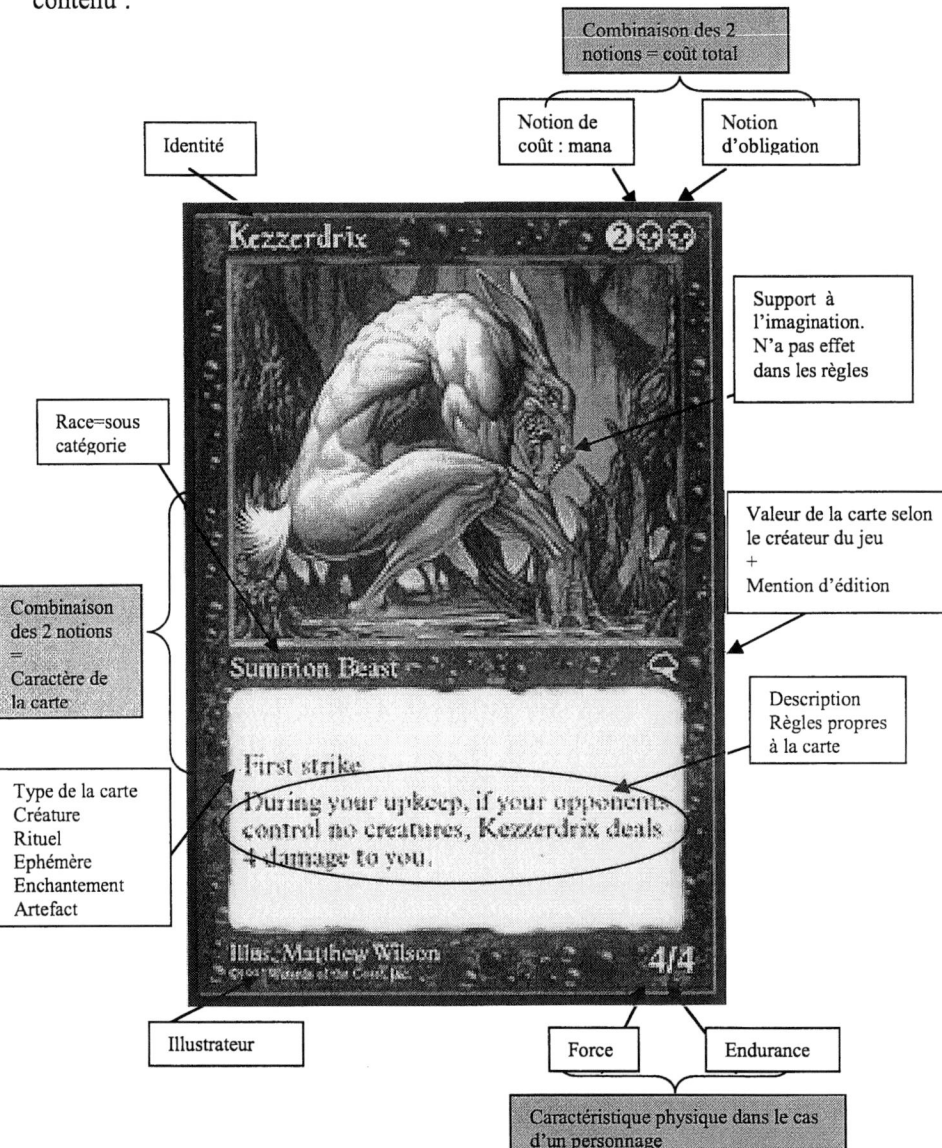

Figure 6.3-1 : Informations sur un micro contenu

Pour mémoire les cartes magic sont apparues dans les années 1980. Résumons en quelques phrases comment elles sont utilisées. Toutes les cartes magic tournent autour du même scénario : deux sorciers ou plus s'affrontent. Ils invoquent des créatures qui combattent pour eux, lancent des sorts bénéfiques ou maléfiques. Le but étant de réduire les points de vie initialement à vingt de ou des adversaires à zéro. Ces cartes font fonction de support d'information pour représenter les sorts lancés. Les informations sont relatives à la fois à des concepts (support à l'imagination, notion d'obligation), ce qui leur confère un niveau d'abstraction et concernent aussi des caractéristiques concrètes (identité, notion de coût, type de la carte, race, sous-catégorie, force, endurance). La combinaison de certaines notions constitue des informations supplémentaires. Sont ajoutées sur cette carte des informations qui donnent des indications sur la carte en tant qu'objet (valeur de la carte, illustrateur, mention d'édition). Toutes ces informations font fonction de métas données qui à tout moment au cours de la partie donnent des informations en lien avec le contexte du déroulement du jeu.

Les joueurs évoluent dans un environnement bâti et maîtrisé par eux-mêmes. Au sein du jeu, ils pratiquent le « troc » – on observe que cette notion d'échange crée un nouvel habitus qui dépasse le cadre de la vie virtuelle pour la « millenial generation ». Par l'intermédiaire de cartes magic les individus appartiennent à un groupe, ce qui leur confère un rôle social. Nous remarquons que ce jeu détient sans le support de l'informatique tous les aspects d'une vie virtuelle qui procurent des sensations d'appartenance à un groupe, de conquête, de victoire, d'échec et de partage.

Isolés, face à leur station, de retour dans leur foyer ! Ce sont ces types de sensations que les joueurs tentent de prolonger pour devenir alors selon l'expression consacrée des homazapiens voire des homomédiatis. Attardons nous sur le concept du jeu en réseau qui fait appel aux capacités cognitives précédemment décrites, capacités qui s'enrichissent dans des situations de jeu partagé et à distance.

Souvenons-nous des premiers jeux sur PC apparus dans les années 1990 tel le jeu Ultima Online par exemple. Les premières versions étaient en mono poste. Les joueurs âgés entre 15 et 20 ans à cette époque en quête de jeu en réseau déplaçaient leur micro-ordinateur pour développer des mini-réseaux afin de jouer à plusieurs. Nous pouvions dénoter là un fort esprit d'initiative et de construction, avec le souci de partager des instants forts. Accessible à partir de 1997 via l'Internet, nous avons pu voir alors s'organiser des communautés qui avaient à leur disposition un jeu avec un environnement très élaboré et des portails dédiés riches en informations sur l'évolution du jeu.

Pour résumer la thématique du jeu Ultima Online, nous pouvons dire que c'est une virtualisation de la vie où il s'agit de faire vivre et progresser des personnages appartenant à des guildes dans un nouveau monde. Entraînement physique, alimentation des personnages, domestication d'animaux, combats, constitution de guildes sont les principales activités du joueur qui peut s'identifier à son personnage. La figure ci-dessous décrit une partie des informations mises à la disposition du joueur. Par rapport aux cartes magic les informations s'enrichissent de nombreux items comme par exemple des historiques (historiques des objets possédés, historiques des forces acquises), des fiches métiers, des informations d'appartenance à une guilde. Les joueurs évoluent dans une micro société où se côtoient différentes castes.

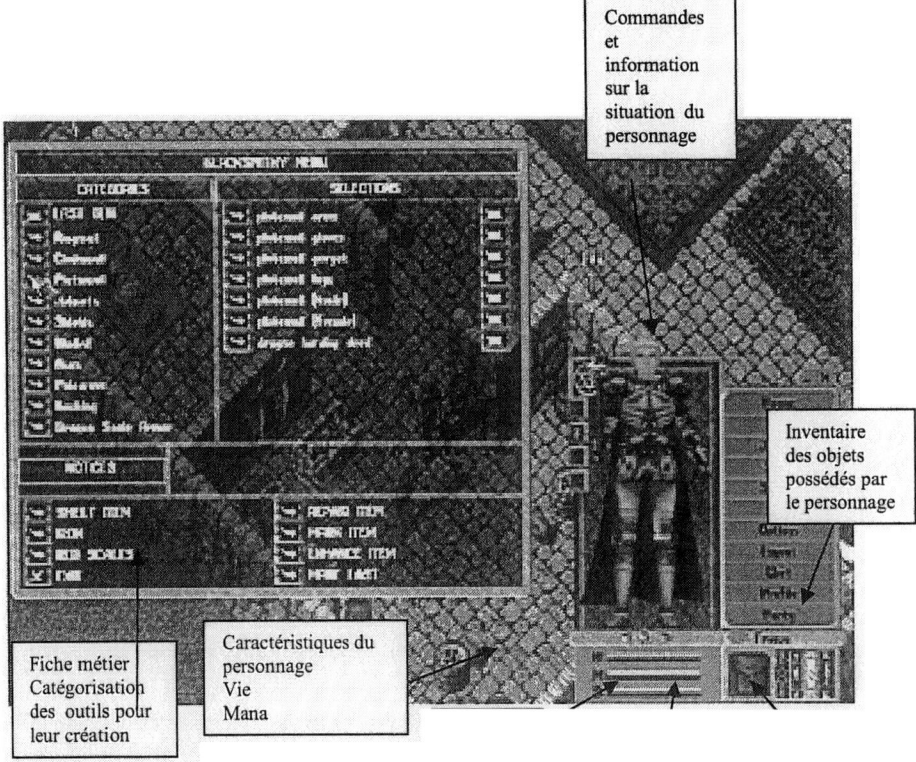

Figure 6.3-2 : Informations relatives à différents niveaux d'abstraction

L'environnement du jeu comporte un espace où évoluent les personnages sur des cartes géographiques avec la possibilité de zoomer sur des endroits. Les personnages discutent en temps réel, sauvegarde automatiquement leur partie sur le serveur d'Ultima Online. Pour les joueurs avertis, ils ont la possibilité d'effecteur des macros et interviennent directement sur la partie cliente du logiciel. Par exemple, s'il est astucieux ou un peu tricheur le joueur est en mesure d'intervenir sur les scripts pour faire avancer artificiellement son personnage. Les joueurs sont dans un monde très visuel où l'image a une imprégnance forte au sein de « rooms » qui rassemblent les guildes et illustrent des microcosmes par affinités.

Ces observations complètent nos premières remarques sur les capacités cognitives des jeunes gens nés après les années 1980. Ils sont en mesure de combiner de nombreuses informations de différents niveaux d'abstraction. Ils font appel à des informations textuelles, sonores, imagées lors de leurs activités ludiques. Ils privilégient les fonctions d'interactivité (télécharger, discuter) et apprécient de pouvoir faire appel à leur créativité. Les rooms ou espaces partagés illustrent le contexte de leur champ d'action.

Si nous nous tournons outre atlantique notre démarche est confortée par les travaux de recherche entrepris par [SWEENEY, 2005] qui fait référence à un article paru dans strategy+business, où [PRENSKY, 2004] donne un conseil avisé aux entreprises qui cherchent à se réorganiser pour devenir plus réactives. Voici rapportés certains de ses propos : demandez l'avis aux plus jeunes, ces « indigènes du numérique » qui, à 25 ans tout au plus, ont près de 10 000 heures de vol sur des jeux vidéo, envoyé et reçu plus de 200 000 courriels et messages instantanés. « Cette génération est plus apte à absorber l'information et prendre des décisions rapides, au multitâches et au calcul parallèle » les « immigrants du numériques », ces vieillards âgés de plus de 30 ans. C'est donc auprès d'eux qu'il faut trouver les sources de la transformation des entreprises.

Richard Sweeny propose dans la revue NJIT un tableau intitulé « **MILLENNIAL CHARACTERISTICS** » que nous restituons ci-dessous où sont proposées en anglais les caractéristiques qu'il a pu observer pour la génération du troisième millénaire.

Principled /Values	More Friends	More Diverse	Respect Intelligence
Optimistic /Positive	Internet Natives	More Choices	Format Agnostic
Balanced Lives	Adaptive / Flexible	Civic Minded	High Expectations
Collaborative	Nomadic	Gamers	Experiential
Independent	Confident	Direct	More Liberal
Multi-taskers	Inclusive	Patriotic	Entrepreneurial
Healthy Lifestyle	Family Oriented	Graphical	Achievement Oriented

Tableau 6.3-1 : MILLENNIAL CHARACTERISTICS selon Richard Sweeny

Richard Sweeny pousse la prospective jusqu'à prouver ses travaux de recherche par le recours à l'imagerie médicale à base de résonance magnétique nucléaire. Pour cela il pratique l'analyse de cerveaux de personnes appartenant à des tranches d'âge différentes. Il démontre par l'image que les cerveaux de la millenial generation comportent des zones mieux « connectées » sur un plan neuronal.

Quelques pistes dégagées

Ces notions, quant au comportement cognitif des étudiants, révélées par l'observation sont à prendre en compte dans le développement ou l'urbanisation d'un système d'information universitaire. Ces différents modes d'accès à l'information confèrent aux étudiants une nouvelle lecture ou plus exactement une nouvelle perception des messages. L'évolution cognitive d'un étudiant en situation de jeu nous amène à proposer une architecture fonctionnelle fondée sur diverses habitudes évocatives identifiées également en situation d'apprentissage et qui sont :

- le processus d'observation,
- le processus d'acquisition de connaissance,
- le processus d'application de la connaissance,
- le processus de créativité.

L'ingénierie pédagogique dont le rôle est la transmission, est en mesure de passer à une ingénierie d'apprentissage en favorisant la création. Les apprenants peuvent passer de produits à consommer à des créations de services. Ce système rend l'étudiant acteur et autonome : il peut être coproducteur du système d'entrepôt de données en vue d'augmenter l'efficacité du système.

6.3.2 Enseignant en situation d'élaboration d'un cursus

Processus propres à l'enseignant

Pour aborder le contexte de l'enseignant dans un espace numérique de travail reprenons une citation de Joël de Rosnay : « Avec la pratique des réseaux, le professeur peut se transformer en passeur, plutôt que se cantonner dans son rôle traditionnel de pasteur ». L'enseignant est placé à la fois dans un environnement d'innovation et aussi dans un environnement réglementé auquel il doit se conformer. L'enseignant élabore un cours en s'appuyant sur des textes d'habilitation, processus qui lui suggère des idées. L'enseignant développe ses idées au sein de formations. Des veilleurs du ministère de tutelle observent l'évolution de ces formations en utilisant les textes d'habilitation. Ce processus cyclique entre élaboration de cours de l'enseignant et prise en compte par des experts du ministère constitue un enjeu important lors de la réforme du LMD pour l'habilitation de formations diplômantes dans l'université.

Cet état s'exprime dans un contexte de concurrence entre les universités. A cette situation de concurrence vécue par les enseignants s'ajoute une autre problématique qui touche l'accès au savoir. Les étudiants ont désormais la possibilité d'atteindre des bases de cours en libre accès sur la toile. Sur un plan relationnel, cela aboutit à des modifications du rôle de l'enseignant. Il passe du rôle d'enseignant à celui d'auteur et de ce fait acteur du système en phase de production. Il se voit également renforcé dans son rôle d'expert où il alors pourra aider à valider ou invalider les informations trouvées par les étudiants eux-mêmes. La prise en compte de ces enjeux constitue à la fois des besoins propres à l'enseignant et au responsable de composante révélés en amont de la conception du système d'information. Cela suscite d'ors et déjà des idées autour de solutions pour la facilitation de la mise en œuvre des processus propres à l'enseignant ou au responsable.

Quelques pistes dégagées

Par recoupement de l'information, l'enseignant peut trouver des textes d'habilitation et des cours au sein de bases de données. On peut proposer un système d'affiliation qui favorise un parcours entre textes d'habilitation et cours. L'enrichissement des documents électroniques à l'aide de descripteurs concourt à un ciblage prospectif de l'information.

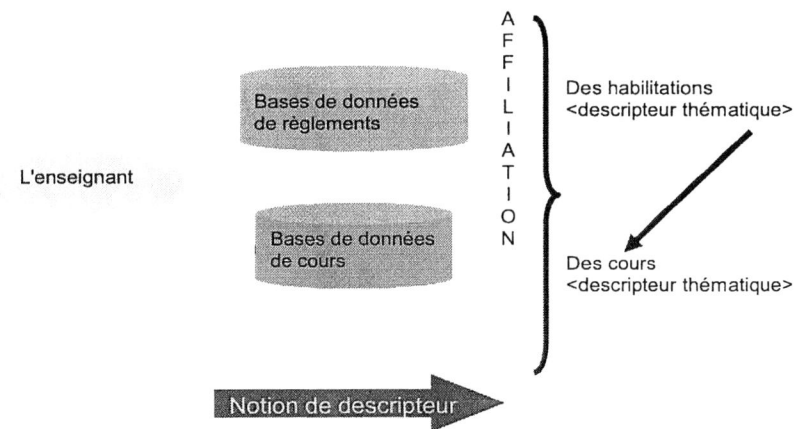

Figure 6.3-3 : Relation entre descripteur et affiliation

Cet exemple fait apparaître la notion de description de données, c'est-à-dire de métas données. Ces métas données constituent un verrou en tant que passerelle entre des documents électroniques appartenant à la fois au niveau administratif et au niveau pédagogique.

6.3.3 **Les administrations**

Les administrations réalisent que, plutôt que retenir l'information, elles gagnent à la diffuser pour résoudre des problèmes, échanger des points de vue, reproduire ou innover. Innover est probablement l'étape la plus difficile : des études ont été menées pour prouver qu'à toute idée nouvelle qui n'émerge pas de sa propre imagination, l'individu a une forte tendance à dire « Non » et à s'opposer d'emblée. C'est pourquoi certaines entreprises adoptent une stratégie qui consiste à mettre les personnels autour d'une table qui expriment leurs idées librement en évitant au maximum de se censurer mutuellement. C'est d'ailleurs, un exercice qui est grandement facilité dans les forums de discussion via le net où il est possible de faire abstraction des réactions morphologiques des interlocuteurs qui de ce fait peut influencer le discours. Les participants ajustent leur propos par rapport aux réactions du visage, des attitudes de leurs interlocuteurs ; attitudes que l'on regroupe sous le terme de kinémimique. Pour exemple [CANSELL, 2003] développe dans son article un service appelé le club IE dont le principe de fonctionnement repose sur le brainstorming. L'intelligence économique telle que développée au sein de Giat Industries passe par deux fondamentaux : l'émergence d'une conscience collective des enjeux de l'IE et la création d'une capacité de mobilisation et d'exploitation des ressources disponibles.

Au sein de certaines administrations, des décideurs estiment que le pouvoir glissera de celui qui a la possibilité de retenir l'information à celui qui saura diffuser l'information, dans des conditions satisfaisantes de pérennité, des informations fiables, précises, et adaptées à chaque demande spécifique. Développons quelques principes sur la Gestion des Connaissances abordées en paragraphe 3.2. Les connaissances sont un aboutissement de savoir et de savoirs-faire amassés, analysés, capitalisés, partagés au sein d'un groupe afin d'optimiser, d'innover, de progresser. Les différents niveaux de la connaissance renvoient à des corrélats techniques : le savoir-faire, le savoir-produire, le savoir-penser. Gérer les connaissances, c'est gérer leur inscription documentaire c'est-à-dire : définir des langages et des formats d'expression, définir des conditions techniques d'écriture et de lecture, constituer une tradition de lecture et d'appropriation, constituer une communauté de lecteurs qui se transmettent et perpétuent la connaissance. Dans un contexte d'Apprentissage Organisationnel les acteurs réutilisent les informations acquises pour traiter des données nouvelles de l'environnement. Les acteurs de l'organisation ne se limitent pas à la consommation d'informations, ils sont également producteurs d'informations pour favoriser les échanges et pérenniser la capitalisation des connaissances.

Quelques pistes dégagées

L'Université dispose d'une masse énorme d'information. Les informations sont essentiellement accessibles sous forme de tableau au format Word ou Excel. L'Université met également à disposition en Intranet des formulaires utiles à la vie administrative sous format PDF et DOC. Au terme des premières recherches menées au cours de l'année 2002, l'existant fait apparaître clairement qu'elle dispose de bases de données que sont les logiciels de gestion : APOGEE, HARPEGE, NABUCO. Ces logiciels ont été déployés sur un plan national sous la houlette de l'Agence de Modernisation des Universités [AMUE, 2002] pour représenter une cohérence dans les gestions administratives des universités. Nous avons eu alors l'idée d'exploiter les données existantes de l'Université que nous pouvions récupérer à partir de ces logiciels de gestion. Il s'agit d'affiner les données utiles qui constitueront l'entrepôt de données avec l'idée d'aider une meilleure prise de décision. Nous nous appuyons également sur les différents projets menés au niveau national. Cet état constitue une piste pour nos recherches afin de faire « dialoguer » des données provenant de niveaux différents de façon à faire augmenter le degré d'information sur le système d'information global.

Pour conclure nous constatons qu'à l'inverse de ce que Jasques Ellul citait pour les médias traditionnels « L'homme n'a pas de besoins. Il faut lui en créer » un système d'information universitaire pour être performant doit tenir compte des besoins spécifiques de chaque acteur. L'observation que nous venons de faire autour des différents acteurs permet de dire que l'usage des technologies a des conséquences sur les comportements cognitifs des individus. Nous faisons également référence au concept de la médiologie qui nous rappelle ce que l'homme fait à ses outils et ce que ses outils font à l'homme. La prise en compte par des ethnologues et sociologues d'hier « l'effet-retour » est aujourd'hui reprise par des technologues et des épistémologues comme Régis Debray [DEBRAY, 1991], Pierre Lévy [LEVY, 1997]. Au moment où nous écrivons ces mots, nous revient à l'esprit le film de Stanley Kubrick « 2001 l'Odyssée de l'espace » et plus particulièrement la première scène où un grand singe à l'aube de l'humanité se sert d'un os en guise d'arme qu'il jette en l'air, le fémur alors se transforme en navette spatiale. En quelques secondes Kubrick symbolise la théorie de l'évolution de Darwin où l'arme ou plus exactement l'outil est objet de communication intersidéral pour mettre en relation des espaces distants d'année lumière. Pour finir avec l'imaginaire, nous pourrions nous poser la question de savoir si les observations de Richard Sweeny sur les capacités du cerveau développées dans certaines conditions sont transmissibles aux générations suivantes à l'instar de la mémoire génétique évoquée dans la mythologie de Dune de Franck Herbert ? Voilà qui nous rapprocherait de l'homme symbiotique de Joël de Rosnay ! Mais quittons le domaine de la science fiction pour adopter une démarche pragmatique. Suite à la phase d'observation nous proposons de classifier les acteurs autour de leurs activités.

6.4. Classification des acteurs fondée sur leurs activités

Pour agencer les bases métiers nous nous fondons sur les activités des acteurs de l'université, que nous avons précédemment identifiés. Il est nécessaire de recenser tous les acteurs et ensuite de les regrouper par leurs activités. Le profil des activités doit permettre de répondre notamment à la question : Quels sont les problèmes à résoudre ? Reprenons la Figure 6.2-1 : Bases métiers dictées et adaptées aux utilisateurs finals, afin d'analyser la corrélation entre les besoins, le filtre et les bases multidimensionnelles. Les filtrages thématiques et fonctionnels favorisent la création de bases métiers en tenant compte des activités recensées en amont ; ces activités englobant un certain nombre d'opérations.

Etude préliminaire

Pour mettre en évidence les activités des utilisateurs, en 2002 nous avons entrepris de les catégoriser par type d'acteurs. Chaque type d'acteurs nécessite, également d'être sous-catégorisé comme nous le proposons par exemple de cette façon : 1er cycle, 2e cycle, 3e cycle[106], directeur d'UFR, responsable d'équipe de recherche, enseignant-chercheur, non enseignant, secrétaire général, gestionnaire de missions, gestionnaire financier. Ainsi nous mettons en valeur les besoins et les rôles des acteurs. Cette méthode met en évidence les fonctions utilisées lors de la recherche d'information. La notion de temps permet de mesurer la variation des activités selon le moment de l'année. Il est également utile de quantifier chaque rubrique afin d'évaluer le volume des activités. Après avoir mis en évidence d'un certain nombre d'éléments autour des activités des utilisateurs, nous nous appuyons sur une composante pour classer nos utilisateurs autour de quatre types d'acteurs qui sont : les étudiants, les responsables, les enseignants et les administratifs. Nous pouvons indiquer les besoins et les rôles des acteurs pour montrer les fonctions utilisées lors du processus de recherche d'information. La quantification de chaque item permet la quantification du volume des activités au cours du temps, tirons en partie :

$$\text{Acteur} = T_i\ ;\ \sum_{i=1}^{i=n} F_j\ ;\ \sum_{j=1}^{j=n} B_k\ ;\ \sum_{k=1}^{k=n-1} A_l$$

Équation 1 : Formule 1 autour de l'acteur par rapport aux types, fonctions, besoins et activités

$$\text{Acteur} = \underset{4}{T_i}\ ;\ \sum_{i=1}^{i=n} \underset{21}{F_j}\ ;\ \sum_{j=1}^{j=n} \underset{59}{B_k}\ ;\ \sum_{k=1}^{k=n-1} \underset{92}{A_l}$$

$$\text{Acteur} = T_{(1 \leq i \leq 4)}\ ;\ \sum F_{(1 \leq j \leq 21)}\ ;\ \sum B_{(1 \leq k \leq 59)}\ ;\ \sum A_{(1 \leq l \leq 92)}$$

Équation 2 : Formule 2 obtenue après quantification de la formule 1

---

[106] 1er cycle, 2e cycle, 3e cycle deviennent Licence, Master Doctorat dans le contexte actuel de l'enseignement supérieur.

Nous pouvons préciser les résultats autour des activités et des besoins par rapport au temps, les fonctions ayant toujours la même valeur au cours de l'année. Pour être plus précis, nous évaluons les besoins et les activités des acteurs sous catégorisés. Nous mettons en relation trois tableaux autour des fonctions, des besoins et des activités. Ceci nous permet d'affiner les calculs à partir des formules précédemment définies.

		Début d'année	nbre	Milieu d'année	nbre	Fin d'année	nbre
b		cours	6	cours	8	examens	8
e		budget	3	déploiement	3	corrections	6
s			3	organisation	2	évaluation	4
o		recensement	2	planification	2	conformité	3
i		déploiement	1	dépenses	1		1
n		règlement	1	projet	1	stage	1
s		stage	1	recettes	1	rédaction	1
		Total = 59	17		18		24

	f	Année	nbre
	o	administrer	3
	n	conseiller	2
	c	apprendre	3
	t	manager	5
	i	missionner	1
	o	organiser	1
	n	enseigner	6
	s	Total	21

		Début d'année	nbre	Milieu d'année	nbre	Fin d'année	nbre
a	c	dépôt	10	exploration	9	interactivité	10
	t	interactivité	5	interactivité	9	analyse	7
	i	exploration	9	dépôt	8	annotation	7
	v	interrogation	2				7
	i					dépôt	7
	t					exploration	2
	é	Total=92	26		26		40
	s						

Tableau 6.4-1 : Evolution des besoins et des activités au cours de l'année

Le Tableau 6.4-2 fait ressortir des chiffres que nous pouvons exprimer à l'aide de la formule 2 :

$$\text{Acteur début année} = \left\{ T_{(1 \le i \le 4)} ; \sum_{1}^{4} F_{(1 \le j \le 21)} ; \sum_{1}^{21} B_{(1 \le k \le 17)} ; \sum_{1}^{17} A_{(1 \le l \le 26)} \right\}$$

Équation 3 : Application de la formule 2 en début d'année

$$\text{Acteur milieu année} = \left\{ T_{(1 \le i \le 4)} ; \sum_{1}^{4} F_{(1 \le j \le 21)} ; \sum_{1}^{21} B_{(1 \le k \le 18)} ; \sum_{1}^{18} A_{(1 \le l \le 26)} \right\}$$

Équation 4 : Application de la formule 2 en milieu d'année

$$\text{Acteur} = \begin{cases} T_{(1\leq i\leq 4)}\,;\, \sum_{1}^{21} F_{(1\leq j\leq 21)}\,;\, \sum_{1}^{24} B_{(1\leq k\leq 24)}\,;\, \sum_{1}^{40} A_{(1\leq l\leq 40)} \end{cases}$$
Fin
année

Équation 5 : Application de la formule 2 en fin d'année

Ces calculs nous permettent d'obtenir plusieurs séries de graphes qui représentent les activités et les acteurs sous catégorisés. Le recours à ce type de représentation des données aide à mettre en évidence des particularités. Le graphique 6.4-1 montre que certains acteurs n'ont pas d'activité d'analyse et qu'un nombre restreint d'acteurs a des activités de synthèse. Nous avons pu mettre en évidence des activités par rapport à des périodes. Par exemple : les fonctions de certains acteurs comportent la même valeur pendant le temps, mais leurs besoins et leurs activités varient pendant l'année.

Au terme de cette étude préliminaire nous pouvons dire qu'un acteur est représenté par un type (**T**), des fonctions (**F**), des besoins (**B**) et des activités (**A**)

$$\boxed{RU = (T, B, F, A)}$$

Dans une première étape les items qui constituent la représentation de l'utilisateur peuvent être développés comme suit :

T {Etudiants, Responsables, Enseignants, Administratifs}

F {apprendre, enseigner, diriger, missionner, organiser, gérer, conseiller}

B {inscription, exercice, formation, emploi, projet, corrections, recensement, organisation, évaluation, budget, déploiement, conformité, planification, textes officiels, dépenses, recettes}

A {explorer, interroger, analyser, synthétiser, annoter, intégrer}

Nous tiendrons compte de ces multiples observations pour développer nos bases métiers. En analysant les activités utilisées sur le système d'information, nous pouvons en déduire le type d'acteur. Nous pouvons aider l'acteur identifié par anticipation, en lui proposant des informations supplémentaires pour améliorer les résultats de l'utilisateur. Pour vérifier et améliorer l'association des besoins des utilisateurs avec leurs fonctions, nous utilisons des outils pour analyser à l'aide de rapports les comportements des utilisateurs.

Contexte

Nous avons pu voir au cours de nos recherches que les logiciels administratifs au sein des universités, ont des limites au niveau du pilotage. Un système d'information informatisé permet une exploitation de données sans ambiguïté et exclut l'aléatoire dans les processus et les événements. Apogée[107], par exemple, qui permet l'inscription administrative et pédagogique de chaque étudiant, requiert une modélisation dépendante de chaque établissement. Apogée permet d'avoir la répartition des étudiants par diplôme en croisant les instances de l'objet « **individu** » et les instances de l'objet « **diplôme** ». Toutefois, la modélisation étant très figée dans Apogée, des requêtes de pilotage pertinentes ne peuvent pas être définies dynamiquement au fur et à mesure des besoins. Comme par exemple l'impossibilité de répondre à la question : le nombre de redoublants pour le 2e cycle, car le système n'a pas pris en compte la notion de redoublant et ne peut pas évoluer pour l'appréhender. Néanmoins, lors de la mise en route du processus de modélisation des acteurs : étudiants, enseignants, administratifs nous mettons en évidence que nous pouvons récupérer des données au niveau de ce logiciel afin de faire le lien entre enseignant, enseigné et enseignement. Nous évoluons dans un contexte universitaire où il s'agit de mettre en relation information et acteurs du SI-SIS. Au chapitre 4 de cette partie II, nous avons montré comment définir des classes d'objet par le recours aux normes et aux standards pour décrire les documents électroniques. A présent nous allons nous employer à modéliser les acteurs. La modélisation permet d'élaborer des corrélations entre type d'information et type d'acteur afin d'améliorer les réponses du système.

6.5. *Processus de modélisation*

Les paragraphes précédents ont permis de dresser une classification des acteurs où nous disions qu'un utilisateur (**U**) est représenté par un type (**T**), besoins (**B**), fonctions (**F**), et activités (**A**) selon cette formule : **RU = (T, B, F, A)** que nous exploitons dans ce qui suit. La prise en compte de la représentation de l'utilisateur se situe en amont du processus du schéma directeur pour l'élaboration de l'entrepôt de données.

Le schéma directeur des espaces[108] numériques de travail précise les usagers amenés à intervenir dans cet environnement. Ceci permet de mentionner les utilisateurs concernés par notre réflexion. Nous nous appuyons dans ce travail, sur les idées développées par des pédagogues reconnus, sur l'apport des TIC (Technologies de l'Information et de la Communication) et sur nos observations précédemment décrites.

---

[107] Apogée, Application pour l'organisation et la gestion des étudiants, apporte des réponses précises en matière de clarification de l'offre de formation, d'amélioration de l'accueil des étudiants, de gestion de la scolarité et de pilotage de l'établissement.
[108] Un espace numérique de travail désigne un dispositif global fournissant à un usager un point d'accès à travers les réseaux à l'ensemble des ressources et des services numériques en rapport avec son activité

Revenons à la pédagogie de Célestin Freinet [MOUVEMENT] (1896-1966), qui théorise sa pratique grâce à ses contacts avec Piaget [UNIGE] (1896-1980).

La théorie Freinet est centrée sur l'apprenant et fondée sur les principes suivants : expression – communication – création, autonomie, responsabilisation, socialisation, coopération et vie coopérative, apprentissages personnalisés, ouverture sur la vie, tâtonnement expérimental, méthode naturelle.

Les différents concepts de Piaget autour de l'apprenant, se résument par : l'adaptation, l'assimilation/accommodation, les schèmes, la construction par paliers, la conceptualisation, les régulations.

Dans les paragraphes suivants, nous allons développer les items T : type, F : fonctions, B : besoins et A : activités des acteurs par rapport au système d'information.

6.5.1 Type

L'item **T** représente le type d'acteur pour l'enseignement supérieur que nous résumons de la façon suivante : T {Etudiants, Chercheurs, Enseignants, Responsables, Personnels, Partenaires, Administrateurs}. Nous utilisons le formalisme UML pour modéliser les types d'acteurs. UML est un langage de modélisation unifié et non une méthode. Il contient les éléments constituants de tout langage, à savoir : des concepts, une syntaxe et une sémantique. De plus, UML possède une notation sous forme visuelle graphique fondée sur des diagrammes. Empruntons à UML les diagrammes de classe et d'objets pour nous permettre de recenser des objets et des classes (sans les opérations) dans les données fournies sur les maquettes de cours tirées d'Apogée. L'étape de modélisation de classes d'objets permet de faire apparaître des attributs et des valeurs comme nous l'avons fait pour les ressources électroniques. La modélisation des types d'acteurs sert à dresser des catégories d'acteurs et des sous-catégories d'acteurs. Cela permet d'introduire les notions de groupes, de sous-groupes et de leurs rôles respectifs, notions qui seront développées au cours de l'expérimentation.

6.5.2 Besoins

Ivan Illich (1926-2002) disait dans son ouvrage, « Une Société sans école », édité en 1971, qu'un véritable système éducatif n'impose rien à celui qui instruit, mais lui permet d'avoir accès à ce dont il a besoin. Cette citation s'inscrit dans un manifeste utopique pour une société déscolarisée. Il poursuit en disant : « la technologie pourrait fournir à chaque homme la possibilité de mieux comprendre son milieu, de le façonner de ses propres mains, de communiquer mieux que par le passé. Cette utilisation de la technologie, à rebours des tendances actuelles, constitue la véritable alternative au problème de l'éducation ». L'enseignant [PEGUIRON et DAVID et THIERY, 2003] est placé à la fois dans un environnement d'innovation et aussi dans un environnement réglementé. Dans un contexte universitaire, l'enseignant a besoin de répondre aux besoins des étudiants, de préparer des formations, de créer des formations, de connaître l'impact d'une formation, d'évaluer le contenu des formations, d'adapter les formations, d'évaluer les connaissances des étudiants. L'enseignant cherche à rationaliser la préparation des cours, de voir garantie la propriété intellectuelle et d'obtenir une reconnaissance de ses cours au niveau de sa carrière.

Besoins de l'acteur étudiant : Identification

Pour élaborer la base métier à l'égard de l'étudiant précisons les besoins des étudiants :

Acteur	Temps	Fonctions	Besoins
Etudiant	Début d'année	Inscription	Accès au dossier Mot de passe Changement de mot de passe Obtenir son code Consulter ses coordonnées Faire son changement d'adresse Paiement inscription S'abonner à des services Accéder aux bases de données Accéder aux revues électroniques
	Milieu d'année	Renseignements académiques	Consulter cours Consulter exercices Consulter corrigés Consulter sujets d'examens Consulter notes Consulter planning Déposer projets Déposer prises de cours Messagerie
	Fin d'année	Stage	Recherche de stage Consulter les procédures Consulter les conventions Consulter les offres de stage Déposer une demande d'entrevue Consulter ou demander une demande d'entrevue Consulter horaire d'entrevue Enregistrer adresse de stage

Tableau 6.5-1 : Identification des besoins de l'étudiant selon ses fonctions au cours du temps.

En cas d'échec aux examens l'étudiant sera amené à avoir à nouveau les mêmes besoins qu'en cours d'année, comme par exemple : Consulter cours, Consulter exercices, Consulter corrigés, Consulter sujets d'examens, Consulter notes, Consulter planning.

On renseigne un certain nombre d'éléments de l'item besoins pour les acteurs étudiant et enseignant. Cet item peut s'enrichir au cours du temps :

$b_{\text{étudiant}}$ {s'inscrire, s'exercer, se former, rechercher emploi, rechercher stage}

$B_{\text{enseignant}}$ {exercer, former, corriger, recenser, évaluer, budgétiser, déployer, planifier, se conformer aux textes officiels}.

6.5.3 Fonctions

Les enseignants et les étudiants ont des fonctions qui leur confèrent un rôle. L'enseignant est amené à distribuer des devoirs, décrire des tâches à effectuer, évaluer, réceptionner des travaux. Enseignants et étudiants peuvent être amenés à utiliser des ressources :

- pour créer ou publier des pages web individuelles ou partagées,
- pour créer ou visionner des documents vidéo,
- pour prendre connaissance ou indiquer les objectifs visés de l'auteur,
- pour lister des articles, des URL, des références de documents en rapport avec le thème traité,
- pour programmer un horaire d'une mise en ligne d'un document,
- pour historiser l'état d'avancement d'un travail.

Par les fonctions de communication, les acteurs peuvent :

- recourir à un calendrier privé ou partagé,
- discuter en privé ou de façon collective,
- utiliser un système de messagerie partagé ou global.

Lors du processus de création de cours, les enseignants ont des fonctions d'Organisation. Ils peuvent être amenés à :

- mettre à disposition sur le web des ressources pour les étudiants,
- proposer une présentation sur vidéo projecteur,
- partager avec des collègues une bibliothèque de documents,
- planifier les activités des étudiants en dehors des séances de cours,
- partager un agenda avec un groupe d'étudiants,
- gérer et suivre les stages étudiants.

Les fonctions de supervision des enseignants permettent :

- de suivre et encadrer des projets étudiants,
- d'évaluer les étudiants grâce à des QCM en ligne,
- de recueillir des travaux d'étudiants sous format numérique,
- de réaliser une enquête auprès des étudiants,
- d'animer un forum auprès des étudiants,

- de tutorer à distance des étudiants,
- de participer à un jury à distance.

Nous spécifions un certain nombre d'éléments de l'item fonctions ainsi pour les étudiants et les enseignants :

$f_{\text{étudiant}}$ {apprendre, créer, intégrer, vérifier}

$F_{\text{enseignant}}$ {créer, enseigner, diriger, missionner, organiser, gérer, conseiller, superviser}. Cette liste n'est pas close.

6.5.4 Activités

Les activités des acteurs concernent leurs activités lors de l'utilisation du système d'information. Ils peuvent être amenés à rechercher, télécharger des dossiers, comprimer des fichiers, annoter des images ou du texte, indexer des documents, consulter des notes. Ils doivent parfois disposer d'un certain degré d'interactivité avec le système. Cette phase correspondra plus à l'exploitation des informations. Il peut s'agir d'informations à déposer, d'informations trouvées, d'information à faire connaître à des publics ciblés. A côté de ses tâches d'intendance (gestion de l'effectif, enregistrement des résultats), l'enseignant est amené à participer à :

- la mise en forme des connaissances,
- la réalisation d'un glossaire et d'un index,
- la conception et la réalisation de la navigation,
- la réalisation de contrôles de connaissance.

Ceci met en exergue de nouvelles pratiques quant aux activités des acteurs. Nous résumons les activités des étudiants et des enseignants dans l'item activités:

$a_{\text{étudiant}}$ {déposer, explorer, interroger, analyser, synthétiser, annoter}

$A_{\text{enseignant}}$ {déposer, indexer, diffuser, explorer, interroger, analyser, synthétiser, annoter}. Ces activités interviennent lors de la création et la consultation des ressources d'information.

Le processus de modélisation des acteurs fait ressortir des éléments utiles pour la suite de notre raisonnement.

6.6. *La visualisation des données*

Pour aider à la représentation des différents items que nous venons de mettre en évidence c'est-à-dire les besoins, les fonctions et les activités des types d'utilisateurs nous proposons de les visualiser. Visualisons par un exemple des données autour de l'acteur étudiant. La figure ci-dessous représente les fonctions de l'étudiant par rapport au système d'information selon le temps.

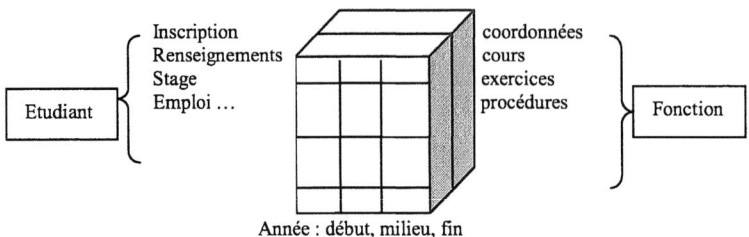

Figure 6.6-1 : Vue de l'acteur étudiant

Cette phase théorique, permet de proposer des vues du système d'information par type d'acteurs « étudiants », « responsable », « enseignant », « administratif », en tenant compte des quatre éléments qui sont ressortis après la classification et la catégorisation des acteurs pour représenter l'utilisateur, c'est-à-dire: type (T), fonctions (F), besoins (B) et activités (A). Le schéma ci-dessous [PEGUIRON et KISLIN et BOUAKA, 2003] propose des vues orientées acteurs élaborées à l'aide du veilleur ou infomédiaire. Le veilleur, spécialiste de l'information joue un rôle d'intermédiaire entre le décideur et l'information demandée. Le décideur peut être l'étudiant, l'administratif, l'enseignant ou le responsable : pour résumer c'est l'utilisateur final qui décide si une information est en relation avec ses objectifs. L'intermédiateur va exploiter les connaissances dont il dispose sur le décideur en traduisant le problème du décideur en indicateurs. Il aide aussi le décideur à découvrir les paramètres et à les vérifier. Le décideur est défini comme celui qui est apte à identifier et à poser le problème à résoudre en termes d'enjeu, de risque ou de menace qui pèse sur lui pour atteindre ses objectifs dans un contexte défini. Il utilise les indicateurs délivrés par l'infomédiaire pour atteindre son objectif. Il extrait également des indicateurs, les informations nécessaires à la prise de décision.

En conclusion nous avons pu faire émerger par la notion de méta information pour décrire les objets de nos recherches que ce soit des acteurs ou des ressources électroniques. Nous verrons comment articuler ces métas informations propres aux ressources électroniques et les métas données propres à l'utilisateur dans un système d'information d'université via l'outil entrepôt de données en vue d'analyses dans une optique de prise de décision.

Partie III : Le modèle RUBI^3
Amélioration et enrichissement du modèle par une expérimentation et une application

Ne craignez pas d'atteindre la perfection, vous n'y arriverez jamais.
[Salvador Dali]

Cette dernière partie permet la prolongation de notre étude sur la représentation des utilisateurs pour aboutir à un modèle formel $RUBI^3$.

Nous débutons par un état de l'art de l'expérimentation qui repose sur l'entrepôt de données. Nous nous appuyons sur cet outil pour exploiter notre modèle $RUBI^3$ propre à l'utilisateur en tenant compte du contexte d'un système d'information stratégique universitaire. Ce processus expérimental permet d'améliorer la modélisation d'un système d'information stratégique universitaire pour lequel nous identifions plusieurs niveaux à prendre en compte lors de sa conception.

Nous verrons comment le modèle $RUBI^3$ permet de mettre en relation ressources documentaires et utilisateurs dans un espace numérique de travail partagé.

Le modèle sert de point d'ancrage pour une expérimentation en deux phases. Nous expérimentons des produits commerciaux et des produits alternatifs. Les produits commerciaux permettent de faire une check list des différentes étapes à respecter pour la constitution d'un entrepôt de données résumées dans l'acronyme RUBICUBE. Les produits alternatifs moins faciles d'accès offrent de plus grandes perspectives dans la créativité et la maîtrise de l'évolution de nos recherches.

Les résultats de l'expérimentation font émerger des notions qui favorisent la déclinaison de l'acronyme RUBICUBE propre à la conception du système d'information stratégique universitaire en tenant compte du contexte de l'utilisateur et de ses spécificités.

Chapitre 7 Entrepôt de données ou l'outil choisi pour l'expérimentation

Pour être à même de proposer un modèle à partir de la représentation de l'utilisateur, nous faisons appel à des notions propres à l'entrepôt de données. Cette septième section rappelle ce qu'est un entrepôt de données. Pour faciliter la compréhension de cet outil nous illustrons nos propos par des exemples en milieu universitaire. Cet état des lieux donne les pré-requis pour aborder la phase d'expérimentation.

Les méthodes de conception d'un entrepôt de données sont encore très floues. On peut néanmoins dégager quelques pistes à suivre et quelques pièges à éviter. Selon [FRANCO, 1997b] quatre caractéristiques clés de l'entrepôt de données ont des effets déterminants sur la démarche de conception d'un projet de ce type.

1. Les évolutions technologiques

La multiplicité des composants et leur utilisation en fonction du contexte facilite grandement la démarche de conception. On ne voit plus l'entrepôt de données que comme une somme de briques logiques et logicielles. La solution au problème de l'entreprise devient donc un puzzle de briques et non une adaptation du problème aux solutions technologiques.

2. Le lien implicite avec la stratégie de l'entreprise

Contrairement aux applications transactionnelles qui permettent d'automatiser des processus existants, l'entrepôt de données s'exprime comme un besoin métier, qui fait intervenir toute la synergie de l'entreprise.

3. Une logique d'amélioration continue

L'entrepôt de données se doit d'évoluer pour permettre à l'entreprise de conserver sa réactivité, il nécessite donc des mises à jour imprévisibles et fréquentes.

4. Un niveau de maturité selon les entreprises

Il correspond à la réaction d'une entreprise vis à vis du décisionnel par rapport à ses objectifs internes. L'entrepôt de données peut être considéré comme la poursuite d'une vue décisionnelle, ou bien comme un nouveau domaine à explorer.

7.1. Architecture fonctionnelle d'un entrepôt de données

D'après [FRANCO, 1997b], l'architecture de l'entrepôt de données comporte trois niveaux fonctionnels essentiels : le niveau acquisition des données, le niveau stockage des données et le niveau analyse de données.

Le niveau acquisition des données

Cette phase se décompose en trois composantes distinctes : l'extraction, la préparation et le chargement.

L'extraction des données

L'extraction des données consiste à collecter les données utiles dans le système de production, pour déterminer quelles sont les nouvelles données à intégrer afin de ne pas surcharger le processus d'extraction. Il faut également synchroniser les données entre elles pour permettre aux données de conserver leur relation à un moment t. Néanmoins cette phase d'extraction amène quelques problèmes qu'ils soient fonctionnels (synchronisation) ou techniques (environnement hétérogène). Pour extraire les données sources, plusieurs technologies sont utilisables :

- Les passerelles fournies par les éditeurs, principalement orientées données et pas processus de transformation.
- Les utilitaires de réplication : copie de données d'une base vers une ou plusieurs autres bases de données. Ils sont utilisables uniquement dans des environnements homogènes.
- Les outils spécifiques d'extraction : ils sont la solution mais bien souvent leurs prix sont élevés.

Cette étape peut se révéler périlleuse en raison de l'importance et de l'hétérogénéité des sources de données. Il faut également des outils d'aide à l'extraction ou ETL[109] qui commencent à être bien diffusés sur le marché professionnel.

Pour concevoir et alimenter un data warehouse il est périlleux de le faire sans schéma conceptuel. Alimenter un data warehouse, même en passant par un entrepôt temporaire, est dangereux car comme lors de l'alimentation d'une base de données, il faut s'assurer de la résistance aux pannes aussi bien matérielles que logicielles. C'est là tout l'intérêt de faire reposer l'entrepôt sur une structure physique relationnelle qui permettra d'utiliser les caractéristiques sophistiquées des SGBDr tels que Sybase ou Oracle en termes de résistance aux pannes et de reprise du système décisionnel à un état cohérent.

---

[109] ETL : Extract-Transform-Load

2. La préparation des données

La préparation correspond à la transformation des caractéristiques des données du système opérationnel dans la forme définie de l'entrepôt de données. Cette préparation inclut la mise en correspondance des formats de données, le nettoyage, la transformation et l'agrégation[110]. Il s'agit d'épurer et transformer les données.

Des données incorrectes peuvent entraîner des prises de décisions erronées. Ou encore ce n'est pas la peine de mettre en place un système d'information stratégique si les données ne sont pas fiables. Elles concernent :

- La redondance, c'est à dire le fait qu'une donnée soit dans plusieurs sources.
- Par exemple l'adresse du client est à la fois dans la table « service », bien sûr, mais aussi, par souci de commodité d'exploitation, dans la table « commande ».
- Cela a pour conséquence d'introduire des anomalies si le service change d'adresse. Si on ne corrige pas l'adresse dans la table « commande », alors les commandes non encore traitées, seront livrées à une adresse erronée. Ou bien encore si on la modifie, alors ce sont les anciennes commandes qui sont adressées à une adresse de livraison erronée. En résumé la redondance, bien plus que soulever un problème de place occupée, implique très vite une incohérence des informations.
- La synonymie est le fait, qu'une même information, représentant le même concept, soit dans différentes sources.
- Le cas le plus classique dans une base de données est par exemple le numéro de client qui se nomme « nocli » dans la table « client » et « numclient » dans la table « commande ».
- Notons que ce n'est pas interdit par le modèle relationnel, puisque pour retrouver les commandes d'un client il suffira de faire une équi jointure (au lieu d'une jointure naturelle) entre les tables client et commande avec comme argument de jointure « nocli= numclient ». L'important est de nettoyer les données de façon à ce que la synonymie soit connue et non pas dissimulée.
- La duplication est un peu différente de la redondance. Il s'agit la plupart du temps d'une redondance calculée, c'est-à-dire que l'on sait que l'information est répétée dans différentes sources de données souvent pour des raisons d'usage, mais ce n'est pas une anomalie en soi.

---

[110] Agrégation : Action de calculer les valeurs associées aux positions parents des dimensions hiérarchiques. Cette agrégation peut être une somme, une moyenne, ou tout autre processus plus complexe comme la deuxième plus forte valeur.

- Par exemple on souhaite conserver la trace de tous les clients dans un infocentre d'une Université et en plus dans ses délocalisations.

Le problème qui résulte de ces anomalies est de différentes natures : d'une part ainsi que nous l'avons dit, qui dit mauvaise qualité des données, dit non fiabilité. Comment alors prendre des décisions à partir de données non fiables ? D'autre part il est alors impossible de réutiliser ces données et donc de capitaliser la connaissance sous jacente. Il faudra donc disposer d'outils sophistiqués pour vérifier la qualité des données et les transformer en vue de leur chargement.

Le chargement des données

Le chargement représente la dernière phase d'alimentation de l'entrepôt de données. Il faut synchroniser les processus de chargement pour ne pas influer sur les applications. Il est également préférable d'indexer les données après leur chargement dans l'entrepôt de données plutôt qu'à l'insertion. Le transfert peut être multi formes suivant le type de la source de données. Cela peut concerner des transferts de fichiers, mais aussi de bases de données de production.

Le niveau stockage des données

Le composant de base du stockage est le Système de Gestion de Base de Données (SGBD). Toutefois, il doit répondre aux besoins du décisionnel : parallélisation des requêtes, regroupement ensembliste optimisé. Ici également intervient de manière très forte la structuration physique de l'entrepôt de données, et ceci pour garantir des performances stables dans le temps, des indexations, des restructurations plus faciles.

Un nouveau type de données fait maintenant face aux données contenues dans les SGBD : la gestion du contenu. La gestion de contenu concerne les vidéos, les images, les documents multimédia, les documents électroniques. Leur apport est de plus en plus important dans les processus décisionnels, et le SGBD doit être capable de gérer ce nouveau type d'informations. Le niveau « collecte des données » intègre les mises à jour en provenance des différentes bases concernées de l'entreprise et les stocke dans la base de données de l'entrepôt en respectant son organisation par sujet.

Le niveau analyse de données

Ce composant reste d'une manière globale à adapter aux groupes d'utilisateurs. En effet, la réponse à l'accès aux données ne peut venir que de la définition de la problématique des utilisateurs et donc de l'expression de leurs besoins. Il permet la formulation de requêtes afin de cibler sur les faits étudiés :

- l'analyse en tendance : courbes d'évolution des données,
- l'aide à la prise de décision : extrapolation,
- la découverte de connaissances : règles, contraintes, tendances.

Ce niveau est mis en œuvre à partir d'outils réalisant des extractions par requêtes et des présentations graphiques variées. La figure 7.1-1 résume les composants nécessaires à la réalisation de ces trois niveaux :

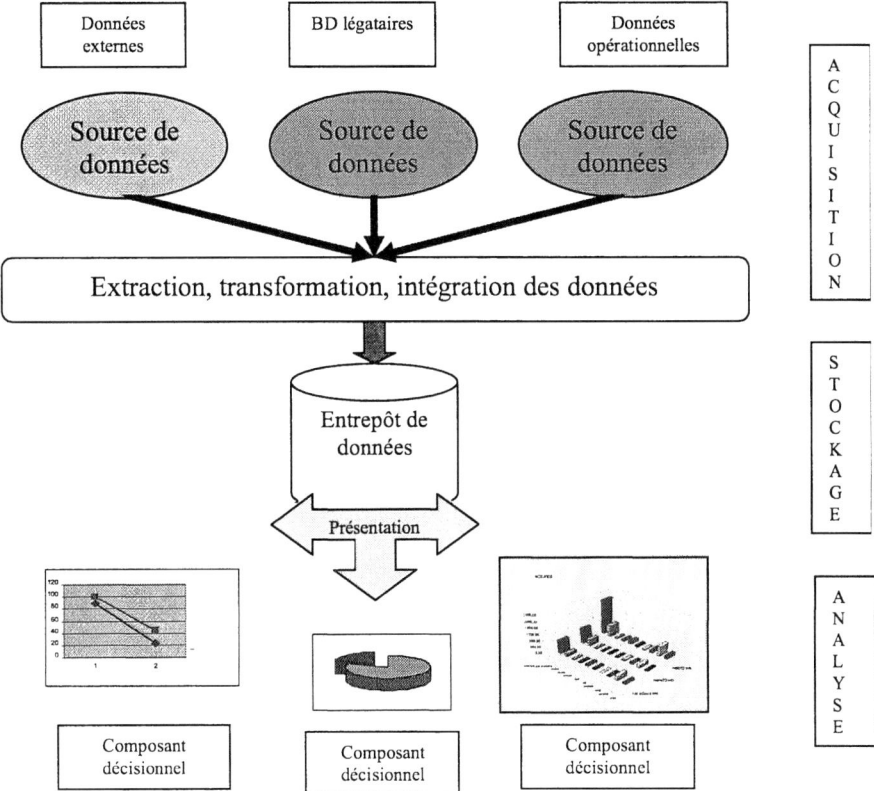

Figure 7.1-1 : Architecture fonctionnelle d'un entrepôt de données selon trois niveaux des données : acquisition, stockage, analyse

A côté et en complément des entrepôts de données, qui nécessitent de puissantes machines afin de gérer de grandes bases de données contenant les données historisées, se développent des bases de données ciblées sur un ou deux sujets, appelées magasins de données (data mart[111]). Ces petits entrepôts offrent des données aux décideurs de l'entreprise pour l'analyse, celles-ci pouvant provenir du data warehouse ou plus généralement de bases existantes.

---

[111] Data mart : C'est un entrepôt de données spécialisé métier, alimenté à partir du datawarehouse pour répondre aux besoins d'un service déterminé

Composants du middleware[112]

Un problème [POTTIER, 2002] majeur de l'approche est d'assurer la cohérence des informations de l'entrepôt avec celles des bases légataires dont elles sont issues. Il faut parfois être capable de conserver les données issues de chaque site participant pendant une période afin de rafraîchir la base de l'entrepôt avec un ensemble de données cohérentes issues de tous les sites. Le collecteur de données peut même être amené à générer des requêtes d'interrogation des bases participantes.

- Par exemple, pour recomposer les données d'un utilisateur étudiant nouvellement inséré, on peut être conduit à interroger les autres bases de données afin de retrouver son cursus.

Le middleware d'extraction et de collecte doit détecter les mises à jour effectuées sur les bases légataires de l'institution consolidées au niveau de l'entrepôt. Pour cela, au niveau de chaque application fournissant des données à l'entrepôt, doit être intégré un logiciel spécialisé capable de répercuter les mises à jour locales vers l'entrepôt et de convertir les données dans un format plus ou moins commun.

Un tel logiciel est appelé moniteur[113]. Il doit être complété par un adaptateur[114] capable de transformer les mises à jour et les questions dans le modèle de l'entrepôt, en général relationnel dans les réalisations actuelles.

Les bases locales préexistent et sont souvent relationnelles, voire hiérarchiques ou réseaux. Ce peut même être des fichiers. Un des problèmes est de capturer les mises à jour et de générer les données nécessaires à la mise à jour de l'entrepôt. Si le SGBD gérant la base légataire dispose d'un mécanisme de déclencheurs (triggers[115]), celui-ci peut être mis à profit pour générer l'émission de la mise à jour vers l'entrepôt. Sinon, il faut être capable d'interroger périodiquement chaque base locale ou son journal afin de récupérer les mises à jour effectuées durant la dernière période.

---

[112] Middleware (intergiciel en français) : C'est un ensemble de logiciels ou de technologies informatiques qui servent d'intermédiaire entre les applications et le transport des données via le réseau. Ils offrent des services de haut niveau liés aux besoins de communication des applications (temps réel, sécurisation, sérialisation, transaction informatique, etc.).

[113] Moniteur (Monitor en anglais) : Composant capable d'exporter au bon moment les données d'une source locale dans le bon modèle.

[114] Adaptateur (Adapter ou Wrapper en anglais) : Composant capable de traduire les requêtes et les données depuis le modèle d'une source locale vers le modèle de l'entrepôt et vice versa.

[115] Triggers (déclencheur en français) : Il s'agit d'une procédure stockée associée à un événement pouvant intervenir sur une table. Elle est automatiquement exécutée quand la table associée est mise à jour par insertion, suppression ou modification.

Avant d'être déversées dans l'entrepôt, les données doivent être transformées, réorganisées et souvent filtrées. Il faut d'ailleurs souvent intégrer les données en provenance de sources multiples : c'est le rôle du médiateur. Le médiateur[116] doit aussi pouvoir traiter des requêtes, ceci afin d'actualiser sur demande ou simplement de charger l'entrepôt.

7.1.1 L'architecture physique sous-jacente à un data warehouse

Les notions abordées dans les paragraphes précédents permettent d'étudier dans un premier temps les différentes solutions retenues pour construire un entrepôt dans le cadre de la conception d'un système d'information stratégique, puis d'aborder l'architecture technique sous-jacente à un entrepôt de données.

Comme le propose Odile Thiéry [THIERYa] on peut voir un système d'information stratégique autour d'un infocentre, c'est que préconise IBM par exemple, inventeur de ce concept. Cette solution ne nous parait pas être la meilleure. En effet un infocentre est une vision centralisée des données qui ne concernent que les données de production et donc peu ou pas historisées par essence afin de ne pas ralentir le temps d'exécution lors du traitement de ces données. Elle ne répond donc pas à l'architecture préconisée ci avant. En revanche cette solution est séduisante car elle ne nécessite pas la construction d'un nouveau système.

L'autre solution, radicalement opposée, est la construction d'un nouveau système d'information stratégique avec conception d'un entrepôt. Bien sûr alors nous pourrons appliquer l'architecture dans son ensemble, mais alors cela nécessite des moyens importants.

En résumé pour construire un data warehouse, il y a deux solutions extrêmes : prendre une solution relationnelle calquée sur les bases de données de production, prendre une solution multidimensionnelle (outils OLAP) enfin essayer de combiner les deux.

7.1.2 L'architecture technique sous-jacente à un data warehouse

Pour implémenter un entrepôt de données, plusieurs architectures sont possibles : l'architecture réelle, l'architecture virtuelle et l'architecture remote.

Architecture réelle

C'est l'architecture qui est généralement retenue pour les systèmes décisionnels. Le stockage des données de l'entrepôt de données est réalisé dans une base de données séparée du système de production. Cette base de données

---

[116] Médiateur (Mediator en anglais) : logiciel capable de donner une vision intégrée des différentes sources de données de l'institution sur demande par des requêtes.

est alimentée par des extractions périodiques. Avant le chargement, les données subissent d'abord :

- un processus d'intégration,
- un processus de nettoyage,
- un processus de transformation.

L'avantage de cette solution est de disposer de données préparées pour les besoins de la décision et répondant bien aux objectifs de l'entrepôt de données. La principale raison justifiant l'architecture réelle est l'inadaptation des données de production aux besoins des systèmes décisionnels. Les structures de données dans un système de production sont en effet complexes au niveau stockage et nécessitent une phase de programmation pour y accéder. Dans un contexte d'utilisation décisionnelle, les données doivent être compréhensibles par l'utilisateur.

Il faut donc transformer tous les codes en données lisibles. L'entrepôt de données doit intégrer les données les unes avec les autres afin d'assurer une cohérence sémantique globale. Les données sont évolutives. Il n'y a pas de consolidation possible sur une période du fait que la donnée évolue au fur et à mesure des transactions.

C'est ici qu'intervient la définition de la donnée en elle-même, à savoir les *métas données*[117]. La signification de ces données peut être ambiguë. Elle peut dépendre de l'application qui l'utilise. La donnée peut poser un problème de cohérence, courant dans les systèmes de production, qui doit systématiquement être traité afin de minimiser les redondances d'informations dans l'entrepôt de données et d'unifier la sémantique au niveau de l'entreprise.

Architecture virtuelle

Dans une architecture virtuelle, les données de l'entrepôt résident dans le système de production. Elles sont rendues lisibles par des produits middleware ou par des passerelles. Il n'y a pas, dans cette architecture, de coût de stockage supplémentaire et l'accès se fait en temps réel. Cependant, les nombreux désavantages de ce type d'architecture en empêchent fréquemment le choix. Les données ne sont pas préparées. Les accès décisionnels risquent de perturber les performances du système de production d'autant plus que les processus de transformation et d'intégration sont ici forcément liés au processus d'accès. Enfin, pour le cas où la gestion d'historique n'est pas prévue dans le système de production, il est impensable de l'y intégrer.

Architecture remote data access

L'architecture remote est une combinaison des deux architectures décrites précédemment. L'objectif est d'implémenter physiquement les niveaux agrégés,

---

[117] Les métas données sont des données qui décrivent des données

niveaux de données les plus souvent utilisées, afin d'en faciliter l'accès, de garder le niveau de détail dans les systèmes de production en y donnant accès par le biais des middlewares ou des passerelles. Cette architecture est également très rarement utilisée.

7.2. Comment modéliser un entrepôt de données

7.2.1 La modélisation par sujet

La modélisation « naturelle » d'un data warehouse en informatique de gestion est la modélisation relationnelle et donc normalisée.

Au niveau de l'entrepôt, pour pouvoir exploiter facilement les données, le concepteur doit réaliser une classification par sujet fonctionnel plutôt que par application. Pour cela, une modélisation relationnelle est souvent utilisée, chaque sujet correspondant à une table gérée par l'entrepôt. La définition des tables de l'entrepôt nécessite d'isoler les données stratégiques, de déterminer les informations de détails nécessaires et les résumés à conserver. Ces derniers sont souvent calculés par des requêtes comportant des fonctions d'agrégats.

Un entrepôt de données est généralement fondé sur un SGBD relationnel. Les tables gérées par un entrepôt sont donc des vues concrètes « napshot » dérivées à partir des données des bases légataires. Dans le cas où les données sont issues de bases relationnelles, les techniques de gestion de copies multiples peuvent avantageusement être mises en œuvre pour générer les données de l'entrepôt. Une contrainte est due au fait que l'intégration est souvent nécessaire à partir de sources hétérogènes. Des transformations de formats, de modèles, de noms ou d'unités peuvent être nécessaires afin de composer des données cohérentes pour l'entrepôt.

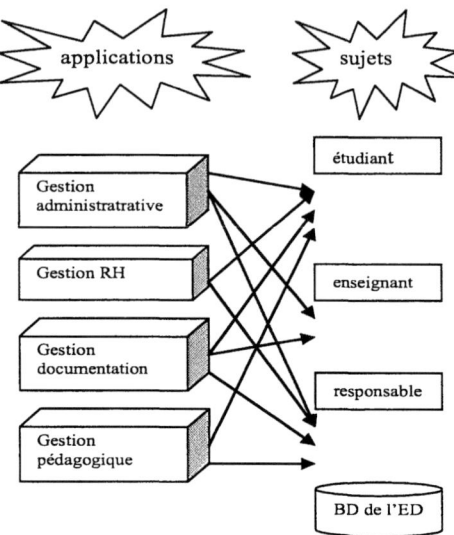

Figure 7.2-1 : Modélisation par sujet

Par le niveau d'agrégation des données nous pouvons avoir des axes différents d'analyse.

- Par exemple en plus du temps on veut examiner aussi le montant des dépenses par document, type de document, domaine de document.

Le volume de données final est gigantesque. Il avoisine de fait très vite le giga voire le tera octet. Autant dire qu'il n'est pas facile de gérer de tels volumes surtout ensuite pour avoir des temps de réponse convenables lors de l'interrogation de l'entrepôt. Ceci conduit naturellement à un éclatement des données sur plusieurs tables ainsi que le représente le modèle physique de données (MPD) de la figure 7.2-2 :

- Par exemple pour une gestion des commandes d'ouvrages : nous aurons quatre entités ou tables en l'occurrence : les tables « service, document, commande et ligne_commande »

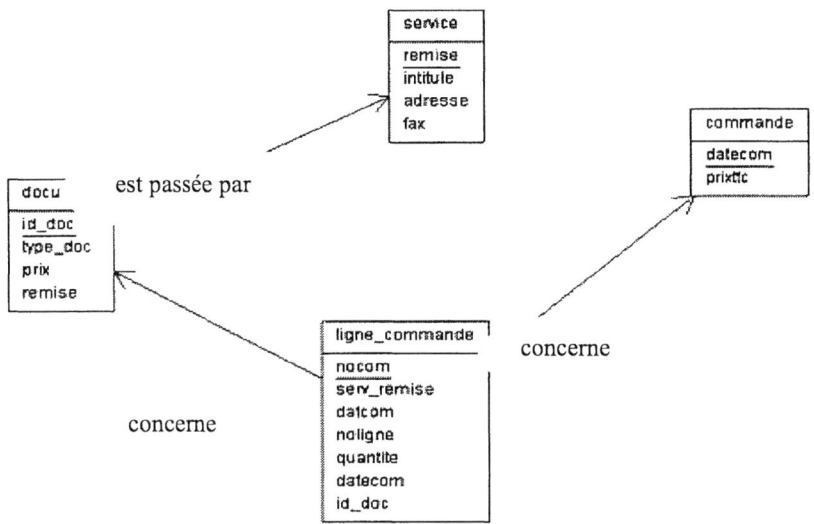

Figure 7.2-2 : Le modèle physique de données d'une gestion de commandes de documents

Or ce genre de structure s'il est parfaitement correct au point de vue théorique pose quelques problèmes lors de son exploitation. Il s'agit en fait du même objet « les commandes d'un service » qui par nécessité de respect de la troisième forme normale est éclaté sur plusieurs tables. Lorsqu'il s'agit de données de production il est indispensable de respecter ces critères sinon très vite la base de donnée, par le biais de redondances, donc d'incohérences futures, sera inconsistante ; autant, dans le cadre de données historisées donc uniquement interrogeables, l'urgence n'est plus à la normalisation mais à l'exploitation facile.

Si on représente à l'aide du modèle relationnel ce type de données cela comporte plusieurs inconvénients : il faut connaître le schéma pour interroger de telles bases, il faut être expert en SQL et pour finir étant donné que les résultats ne sont pas pré agrégés il faudra au moment du lancement de la requête réaliser les calculs. Les temps de réponse seront ainsi très longs. Il a fallu donc proposer d'autres structures.

7.2.2 La modélisation en étoile

A chaque table correspond une dimension ou axe d'analyse. Chaque table de faits rassemble les données se rapportant à chaque dimension, soit ici l'équivalent d'une association « à quatre pattes » au sens de Merise.

Le schéma en étoile représente une table de faits connectée à un ensemble de tables de dimensions. Cette déclinaison nous permet de dessiner la granularité des dimensions : temps, acteur (étudiant), géographie.

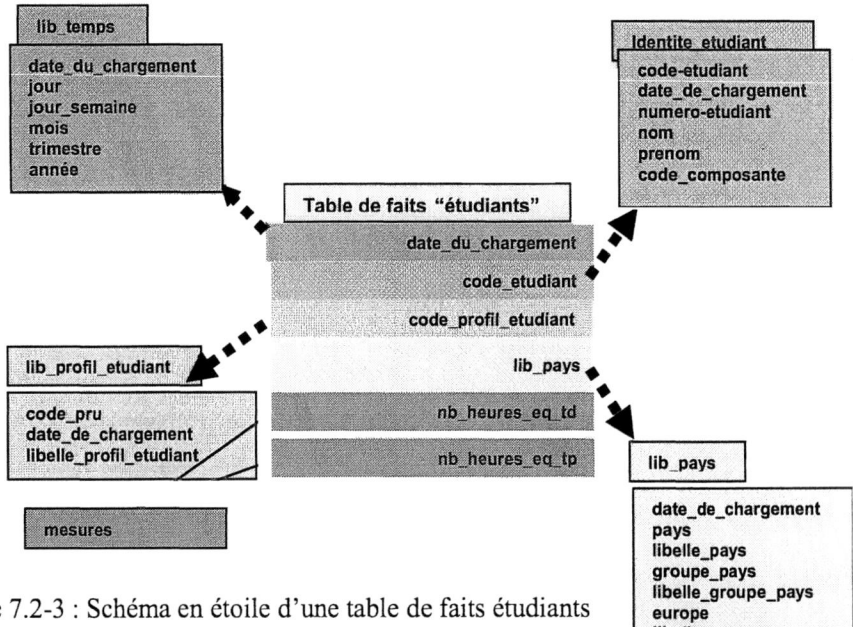

Figure 7.2-3 : Schéma en étoile d'une table de faits étudiants

7.2.3 La modélisation en flocon

Quand cette structure devient trop volumineuse, est préconisée une modélisation en flocon. Les dimensions sont structurées en sous dimensions et, donc, chaque dimension est organisée en hiérarchie de détail. Le schéma en flocon de neige est un raffinement du schéma en étoile où certaines tables de dimensions sont normalisées (donc décomposées). L'un des éléments (composante) de la table acteur (étudiant) est décomposé.

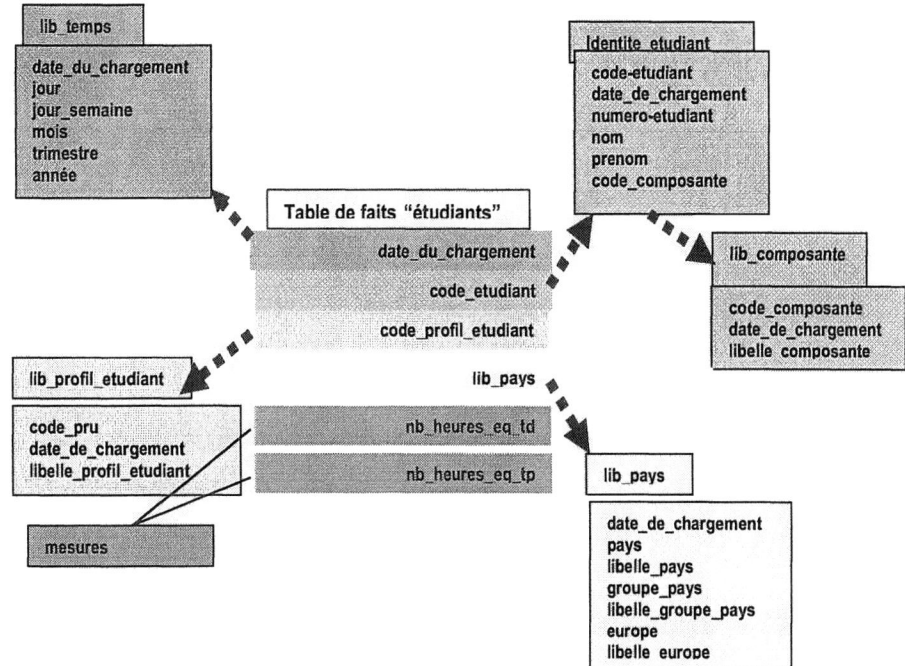

Figure 7.2-4 : Schéma en flocon de neige

7.2.4 La modélisation en constellation de faits

La constellation de faits permet de représenter plusieurs tables de faits partageant quelques tables de dimension. Les tables de faits (étudiants) et (enseignants) peuvent être mises en relation par la dimension temps et géographie.

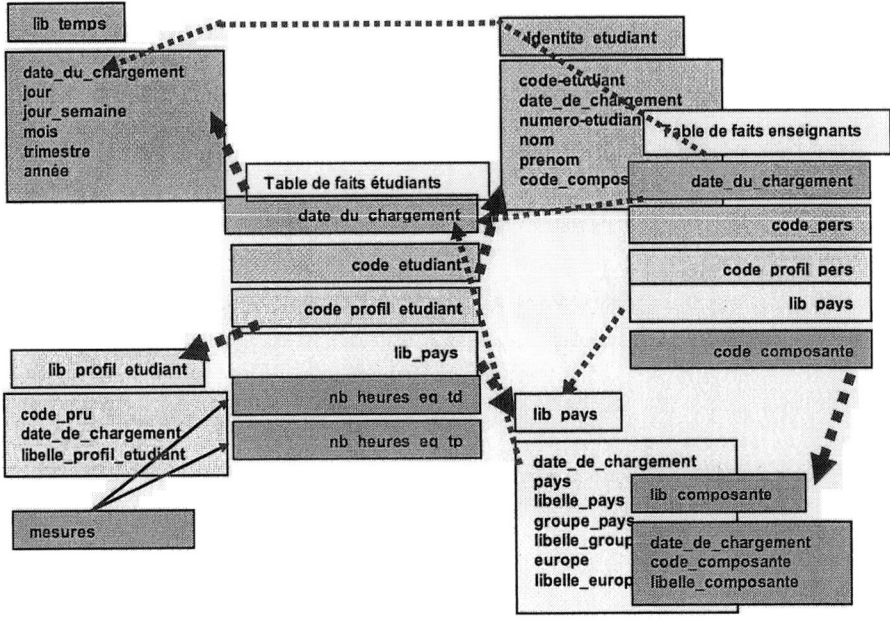

Figure 7.2-5 : Constellation de faits

En fait la structure de l'entrepôt peut, de par l'exploitation que l'on souhaite faire, être fort différente de celle de la base de données de production.

Nous verrons que des données externes peuvent être rajoutées à l'entrepôt. Ceci nous conduit au concept de base de données multidimensionnelle, qui peut être exploitée sous différentes vues.

7.3. Analyse multidimensionnelle

Le tableau de bord fait partie intégrante du management. Le tableau de bord permet une bonne visualisation des processus, du fonctionnement et des actions d'un service. Quelles informations contiennent un tableau de bord ? Dans la définition des critères et indicateurs le constituant, le tableau de bord doit être construit en prenant en compte les objectifs poursuivis et les exigences des utilisateurs. Son intérêt réside dans l'appui qu'il apporte à la prise de décision. Les indicateurs sont généralement placés au croisement d'une ligne et d'une colonne, représentant le croisement de deux entités. Un indicateur est un nombre, une somme, un minimum, ou un maximum, donc toujours un nombre. Cela correspond bien à nos cases de tableau de bord. Voici un exemple d'indicateurs pour quantifier les types d'enseignant selon l'UFR Mathématiques et informatique :

UFR	enseignant du second degré	professeur	non enseignant
Mathématiques et Informatique	Nbre(X)	Nbre(Y)	Nbre(Z)

Figure 7.3-1 : Exemple d'un tableau de bord

D'après le paragraphe 7.2 « *Comment modéliser un entrepôt de données* » une solution consiste à utiliser la modélisation dimensionnelle, qui dérive des concepts des bases de données multidimensionnelles dites OLAP. L'avantage de ce type de modélisation est avant tout d'être indépendant du type de technologie utilisé. Le but de cette méthode est de faire ressortir des besoins en indicateurs de performance sur les données et ainsi de permettre de définir des dimensions (exemple le temps ou le découpage géographique).

Le processus OLAP[118] permet aux décideurs finals, d'avoir accès rapidement et de manière interactive à une information pertinente présentée sous des angles divers et multiples, selon leurs besoins particuliers. Le concept OLAP serait apparu pour la première fois en 1993 dans un livre blanc réalisé par E.F. Codd, l'un des concepteurs des bases de données relationnelles, à la demande d'Arbor Software (Hyperion). Les applications OLAP sont intimement associées aux entrepôts de données ou datawarehouse – c'est-à-dire les bases qui, au sein d'une plate-forme de business intelligence, se chargent de consolider (par le biais d'outils d'intégration de données notamment) l'ensemble des informations métier d'une activité, en vue d'en permettre ensuite l'analyse.

Au sein d'une solution de business intelligence, OLAP fait donc figure de logique applicative, couche prenant en charge requêtes et traitement métier. Les requêtes Structured Query Language (SQL) ne pourraient pas prétendre remplacer OLAP. A l'origine, les premiers outils décisionnels ont cherché à exploiter les possibilités de requêtage des bases relationnelles. Cependant, cette voie a très vite montré ses limites. En effet, les infocentres traditionnels, OnLine Transactional Processing (OLTP) – à 2 dimensions, ne se prêtent guère aux requêtes croisées ou multidimensionnelles. Rappelons que le terme OLAP englobe à la fois les architectures MOLAP[119] et ROLAP[120].

---

[118] OLAP : Online Analytical Processing.
[119] MOLAP : Multidimensional On Line Analytical Processing. Traitement analytique multidimensionnel en ligne. Dans l'univers du datawarehousing, technique de modélisation et de stockage des données consistant notamment à distinguer les faits à analyser (indicateurs, métriques, ...) et les différents axes d'analyse encore appelés «dimensions». Ces structures multidimensionnelles sont appelées également hyper cubes («cubes» à plusieurs dimensions).
[120] ROLAP : Relational On Line Analytical Processing. Traitement analytique relationnel en ligne. Dans l'univers du datawarehousing, technique de modélisation et de stockage des données fondée sur une structure relationnelle.

MOLAP[121] : multidimensionnal OLAP. Ces outils reposent sur une information pré packagée et fortement structurée, La pré agrégation étant systématique les temps de réponse sont très brefs. On dispose de deux fonctions prédéfinies de parcours de données : « drill down[122] » qui permet de faire un zoom sur les données (par exemple analyser le CA à l'année, puis au mois, à la semaine etc.) et « slice and dice » qui permet un changement d'axe (par exemple analyse le CA suivant les différents types de produits après avoir analysé selon l'axe du temps). En revanche le volume des données peut devenir pharaonique (10 giga octets à multiplier par 100 voire 1000 si on veut pré agréger les résultats à tout niveau de dimension), tout besoin doit être pré modélisé (sinon il faudra re-générer l'hypercube) et enfin il faut développer un système en plus du SI classique de l'entreprise et donc disposer de moyens conséquents.

ROLAP[123] : relational OLAP. L'information est dans une base de données relationnelle et à l'aide d'un dictionnaire le système construit une structure logique multidimensionnelle. Le temps de réponse est forcément plus long mais la solution est plus souple.

La solution ROLAP est souvent retenue à ce jour pour des entreprises ne désirant pas investir lourdement dans les SIS.

On peut représenter de façon graphique des informations contenues dans une base de données, sous la forme d'un cube à plusieurs dimensions, lequel cube permet d'analyser ces données sous différents angles, grâce à l'organisation de celles-ci en axes d'analyses et en variables à analyser.

Le but est bien de répondre au mieux aux utilisateurs. Avant de pouvoir personnaliser les réponses du système, il est nécessaire de connaître les besoins des utilisateurs, leurs rôles et leurs comportements. Dans notre optique, le passage d'un SI à un SIS ou SID se fait par l'intégration des comportements des utilisateurs.

7.3.1 Les bases de données multidimensionnelles

Une structure multidimensionnelle caractérise une base de données dédiée au décisionnel stockant les données sous forme d'un tableau multidimensionnel. C'est un moyen d'analyse de la performance selon différents axes qui permet :
- de définir des indicateurs correspondant à des résultats agrégés de différentes manières,

---

[121] MOLAP : Multidimentional On-Line Analytical Processing.
[122] drill down : Forer vers le bas. Aller du général au particulier dans une recherche d'information dans une base de données multidimensionnelle.
[123] ROLAP : Relational On-Line Analytical Processing

- d'associer les indicateurs à des axes ou dimensions d'analyse. On peut ainsi analyser le nombre d'étudiants inscrits par exemple selon le temps, le lieu ou les services,
- de construire des représentations graphiques pertinentes pour aider à la prise de décisions.

Notons que les tableurs permettent de répondre en partie à ces besoins, mais en partie seulement. En effet autant par exemple Excel permet de bonnes représentations graphiques, autant cet outil, d'une part se limite à des tableaux à deux dimensions, d'autre part ne permet que des analyses de données statistiques simples et en aucun cas une fouille de données digne de ce nom. Voyons quelques définitions :

Dimension

Ou axe d'analyse, c'est un centre d'intérêt pour le décideur (ou un indicateur). Par exemple le temps, les lieux ou les services.

Hiérarchie de dimension

Arbre de niveaux intéressant le décideur. Par exemple pour l'axe temps : année, trimestre, mois...

Mesure ou fait

C'est une grandeur caractérisant un domaine de la base de données multidimensionnelle par rapport aux dimensions. Ou encore il s'agit d'une donnée « quantitative » attachée au niveau le plus bas d'une dimension.

Notons que nous parlons bien de donnée quantitative et non qualitative. Les SIS actuels n'intègrent pas ou peu la notion de donnée qualitative telle que « quel domaine de recherche en pointe » sauf au moment du reporting où un outil tel que COGNOS permet de spécifier des intervalles de définition de variable. Ainsi, dans cet exemple, on pourra dire que tel domaine de recherche est en émergence par identification d'un nouveau vocabulaire utilisé au-dessus d'un seuil déterminé. La figure 7.3-2 représente, sur un exemple simple de gestion de services, à la fois la notion de dimensions, celle de hiérarchie de dimension et deux mesures (quantité acquisitions et coût).

TEMPS	SERVICES	LIEU	MESURES
Années	Documentation	Nancy	Qte-acquisee
Mois	Documentation électronique	Epinal	Coût
	Qté consultée		

Figure 7.3-2 : Dimensions et mesures

Notons qu'une hiérarchie de dimension n'est pas forcément aussi simple que le présente cette figure. Il faut le voir plutôt comme une arborescence où seront calculés et stockés les agrégats par rapport aux mesures choisies. Ainsi si nous souhaitions avoir pour chaque site délocalisé les quantités consultées selon l'axe des lieux, il suffirait de rajouter une feuille dans la dimension « lieu » sous « documentation » qui serait « site délocalisé ».

7.3.2 Hypercube

Le lien entre dimension et mesure est réalisé par la notion d'hypercube. Un hypercube est une structure permettant de croiser des dimensions pour stocker des variables. Un hypercube appelé datacube en anglais est un cube multidimensionnel. On peut représenter de façon graphique des informations contenues dans une base de données, sous la forme d'un cube à plusieurs dimensions, lequel cube permet d'analyser ces données sous différents angles, grâce à l'organisation de celles-ci en axes d'analyses et en variables à analyser. Le cube permet de visualiser des mesures extraites d'un data warehouse, selon 3 dimensions dont l'une est souvent le temps, avec possibilité de coupes et projections selon 2 dimensions. La figure 7.3-3 présente un exemple sous les deux formes relationnelles et multidimensionnelles :

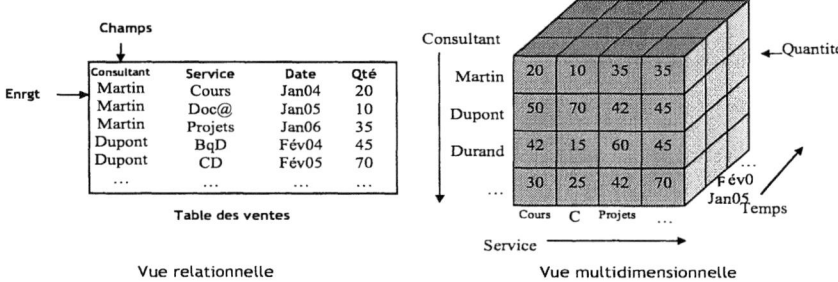

Figure 7.3-3 : Exemple de vision relationnelle et multidimensionnelle d'un hypercube

Lorsqu'une coupe du datacube a été sélectionnée, il est possible de l'étendre en précisant une dimension. Par exemple, un gestionnaire sélectionnera l'année 2004 et désirera étudier l'évolution des étudiants inscrits par mois. Cette opération est appelée « drill down ». L'inverse est le « drill up ».

Le cube multidimensionnel propose une présentation synthétique des données permettant rapidement d'obtenir des courbes, camemberts, etc. Il facilite la sélection selon un axe, le passage à un niveau plus fin de détails, et les calculs d'agrégation (somme, moyenne, écart, min, max). Le choix d'une structure de données adaptée pour stocker le cube et ses agrégats reste un problème ouvert. Il serait notamment souhaitable d'éviter les recalculs coûteux d'agrégats en concrétisant des vues appropriées.

La plupart du temps les SGBD sous jacents à ce types d'outils étant relationnels, il faudra bien prévoir une implantation de ce type. Cependant quels sont les avantages d'une modélisation multidimensionnelle quelle que soit la représentation physique ultérieure ?

Si la structure de l'entrepôt est relationnelle comme nous l'avons déjà dit, alors il faut à la fois être expert sur le schéma de l'entrepôt mais aussi être expert en SQL. D'autre part aucun résultat n'est pré calculé, ce que nous avons appelé les « agrégats ». Il s'en suit un temps de réponse aux interrogations sur l'entrepôt qui peut se révéler rédhibitoire. Le recours aux bases métiers ou datamarts permettent d'améliorer l'analyse multidimensionnelle.

7.4. Construction des référentiels lors de l'alimentation d'un data warehouse

7.4.1 Les composants d'un système décisionnel (SIS)

Il se compose d'un data warehouse, de bases de données multidimensionnelles ou hypercubes et d'un ensemble d'outils permettant l'alimentation du data warehouse, son interrogation et la production de rapports, l'extraction intelligente des données par techniques de data mining enfin l'analyse décisionnelle pour réaliser le pilotage de l'organisation.

Alimenter un data warehouse consiste à migrer et à préparer les données issues des bases de données de production en vue de leur analyse dans un environnement décisionnel. Les outils d'alimentation ou ETL[124] extraient, transforment, vérifient les données issues des bases de production et les stockent dans le data warehouse tout en construisant le dictionnaire de données ou référentiel ou encore l'ensemble des métas données. La figure 7.4-1 montre les différentes étapes de l'alimentation d'un data warehouse. Il s'agit de rechercher et d'identifier des données et de contrôler leur qualité. La découverte se résume par l'extraction des données, la transformation et l'épuration des données, le transfert et le chargement des données.

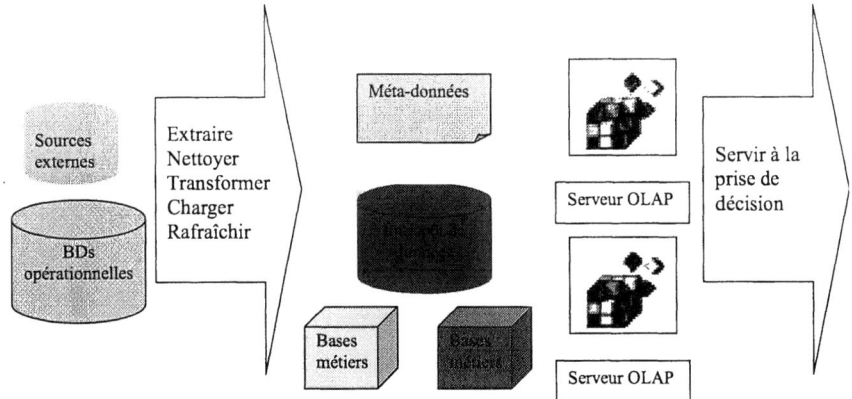

Figure 7.4-1 : Système d'alimentation d'un data warehouse

---

[124] ETL : Extract-Transform-Load

La découverte des données permet d'élire les meilleurs fichiers, sachant que souvent les données pour une même classe d'objets (par exemple les utilisateurs) peuvent être réparties de façon redondante ou disjointe sur différents fichiers ou tables. C'est ce que l'on appelle en base de données la fusion des vues externes sur les données.

Il faut bien sûr en vérifier la qualité et découvrir les informations sur les données à stocker dans le référentiel. Ceci est tout à fait analogue à ce que construit en termes de dictionnaire de données (DD) l'outil Power AMC lorsque l'utilisateur décrit un modèle conceptuel de données (MCD) Merise. En effet cet outil construit automatiquement un référentiel qui contient la liste des entités et des associations ainsi que leurs propriétés. Ce dictionnaire de données peut être complété ensuite par l'utilisateur afin de lui donner un réel caractère de référentiel de l'application. C'est ce que l'on appelle les métas données ou encore données sur les données dans un entrepôt. Les métas données sont construites au fur et à mesure et en accord avec les données de l'entrepôt. L'entrepôt donne naissance à des vues (bases) métiers ou data marts qui représentent les données destinées à une fonction particulière de l'institution.

Par différentes techniques et en particulier de data mining peuvent être construites les bases de données multidimensionnelles ou hypercubes ou encore classiquement nommées comme ici des bases OLAP (pour On Line Analatycal Processing). Différents types d'outils reposant sur du data mining permettent une extraction de données et leur présentation dans des rapports. Le data mining permet de découvrir des connaissances fort utiles à la prise de décision.

7.4.2 Définition de la fouille de données

La fouille de données ou le data mining [GARADARIN, 2005] est l'ensemble des techniques permettant d'extraire des informations d'une base de données historiées par raisonnement statistique afin de décrire le comportement actuel et / ou de prédire le comportement futur d'un procédé.

Un SIS permettant la fouille de données est en fait pour nous l'ensemble des outils ayant pour objet d'extraire des connaissances à partir des données de l'entreprise ou de l'institution. Ils sont destinés aux décideurs et utilisateurs métiers.

- Cela permet par exemple de dégager des profils des utilisateurs et de leurs besoins types afin de prévoir les services à mettre à leur disposition. Il s'agit d'anticiper le comportement des utilisateurs et de prévoir les besoins futurs.

Cette définition repose sur le concept de différentiation donnée / connaissance. Une donnée décrit des exemples ou des événements précis (exemple le détail des sessions des utilisateurs). La connaissance décrit une catégorie abstraite (classification des services d'où déduction des activités).

Les outils de découverte de connaissance ou Data Mining

Ces outils permettent de découvrir automatiquement des faits et données pertinents. Ils interviennent à deux niveaux de filtrage. D'une part en amont pour construire l'entrepôt à partir des différentes sources de données. En aval pour construire les bases métiers en fonction du modèle dont on dispose sur l'acteur et son métier.

Les outils traitent le décisionnel d'une manière générale, alliant la préparation et l'attaque des sources de données avec des fonctions de reporting et de Data Mining. Les outils d'exploitation d'un data warehouse peuvent être classés en deux catégories :
- outils d'aide à la décision, permettant d'interroger et d'analyser l'évolution des données,
- outils de data mining, permettant de comprendre les relations entre les données.

7.4.3 Le référentiel ou métas données

Nous l'avons dit un data warehouse repose sur un dictionnaire de données particulier : le référentiel de métas données.

Les métas données

Les métas données sont des informations sur les données indispensables à une exploitation efficace d'un data warehouse. Parallèlement à Power AMC, un SGBDr tel que Sybase construit un ensemble de tables systèmes qui contiennent, aussi bien la description de l'implantation des schémas conceptuels (liste des tables avec leurs champs et caractéristiques), que des informations sur les utilisateurs et leurs droits d'accès, et, même, stocke du code Transact SQL comme la définition des règles (rules[125] ou contraintes d'intégrité) et des triggers[126] ainsi que des événements déclencheurs. Les métas données peuvent être de différents types :
- Les métas données des systèmes sources donnent les informations sur les structures de données initiales des bases de données de production,
- Les métas données du SGBD (ou des SGBD) qui sont en fait les tables systèmes décrites ci dessus,
- Les métas données des outils frontaux, c'est-à-dire en fait des interfaces utilisateurs,
- Enfin les métas données des données de l'entrepôt.
- Nous nous focaliserons ici sur ces dernières.

---

[125] rules : règles
[126] triggers : déclenchements

- Ces métas données permettent de répondre aux questions suivantes :
- Que représente cette donnée ou encore quelle est sa *sémantique* ? par exemple que représente le budget d'un service, ou même qu'est-ce un service pour l'université ?
- D'où vient la donnée ? Qui l'a créée, qui la met à jour ou encore quelle est son *origine* ?
- Comment est-elle calculée ? Ou encore quelle est sa *règle de calcul ou de gestion* ? par exemple comment sont calculées les recettes d'un service ?
- Quel est son *format* ou encore son mode de stockage ? Par exemple avec quelle unité calcule-t-on le budget ? En francs, euros, dollars ?
- Avec quelle fréquence est-elle mise à jour ou encore quelle en est son *utilisation*? et par quel(s) programme(s) ?
- Enfin qui est responsable de cette donnée ou encore qui en est son *administrateur*? C'est évidemment fondamental dans le cas d'une conception de data warehouse multi sources. Remarquons que cette fonction d'administrateur de données fondamental pour les bases de données de production l'est peut être encore plus ici. Une nouvelle fonction est née pour les systèmes décisionnels : la fonction de « *data provider*[127] » qui recouvre l'administration mais aussi la production des données sous forme de rapports.

La figure 7.4-2 exprime le rôle des métas données dans un entrepôt et leurs caractéristiques. Les métas données se doivent d'être accessibles y compris au travers d'interfaces web, évolutives et réactives. Et c'est l'outil sous jacent au référentiel qui doit le permettre.

---

[127] data provider : fournisseur de données

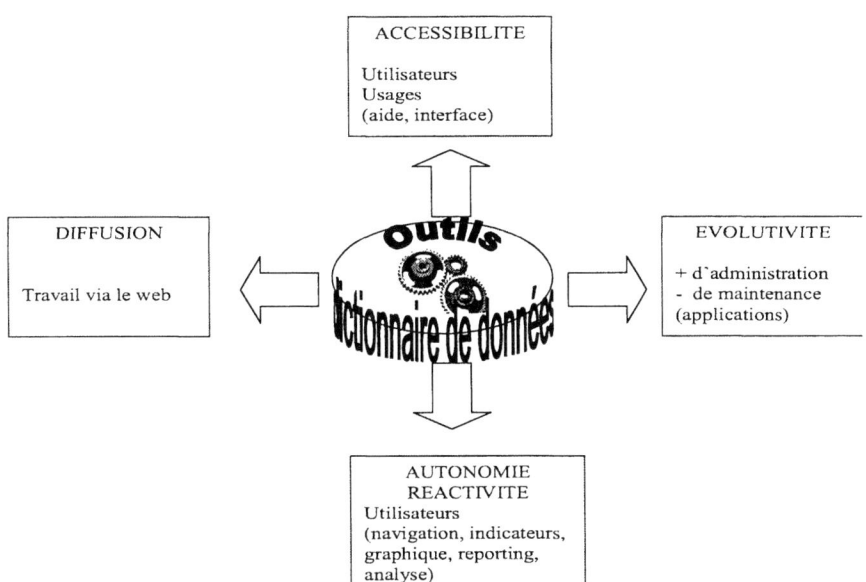

Figure 7.4-2 : Caractéristiques des métas données

En fait il y a deux types principaux de métas données représentés sur la figure 7.4-3 pour un data warehouse : des métas données structurelles écrivent la structure et le contenu de l'entrepôt (son schéma conceptuel) et des métas données d'accessibilité qui représentent le lien dynamique entre l'entrepôt et les utilisateurs. Dans les référentiels actuels ce sont surtout les métas données d'accessibilité qui sont détaillées, les métas données structurelles ayant fait l'objet de nombreuses recherches [POTTIER, 2002].

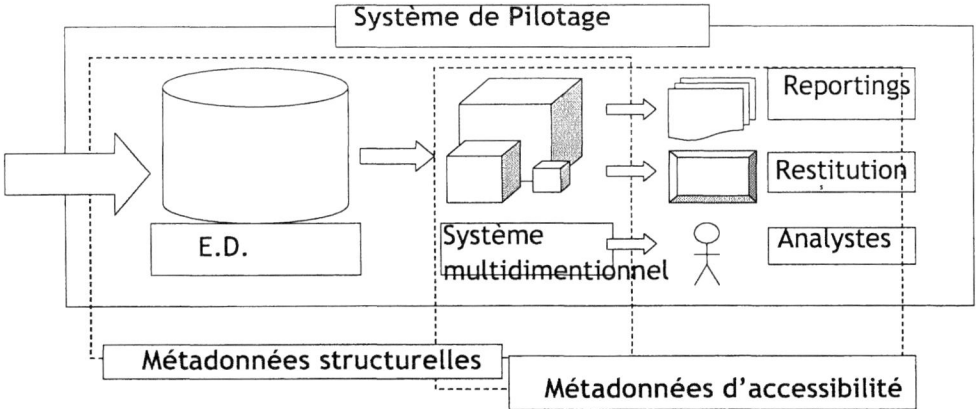

Figure 7.4-3 : Typologie des métas données d'un entrepôt

Le référentiel

Un référentiel de *bases de données* est un ensemble valide et cohérent de modèles permettant d'en garantir la cohérence horizontale (c'est à dire sur l'ensemble des applications) et verticale (c'est à dire sur les trois niveaux de conception habituellement admis : conceptuel, logique et physique).

Un référentiel de *data warehouse* est un référentiel de *base de données* gérant aussi les liens avec les bases de données de production et les règles explicitant l'agrégation et l'historisation des données. Il complète en fait les référentiels des bases de données de production ou des différentes sources de données. Il doit assurer, en regard à ce qui a été dit sur la nécessité de disposer de données de qualité et par extension de métas données de qualité :

- La fiabilité de l'information,
- La cohérence et l'indépendance des données par rapport aux différentes sources de données,
- La consolidation de l'information. C'est à dire en définir le périmètre. Par exemple définir ce que l'on entend par services dans les universités et leurs sites. Ce type d'information est fondamental car il va conduire aux critères d'agrégation des données,
- La gestion des historiques, idem cela va donner des indications d'agrégation des données et des résultats calculés,
- La gestion de la réplication et de la distribution. La réplication est une redondance calculée ou connue.
- Exploration de données

7.5. Les outils

Nous abordons les outils d'interrogation et de reporting, les outils d'analyse ou EIS et les outils de fouille de données.

Les outils d'interrogation et de reporting

Ces outils permettent une recherche d'information dans des bases de données diverses et pas forcément d'ailleurs un entrepôt. Ils reposent sur l'utilisation d'objets métiers conçus pour et avec l'aide des utilisateurs finals. Un exemple : objet métier commande qui comprendra les informations sur la commande et ses lignes bien sûr mais aussi des informations sur le client et le produit. L'accès se fait à travers une interface conviviale. L'objectif est de permettre l'accès au SIS à tous les acteurs, décideurs, concepteurs et chefs de projet informatique et aussi utilisateurs lambda.

Les outils d'analyse ou EIS

Un EIS[128] est un logiciel permettant la construction interactive et progressive de tableaux de bord pour décideurs à partir d'une vue multidimensionnelle des données stockées dans un hypercube. Un tableau de bord est un ensemble d'indicateurs ou encore un tableau de synthèse qui représente une situation d'Organisation à un instant donné. Avant les EIS les tableurs tels qu'Excel jouaient ce rôle d'aide à la décision par les rapports que l'on pouvait en tirer. Il faut que ce type d'outil ne nécessite aucun apprentissage de langage de programmation.

Les problèmes traités par la fouille de données

Nous prenons des exemples dans le secteur universitaire. Quatre grandes classes de problèmes sont abordées par ces techniques de la fouille de données comme l'expliquent [BAZSALICZA et NAIM, 2001] ; [LEFEBURE et VENTURI, 2001] :

- Segmentation : segmenter le comportement des lecteurs par exemple. Il s'agit de déterminer les grandes classes de comportement d'emprunt et de rechercher des groupes homogènes dans un ensemble d'individus.
- Association : relier les préférences des utilisateurs d'un centre de documentation entre elles. Par exemple une règle classique de déduction est « si utilisation de salle informatique alors emprunt livre d'informatique », et donc il serait bon de disposer le rayon des livres informatiques à proximité de la salle multimédia.
- Classification : relier les caractéristiques d'un utilisateur à son comportement d'utilisation des services. Il s'agit de prévoir une caractéristique d'un individu à partir des caractéristiques du groupe auquel il appartient.
- Estimation : évaluer les besoins d'un utilisateur en fonction de ses caractéristiques.

En résumé la fouille de données c'est, dans le cadre d'une mission donnée, analyser les données détaillées pertinentes dont on dispose pour en déduire les actions les plus rationnelles, cela pour limiter les prises de risque, favoriser l'anticipation et faire preuve de réactivité.

7.5.1 Les solutions commerciales

Les outils décisionnels doivent faciliter l'interrogation des données de l'entrepôt à partir d'un poste client. Des guides et aides à la formulation des requêtes sont là souhaitables. L'analyse des résultats des requêtes doit pouvoir être effectuée dans les termes familiers à l'utilisateur final. A partir d'interfaces

---

[128] EIS : Executive Information System

graphiques d'usage simple, il faut être capable de générer des analyses multidimensionnelles et des rapports illustrés de graphiques. Ces rapports doivent pouvoir être intégrés dans des documents. Il existe de nombreux produits pour l'analyse interactive de données utilisables autour des entrepôts. Ils concernent différents secteurs. Nous proposons ici un inventaire valable à un instant t et vite obsolète compte tenu de l'évolution des produits. Citons par exemple :

- Actuate, éditeur leader de solutions de reporting d'entreprise,
- Informatica, principal fournisseur de solutions d'intégration de données et de business intelligence,
- Express racheté par Oracle,
- MetaCube racheté par Informix,
- Des logiciels dérivés des grands SGBD relationnels et destinés au data warehouse : EXPRESS (Oracle), IQ (Sybase),
- Des logiciels dérivés des logiciels statistiques : SAS et son outil sophistiqué de data mining Enterprise Miner,
- Des logiciels du monde Microsoft très ouvert : Business Object, Cognos, Hyperion (racheté par Microsoft),
- Plus nouveau : les ERP[129] intégrant un module AID,
- Suites orientées Business Intelligence et Knowledge Management : Sagent, Showcase, Volantia, DB2 OLAP, Olap Cube, SQL Server OLAP, Impromptu, PowerPlay, Brio, Cognos ou Teradata.

7.5.2 Les solutions alternatives

L'émergence [LE CANNELLIER, 2006] des plates-formes décisionnelles open source est une tendance forte. En 2002-2003 le « Décisionnel Open Source » est quasi inexistant. Le lancement des grands projets date de 2003-2004. Nous assistons à la création de sociétés et à la consolidation des projets en 2005 comme :

- Le rapprochement Actuate / Eclipse pour BIRT,
- Le lancement du BI stack Bizgres Clickstream,
- Le lancement de Pentaho, SpagoBI, Talend, ...
- Une maturation en un temps inégalé dans tout autre champ de l'Open Source

La mise en production dès 2006 des solutions alternative est une certitude. A titre d'exemple, citons :

---

[129] ERP : Entreprise Resource Planning

- Serveur de Rapport : Birt, JasperReports, JReport, Open Reports
- Serveur d'analyse : Mondrian, JPivot, Bee Project, Palo
- Requêteur : Maccess, Mysqlquery browser
- ETL : Enhydra, Octopus
- EAI : OpenAdaptor
- Datamart : Mysql, PostgreSQL
- Datawarehouse : BizGres

Les annexes de la thèse de [PEGUIRON, 2006] détaillent les solutions commerciales et alternatives. En 2007 la société Smile [SMILE, 2007] met en ligne un livre blanc sur les outils décisionnels qui témoignent des opportunités émergentes autour des produits en open source. Ces deux documents servent d'appui à [GABRIELet OHAYON, 2007] pour mener une comparaison entre différentes solutions et proposent des résultats tout à fait intéressants à prendre en compte pour découvrir le produit le mieux adapté selon les besoins exprimés.

Ce chapitre consacré à l'entrepôt de données au service de notre expérimentation montre l'intérêt à envisager un SIS reposant sur un entrepôt. Un data warehouse intègre à la fois les données de production historisées et des données externes. Ces données sont fiables puisqu'elles ont été contrôlées. Les outils sous jacents aux SIS permettent ainsi d'accéder facilement aux données, de façon conviviale et flexible. Ils aident à la prise de décision de façon indéniable et reconnue.

Nous avons pris connaissance de nombreux outils qui correspondent principalement aux différents maillons de l'alimentation de l'entrepôt de données, ainsi que des outils d'analyse et de reporting. Nous constatons que les différents services de l'université disposent essentiellement d'infocentres plutôt que de réels systèmes orientés vers la prise de décision. Même si dans les services publics de l'université, certains acteurs font de l'intelligence économique sans le savoir, il n'y a aucun service identifié comme tel dans l'université. C'est pourquoi nous orienterons notre expérimentation dans un contexte global à l'université.

Le chapitre qui suit est le lieu de l'expérimentation de nos idées apportées à un niveau théorique. Notre domaine de recherche relève de l'Information Scientifique et Technique et des Sciences de l'Information et de la Communication et pour les applications relève de l'Informatique. Les derniers chapitres prennent une dimension de convergence pour mettre en regard nos concepts développés, appartenant aux IST, aux SIC, et les outils d'un système d'information, empruntés à l'Informatique, pour aboutir à une vérification, une rectification et une réalisation pratique en guise de « preuve ».

Chapitre 8 RUBI^3 ⇔ RUBICUBE

8.1. Comment mettre en relation acteurs et ressources électroniques ?

Pour modéliser les ressources électroniques nous sommes partis des normes et des standards que nous avons enrichis pour être en mesure de proposer des classes d'objets. Le paragraphe 7.4. « Construction des référentiels lors de l'alimentation d'un data warehouse » fait clairement ressortir l'intérêt des dictionnaires de données. Nous nous appuyons sur les référentiels proposés par le Schéma directeur des espaces numériques de travail [SCHEMA, 2004], Ministère de la jeunesse, de l'éducation nationale, et de la recherche pour élaborer des classes d'objet autour des acteurs.

Concentrons-nous sur l'acteur « *étudiant* ». L'univers étudiant est représenté par les classes suivantes : **individu**, inscription pédagog. étape, inscription admin. annuelle, inscription admin. étape résultats aux éléments, résultats aux étapes, **résultats aux diplômes**, stages, troisième cycle, couverture sociale, cursus pré-universitaire, **diplôme**, diplôme autre cursus, **cursus**, blocage, indicateurs. Chaque classe comporte des objets. Notre but est d'améliorer l'information proposée à l'utilisateur. Nos trois classes d'objets sélectionnées : « *diplômes* », « *individu* », « *cursus* » doivent nous permettre, par exemple d'aider l'acteur étudiant à améliorer ses connaissances autour d'une discipline.

Pour l'acteur étudiant, choisissons la classe « *individu* », qui permet de tirer parti des données existant dans les champs ou dans les vues partielles, en vue de les réutiliser pour lui permettre d'améliorer ses recherches. Le développement de la classe individu pour l'acteur étudiant fait apparaître des données propres à l'identification de l'étudiant, sa localisation géographique, son niveau d'étude, son login, son historisation d'inscription dans l'établissement. Avant de poursuivre sur la modélisation d'une composante, présentons et développons la classe « diplôme » formée d'U.E. (unités d'enseignement) :

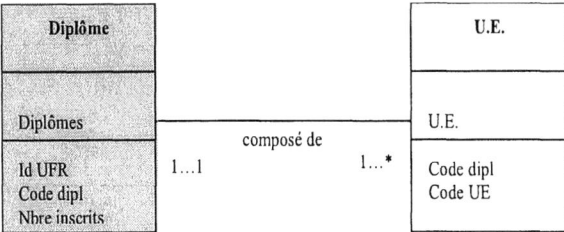

Figure 8.1-1 : Classe diplôme

En développant la classe cursus de la Figure 8.1-1, les objets autour du diplôme nous renseignent sur les modules. Sur ce principe on peut analyser une composante pour observer les diplômes qu'elle propose puis développer le contenu des U.E. La modélisation des types d'acteurs a permis de modéliser l'acteur étudiant, de développer les classes « *individu* » et « *diplôme* ». Les attributs et les valeurs donnent des données chiffrées comme, le nombre d'étudiants pour une discipline.

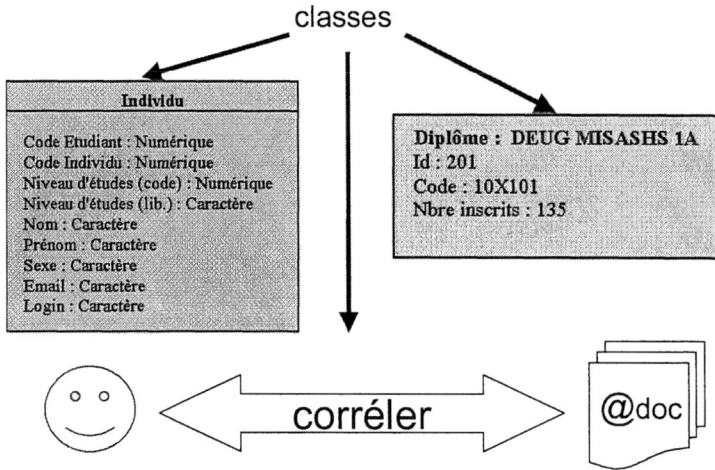

Figure 8.1-2 : Modélisation de l'acteur T : étudiant

Ils permettent de mettre en valeur des notions en procédant par des calculs par association : comme cerner les compétences d'un étudiant autour d'un domaine, repérer les étudiants à devoir repasser les examens de rattrapages ou de calculer le nombre de redoublants. Cette étape met en relief les éléments qui nous permettent de corréler acteurs et ressources documentaires. Comment ? En analysant de près la Figure 8.1-1 et la Figure 8.1-2 les classes **individu**, **réussite aux diplômes**, **stage** et **ressources d'information** permettent : de proposer des ressources par rapport aux diplômes suivis, d'historiser le parcours en mettant en valeur les différentes étapes, de catégoriser les acquis comme compétence, notamment en procédant à des calculs par association des attributs et des valeurs.

8.2. Mise en relation du modèle des ressources documentaires et du modèle des acteurs

Pour expliciter la mise en relation des ressources documentaires et des acteurs, imaginons un enseignant qui doit concevoir une même formation à deux publics d'étudiants appartenant à des UFR différentes et un étudiant amené à améliorer ses compétences autour de modules.

Prise en compte du contexte des utilisateurs

D'un côté par l'appui des normes et standards nous avons élaboré des classes d'objet pour les ressources documentaires. D'un autre côté nous sommes à même d'élaborer des classes d'objet autour des acteurs. Nous répartissons ces

classes d'objets autour de quatre pôles qui prennent en compte le contexte de l'utilisateur :
- Propriétés de la ressource : fonction pédagogique, format, forme, phase de conception, identifiant,
- Identification des besoins des utilisateurs auxquels répond un document : ressource, objet à définir, public concerné, principes d'apprentissage, type,
- Données de description relatives au contexte : scénarios pédagogiques, titre, mots-clés,
- Ressources documentaires autour d'un module : module, activités, experts, densité sémantique, couverture.
- La Figure 8.2-1 représente le cœur de la mise en relation acteurs et ressources électroniques :

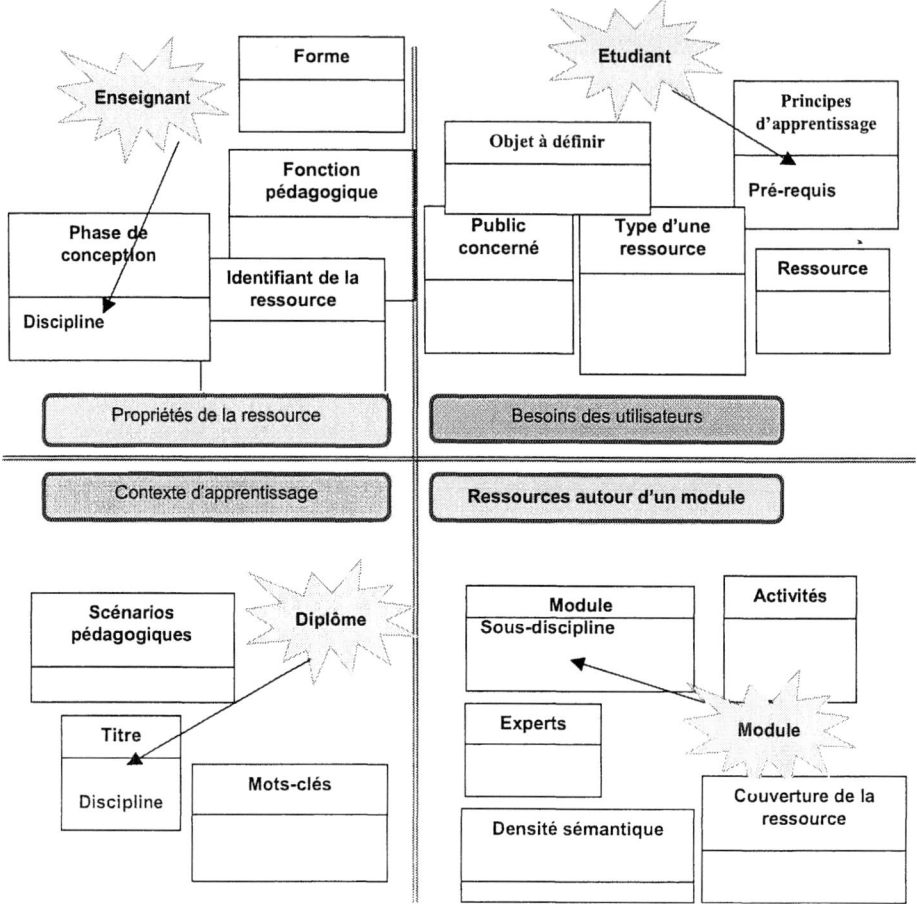

Figure 8.2-1 : Prise en compte du contexte des utilisateurs

Nous tirons parti des principes de la table en constellation de faits exposé dans l'état de l'art autour de l'entrepôt de données. Au niveau du pôle « propriétés de la ressource », nous ajoutons la table de faits « **enseignant** ». Nous ajoutons la table de faits des étudiants « **individu** » au pôle « identification des besoins des utilisateurs auxquels répond un document ». Nous ajoutons la classe « **diplôme** » au pôle « données de description relatives au contexte ». L'élément « **unité d'enseignement** » est placé dans le pôle « ressources documentaires autour d'un module ». La Figure 8.2-1 illustre la mise en relation des classes d'objets propres aux acteurs et des classes d'objets propres aux documents.

Notre exemple permet de mettre en relation l'enseignant créateur d'une ressource à l'attention de l'étudiant. La table de faits « enseignant » renseigne sur la *composante* de l'enseignant ainsi que sur la *discipline* concernée par le document. On retrouve la *composante* dans la table de faits « étudiant ». La table de faits « étudiant » indique le *niveau d'étude* de l'apprenant. L'élément *niveau d'étude* de l'étudiant peut être mis en correspondance avec les *pré-requis* nécessaires de l'apprenant, pour aborder une ressource documentaire. La description de la *discipline* du document, permet une mise en relation avec le *diplôme* poursuivi de l'étudiant. La description de l'*unité d'enseignement* favorise une mise en relation avec les ressources documentaires autour de *modules* spécifiques.

Ce cheminement théorique met en évidence que nous disposons de données descriptives sur les acteurs et les ressources. Ces données descriptives constituent des métas données. C'est bien par l'intermédiaire de ces métas données que nous pouvons favoriser un modèle d'intégration au sein d'un entrepôt de ressources à la destination d'acteurs identifiés. Nous venons de montrer que par l'intermédiaire d'un entrepôt de données il est possible d'agréger à une ressource documentaire un profil utilisateur.

Ce raisonnement ne fut pas simple à concevoir, à cause des recherches actuelles qui tournent autour des moteurs de recherche fédérée où l'acteur est dans une situation de « Pull » lorsqu'il pose une question à l'aide de mots clés. Les difficultés à réfléchir sont également venues du procédé même de la syndication de contenu où l'acteur dans un espace numérique de travail peut choisir des portlets pour enrichir son environnement de travail. Il a fallu pour cela conceptuellement s'inscrire dans une situation de « Push » où un certain nombre d'information doit être à la disposition de l'acteur à une certaine période dès qu'il s'identifie. Ce processus d'anticipation vient compléter et non se substituer à l'environnement proposé lorsque l'acteur interroge le système d'information après authentification. La finesse d'élaboration des métas données autour des ressources documentaires, financières, réglementaires, administratives ou pédagogiques et des acteurs avec la prise en compte de leur contexte permet un environnement adapté en fonction des besoins de l'utilisateur. En fonction de son rôle, l'utilisateur pourra visualiser des niveaux d'information. Un étudiant de première année dès qu'il se connecte sur le système n'a pas besoin dans son environnement de voir des bases de connaissances autour des thèses. Un enseignant appréciera de voir des données statistiques relatives à la consultation de ses cours. Les responsables du développement de l'ENT souhaitent être en mesure d'analyser la consultation des services qu'ils déploient. Un thésard peut-être amené à faire de la fouille de données pour débuter son état de l'art !

L'entrepôt de données permet de rendre « intelligente » des données et c'est en cela qu'elles deviennent des informations stratégiques. Il s'agit d'offrir des vues orientées acteurs. Nous montrons comment il est possible d'améliorer la représentation des utilisateurs pour la fabrication des bases métiers et aboutir à un modèle formel, nommé RUBI[3,] qui signifie {Représentation des Utilisateurs et de leurs Besoins en Information lors de l'Interrogation après Identification}.

RUBI³ permet de donner des vues différentes du Système d'Information Stratégique aux différents acteurs. L'idée est d'intégrer le modèle de l'acteur parmi les métas données de l'entrepôt et donc de construire les bases métiers automatiquement selon le profil de la personne à laquelle il est destiné. La prise en compte de RUBI³ pour la réalisation du profil utilisateur va de paire avec la construction de l'entrepôt de données dont nous résumons les différentes étapes qui nous intéressent par l'acronyme RUBICUBE qui signifie {Récupération, Utilisateur, Besoins, Identification, Classification, Usinage, Bases métiers, Enrichissement}. La symbolique de l'image fractale qui transparaît au travers de cet acronyme permet de renforcer l'idée de l'imbrication entre entrepôt de données et utilisateur dès la conception ou l'amélioration du système d'information.

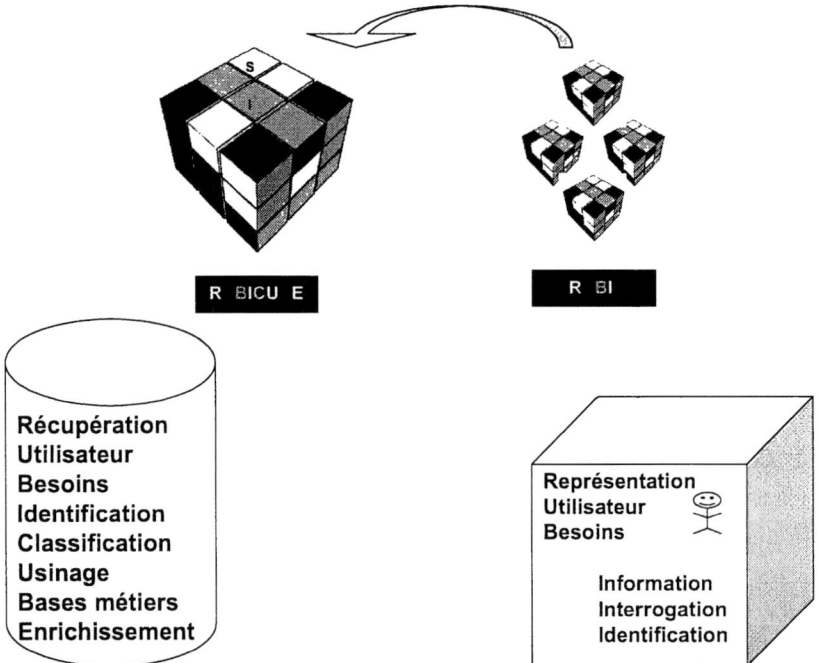

Figure 8.2-2 : Imbrication de RUBI³ et RUBICUBE

Nous allons par une expérimentation tirer parti de ce modèle. Nous verrons comment cette expérimentation en deux phases permet d'affiner le modèle. Pour mener à bien notre expérimentation nous utiliserons la suite Cognos qui appartient à la gamme des produits payants puis aborderons un produit alternatif qui sera exploité pour notre application.

8.2.1 Phase 1 : expérimentation 2005 avec un produit commercial – COGNOS

Comment avons-nous travaillé ?

En 2004-2005, par l'intermédiaire de la directrice des moyens informatiques de l'Université Nancy 2, nous avons récupéré des données d'Apogee concernant les étudiants inscrits au Pôle Lorrain de Gestion de l'Université Nancy 2 et plus spécifiquement pour l'UFR MI. Chaque année, des informations sous forme de maquette Excel parviennent à l'UFR MI. Ces informations correspondent aux interventions que l'UFR MI exerce pour les onze diplômes assurés par elle. Suite à la première étape du processus de modélisation de l'utilisateur nous avons communiqué la représentation de l'utilisateur RU = (T, B, F, A) à deux étudiants du DESS ACSI avec qui nous avons travaillé en collaboration pour expérimenter notre représentation de l'utilisateur. A partir des maquettes d'enseignements et diplômes de l'UFR MI, nous leur avons demandé d'exploiter les informations contenues dans les maquettes Excel sous différents points de vue en tenant compte de la représentation de l'utilisateur :

- point de vue de la directrice qui s'intéresse plus particulièrement à la charge en heures équivalents TD par étudiant,
- point de vue de l'université qui s'intéresse surtout au coût d'un diplôme,
- point de vue d'un étudiant qui cherche surtout à savoir quelle est sa charge horaire de travail,
- point de vue d'un enseignant de l'UFR MI qui cherche à se renseigner sur le nombre d'heures qu'il doit exercer dans les diplômes de l'UFR MI.

Le projet consiste à construire un hypercube à partir des maquettes Excel fournies par l'UFR MI en tenant compte des différents acteurs (étudiant, enseignant, directrice de l'UFR MI et l'Université). Il faut créer un hypercube pour chaque acteur puisque les informations nécessaires ainsi que les mesures vont être différentes. Ces hypercubes sont exploités par la création des rapports qui répondent aux différentes questions que se posent les acteurs.

Nous nous appuyons d'une part sur le processus de modélisation de l'utilisateur et sur le processus de modélisation de création d'un entrepôt de données pour la réalisation de ce projet. En possession de la licence Cognos, nous orientons notre choix sur ce logiciel pour la phase I de l'expérimentation.

Bilan de la phase I de l'expérimentation

La première phase d'expérimentation sur la gestion des maquettes d'enseignement et diplômes de l'UFR a permis de travailler sur un véritable cas concret de réalisation d'hypercubes avec les sources de difficultés non seulement techniques mais aussi organisationnelles que cela implique. Nous avons montré comment, à partir d'une même source de données, créer plusieurs cubes distincts en fonction des acteurs prédéfinis et de leurs besoins pour ne prendre que les informations essentielles.

Nous avons pu constater les difficultés rencontrées à la collecte de données que ce soit au niveau temps, au niveau format ou au niveau pertinence. Ainsi, la constitution d'un entrepôt de données, qui constitue le socle de la réalisation de l'expérimentation, prend un temps considérable. Le point fort de Transformer est qu'il est puissant et facilement utilisable pour la création d'hypercube à partir d'interrogations Access. Mais ça n'est vraiment pas le cas pour d'autres formats de données comme Excel où la démarche à suivre est plutôt floue. Nous avons choisi par commodité un passage des fichiers Excel sur une base Access qui est plutôt aisé lorsque les fichiers sont correctement formatés : mais cela implique d'avoir déjà une idée préalable sur la nature des données.

Transformer, malgré une proposition automatique de cube en général fausse, permet facilement de créer de nouvelles mesures et d'avoir une vue simple des dimensions. Un de ces inconvénients est qu'il a toujours tendance à effectuer des sommes pour les mesures (choix par défaut) : ce qui peut créer des surprises et des informations farfelues.

PowerPlay est vraiment facile d'utilisation et permet aisément de jongler entre les dimensions, mesures ou couches. Les ennuis se situent au niveau des colonnes récapitulatives et l'absence de lien entre les dimensions, ce qui fait que nous nous sommes souvent retrouvés avec de nombreuses colonnes ou lignes à valeur nulle donc non nécessaires. Il serait intéressant de voir comment pallier à ce problème car en cas de très grand nombre, le masquage manuel devant s'appliquer au cas par cas s'avère fastidieux.

8.2.2 Phase 2 : expérimentation 2005/2006 avec un produit commercial – COGNOS

La présente expérimentation a été réalisée avec l'aide de trois étudiants [CHAIX et VELY et VISE, 2006] dans le cadre de leur Master Miage spécialité Audit et Conception des Systèmes d'Information (ACSI) pour leur projet d'application 2005-2006. La réalisation de ce projet permet par une réalisation pratique la mise en œuvre des idées que nous développons.

Comment avons-nous travaillé ?

Nous avons là encore respecté les voies protocolaires pour obtenir les données dont nous avions besoin auprès du Centre de Ressources Informatiques de l'Université Nancy 2 et du Service Commun de Documentation du Pôle Lorrain de Gestion. Nous avons obtenu des fichiers de login de l'espace ENT de l'Université Nancy 2.

Cette seconde expérimentation comportait un défi qui consistait à mener des analyses en parallèle via deux outils différents : Cognos et Openi (logiciel libre). Compte tenu de la charge que cela représentait, cette expérimentation a pu aboutir pour la partie Cognos, elle est restée au stade d'un lourd travail préparatoire dont nous tirons parti pour notre application qui occupe le chapitre 9 de ce présent ouvrage.

Le but du projet est de construire et d'exploiter des hypercubes universitaires prenant en compte les recherches effectuées par les étudiants sur les différents SI universitaires. Ces entrepôts ont pour but d'améliorer l'offre de recherche et la visibilité des informations.

Pour faire suite à la première phase de l'expérimentation nous exploitons de nouvelles données. Ces données sont extraites de deux systèmes d'information de l'université de Nancy : HORIZON (base de données de la bibliothèque du pôle de gestion) et l'ENT (l'espace numérique de travail de Nancy 2). Il s'agit de récupérer un maximum de données brutes et de les retravailler afin de pouvoir les exploiter dans un cube.

- BiblioGQL permet d'exploiter des données d'HORIZON plus affinées sur l'emprunt de documents au sein de la bibliothèque du pôle de gestion.
- L'ENT fournit à travers des fichiers XML, des données générales sur les recherches effectuées sur la plateforme.

Le projet consiste donc à trouver un moyen de construire un hypercube à partir de fichiers XML fournies par l'ENT et de fichiers Excel provenant de la bibliothèque.

Bilan de la phase II de l'expérimentation

Nous avons travaillé sur des véritables données pour la réalisation d'hypercubes avec les difficultés non seulement techniques mais aussi organisationnelles que cela implique. Nous avons constaté les difficultés rencontrées pour collecter les données que ce soit par manque de temps ou par manque d'autorisation. En effet, nous avons eu souvent des problèmes de droit d'accès à des données qui peuvent être confidentielles ou sécurisées. Le recueil de données, qui constitue la base de ce travail, a pris un temps considérable. Dans la majorité des cas, nous n'étions pas autorisés à extraire directement les données d'Horizon ou de l'ENT. Il a fallu s'organiser avec les différents responsables de ces plateformes pour obtenir un maximum de données.

Une autre difficulté fut l'uniformisation des données. Afin de pouvoir les utiliser dans Cognos, il a fallu faire un travail de mise en forme et de conversion des données, principalement sur les fichiers XML provenant de l'ENT. Cela permet de voir que cette étape est très importante dans la construction d'un hypercube. Car plus les données sont précises, plus l'hypercube s'avérera pertinent.

L'utilisation de nombreux logiciels de traitement de données est aussi une étape importante lors de cette phase d'expérimentation. Nous avons constaté la puissance de Transformer qui rend possible la création d'hypercube à partir d'interrogations ou de tables Access. Mais malheureusement, cela n'est vraiment pas le cas pour d'autres formats de données comme Excel ou XML. Seule la suite Cognos a été utilisée dans la phase d'expérimentation, la suite Openi s'est révélée compliquée à installer, puis à exploiter. En effet la structure du cube doit être obligatoirement fondée sur une base de données relationnelle. OpenI est l'un des premiers outils de création et d'analyse de cubes open source. Il est basé sur Mondrian créé en 2002 qui permet de construire et d'interroger des cubes OLAP (OnLine Analytical Processing). Il est implémenté en Java et doit donc être installé sur un serveur java de type Tomcat. De plus, il peut utiliser plusieurs types de sources de données : comme une base Mysql, mais aussi compatible avec Oracle et bien d'autres. Accessible via un navigateur Internet, cet outil n'est disponible uniquement en version anglaise pour le moment. Après avoir exposé l'amélioration de notre modèle et expliqué ce que nous entendons par schéma décisionnel, c'est cet outil open source que nous utiliserons en Chapitre 9 pour notre application. Nous pouvons déjà avancer que cette expérimentation permet de prendre la mesure des difficultés rencontrées pour la mise en relation des différents systèmes d'information de l'université.

Chapitre 9 Amélioration du modèle et son exploitation pour une application

9.1. Amélioration du modèle

Les deux phases de l'expérimentation ont mis en évidence différentes étapes propres à la construction d'un entrepôt de données. Il s'agit de la *« récupération »* de données, la spécification de *« sources de données existantes »*, de la phase de *« retraitement des fichiers »*, du *« transfert des données »*, du *« reformatage »*, de la *« création d'une base »*, de la *« création d'un schéma »* entité/association, du *« requêtage »* et de la *« création des hypercubes »*. Riche de nos conclusions pour la réalisation d'un entrepôt de données compte tenu de la structuration organisationnelle du système d'information de l'université, nous pouvons mettre en évidence que notre acronyme RUBICUBE {Récupération, Utilisateur, Besoins, Identification, Classification, Usinage, Bases métiers, Enrichissement} propre à l'entrepôt de données mélange des procédés de construction appartenant à des niveaux d'élaboration différents du système d'information global de l'Université.

Pour comprendre les objectifs de notre modèle, il ne faut pas focaliser sur la construction de l'entrepôt de données, mais intégrer l'idée que la réalisation de l'entrepôt de données fait partie intégrante du système d'information stratégique de l'université. La prise en compte de l'utilisateur en tant que tel pour la conception d'un système d'information n'est pas un élément nouveau. L'originalité réside dans le lien entre les différentes étapes de notre modélisation : comment ? Le modèle passe par une phase de conception qui permet l'enchaînement des étapes pour offrir des vues à l'utilisateur. Les décisions prises par l'utilisateur ont des conséquences sur la structure conceptuelle du système. Les vues sont en rapport avec le modèle. Voici un schéma qui explicite le processus de modélisation :

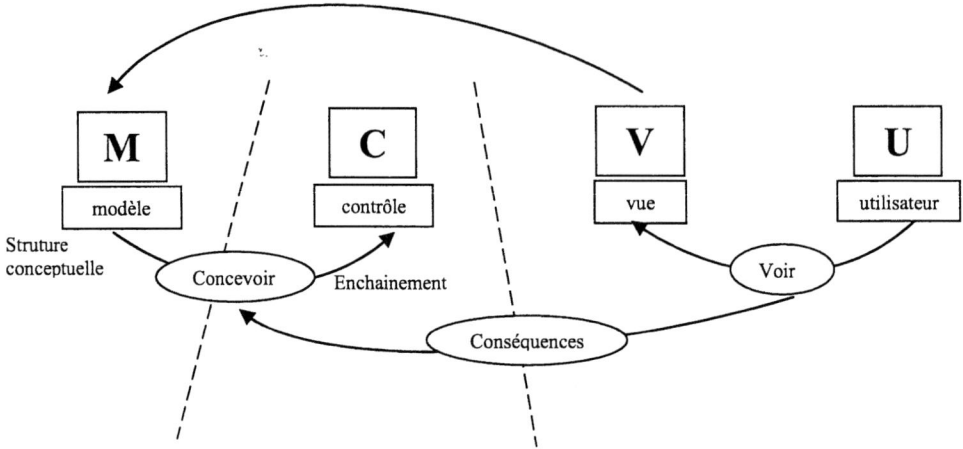

Figure 9.1-1 : Objectifs du processus de modélisation

Ce processus permet de reprendre le modèle RUBICUBE pour l'améliorer et le mettre en perspective par rapport à deux niveaux « *modélisation* » et « *application* » que l'expérimentation nous a permis d'identifier :

Récupération → application

Utilisateur → modélisation, application

Besoins → modélisation, application

Identification → modélisation

Classification → modélisation

Usinage → application

Bases métiers → modélisation

Enrichissement → application

Nous voyons que nous mélangeons des concepts appartenant à des phases différentes de la conception du système d'information stratégique. Nous affinons le niveau « *modélisation* » comme suit :

Repérage → modélisation

Utilisateur → modélisation

Besoins → modélisation

Identification → modélisation

Classification → modélisation

Usages → modélisation

Bases métiers → modélisation

Elaboration → modélisation

Au niveau « *application* » correspond un vocable propre aux applications et de niveau plus pragmatique :

Récupération → application

Utilisateur → application

Besoins → application

Intégration → application

Construction → application

Usinage → application

Brique → application

Enrichissement → application

Pour rendre compte des conséquences sur la structure conceptuelle, il est nécessaire de se placer à un niveau méta que nous nommons « *méta modélisation* » pour prendre du recul par rapport aux systèmes d'information et se rapprocher du système d'information stratégique. Cette phase permet la contextualisation des enjeux stratégiques.

Référentiel → méta modélisation

Utilisateur → méta modélisation

Besoins → méta modélisation

Interopérabilité → méta modélisation

Conception → méta modélisation

Urbanisation → méta modélisation

Bénéfice → méta modélisation

Emergence → méta modélisation

Nous disposons donc d'un processus de modélisation autour de trois niveaux « *modélisation* », « *application* » et « *méta modélisation* ». Les besoins de l'utilisateur, communs aux trois niveaux en constituent le point d'intersection ou le pivot, que nous résumons par le modèle RUBI^3 propre à l'utilisateur. Nous allons développer les items des trois niveaux.

Niveau modélisation de RUBICUBE {Repérage, Utilisateur, Besoins, Identification, Classification, Usages, Bases métiers, Elaboration}

Repérage des données : recensement des données existantes, données externes, données internes

Utilisateur : représentation de l'utilisateur

Besoins : fonctions, activités

Identification des acteurs : types

Classification des acteurs : catégories, sous-catégories

Usages des informations : existantes, produites, consultées

Bases métiers ciblées acteurs : vues, fouilles de données, analyse

Elaboration d'une méthodologie : cahier des charges

Niveau application de RUBICUBE {Récupération, Utilisateur, Besoins, Intégration, Construction, Usinage, Brique, Enrichissement}

Récupération des données : définition des sources d'information, des sources de données, des données des logiciels

Utilisateur : identification par authentification, interrogation

Besoins : recherche d'information, production d'information

Intégration des données : extraction, retraitement des fichiers, transfert des données, reformatage, intégration

Construction des indicateurs : déterminer les missions par rapport aux acteurs, déterminer les objectifs de ces missions, sélectionner les indicateurs, tester les indicateurs, construire des tableaux de bord

Usinage : choix et mise en œuvre des outils, applications, programmes, quelles sont les applications qui vont utiliser ces données ? Outils de vérification de la cohérence et de la fiabilité des données

Brique : comment s'intégrer au système d'information ? Et comment ingérer les données en vue d'analyse et de prise de décision ?

Enrichissement du dictionnaire des données : définition des différents niveaux d'agrégation des informations, définition des liaisons entre les données

Niveau métamodélisation de RUBICUBE {Référentiel, Utilisateur, Besoins, Interopérabilité, Conception, Urbanisation, Bénéfice, Emergence}

Référentiel : construction du référentiel de données, création des métas données (descriptives, sémantiques, analytiques, fonctionnelles, structurelles)

Utilisateur : rôle sur le système d'information stratégique

Besoins : métas connaissances obtenues après utilisation du système d'information stratégique

Interopérabilité : favoriser l'interopérabilité des données internes et externes par la prise en compte des protocoles de communication

Conception : Définition du modèle du dictionnaire de données, schéma de collecte de l'ensemble des informations

Urbanisation : définir l'infrastructure technique et organisationnelle du système d'information stratégique

Bénéfice : valeur ajoutée d'un système d'informations stratégiques, connaissances capitalisées deviennent « intelligibles » et confèrent une « intelligence » au système

Emergence : de tendances, d'anomalies, d'alertes, d'améliorations à apporter, d'actions à mener

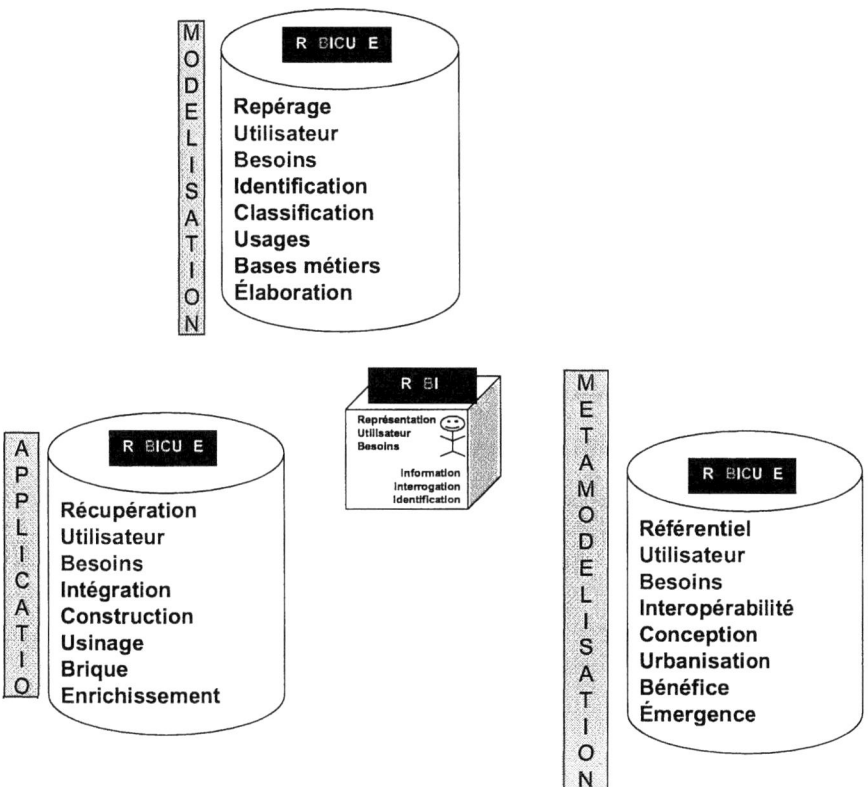

Figure 9.1-2 : Processus global de la modélisation d'un système d'information stratégique universitaire avec prise en compte du modèle utilisateur

L'état de l'art sur l'expérimentation ainsi que l'expérimentation nous a amenée à largement améliorer notre processus de modélisation d'un système d'information stratégique universitaire. Nous voyons qu'en procédant par niveaux, nous pouvons intégrer la modélisation de l'utilisateur à toutes les étapes ou phases du processus global de modélisation. Nous allons à présent exploiter ce modèle autour d'une application qui est pour nous l'occasion de synthétiser les propos amenés tout au long des chapitres de cette thèse et surtout de relever le défi d'utiliser un logiciel en open source qui offre des perspectives innovantes quant au traitement du contenu des informations puisqu'il repose sur des schémas XMLA pour l'analyse des données.

9.2. Introduction à l'application : vers un schéma décisionnel

La modélisation des ressources documentaires en chapitre 4, la modélisation des acteurs en chapitre 6 ainsi que la mise en relation du modèle des ressources documentaires et du modèle des acteurs nous avaient conduit à dégager quelques pistes qui constituaient des verrous à exploiter pour améliorer la satisfaction des utilisateurs. Par le rappel de quelques éléments synthétiques de ces précédents chapitres, nous explicitons comment proposer un schéma décisionnel par le recours aux conteneurs d'information, à un environnement collaboratif d'information et au processus d'analyse de l'information.

Conteneur d'information

La modélisation des ressources documentaires permet de dégager que la qualité des documents tient également à un ensemble de caractéristiques qui ne sont ni thématiques ni sémantiques, et qui pourtant interviennent dans l'évaluation que les utilisateurs font des documents pour décider de leur pertinence. La réputation de l'auteur d'un document, l'actualité et la fiabilité des informations qu'il fournit, la clarté du discours, la qualité d'illustration du propos, sont autant de critères qui peuvent intervenir lorsqu'un utilisateur doit choisir entre plusieurs documents traitant tous du même sujet. L'utilisateur doit pouvoir représenter explicitement les connaissances qu'il a pu découvrir aux travers de ressources d'information. Cette représentation peut être tracée dans des conteneurs de connaissances [CHAMPIN et PRIE, 2002] exploitables par les autres usagers.

Environnement collaboratif d'information

La qualité de l'interaction du système avec l'utilisateur joue un rôle fondamental dans la conception des systèmes de recherche d'information. Cette qualité peut s'aborder sous une multitude d'angles : la qualité des documents, la précision des résultats, l'interaction avec les utilisateurs. La Figure 8.2-1, représentant une constellation de faits, notait l'importance de la prise en compte du contexte des utilisateurs lors de la mise en relation entre ressources documentaires et acteurs. Nous ne tenons plus uniquement compte du contenu des documents, mais également des évaluations des documents faites par une communauté d'utilisateurs. Cette interaction des utilisateurs entre eux et avec le système d'information permet le filtrage collaboratif.

On s'engage vers un système reposant sur un environnement collaboratif d'information. C'est un système qui permet d'intégrer davantage les « savoir-faire », les connaissances et les compétences d'un groupe d'utilisateurs. Le système d'information tient davantage compte des besoins en information d'un groupe que ce soit pour une recherche synchrone ou asynchrone. Le système est en mesure de prendre en compte les appréciations, les recommandations faites par les utilisateurs d'un même groupe.

Analyse de l'information

L'analyse de l'information couplée à un système de visualisation permet de représenter graphiquement des influences entre différents concepts. Par exemple : l'utilisateur « responsable » avant de mettre en place les thématiques d'un cursus, prend connaissance rapidement des différentes alternatives qui s'offrent à lui et peut analyser les influences entre certains concepts qui l'intéressent. La prise de décision s'effectue lors de l'interaction entre le système et l'acteur.

Voici un exemple qui permet de visualiser le cheminement de nos idées : Le schéma ci-dessous met en situation différents acteurs sur un système d'information universitaire (étudiants, enseignants, administratifs et responsables). Nous tentons d'illustrer la partie invisible qui met en relation différentes bases de données appartenant à des systèmes d'information différents. Voici quelques scénaris :

Un enseignant dispense un même cours à deux publics d'étudiants appartenant à des UFR différentes. Le recours au standard XML [ADAE, 2004] permet d'adapter le cours, les exemples, les exercices en fonction des publics « cibles » reconnus après authentification via l'annuaire Ldap. L'utilisateur, dont le profil est décrit dans des métas données, obtient des informations personnalisées grâce aux feuilles de style XSL [DUCLOY, 2002a]. A un temps T, défini par l'enseignant, les corrigés sont visualisables.

Parallèlement à l'interrogation du système, l'utilisateur profilé par les métas données, peut se voir proposer des services supplémentaires via l'entrepôt de données. Ces informations complémentaires peuvent concerner des documents électroniques ou des informations économiques et financières. En fonction de son rôle, l'utilisateur visualisera des niveaux d'information.

Par exemple, étudiants et enseignants pourront s'informer des changements d'emploi du temps ou de salle, avoir des analyses de consultation de cours. L'étudiant de licence peut vouloir améliorer ses compétences autour de modules. L'étudiant de doctorat pourra accéder à des analyses bibliométriques en vue d'enrichir un état de l'art. Les administratifs ont des vues sur des analyses de consultation des services via le web de l'ENT. Seuls les responsables auront des vues sur tous les métiers, ceux-ci enrichis de vues sur le coût en personnel, le coût en matériel ou le coût d'une discipline. Affichons cet exemple que nous allons commenter sous différents angles et selon les différents protocoles d'accès qu'ils mettent en œuvre. Nous présentons trois cas de figure : des cours adaptés aux acteurs par les métas données et la structure XML, des bases de connaissances proposées, des analyses permettant la fouille de données. L'authentification repose sur le Ldap et permet de proposer des informations adaptées. L'accès aux bases de connaissance repose sur une architecture orientée service et les vues métiers sont proposées aux acteurs après identification.

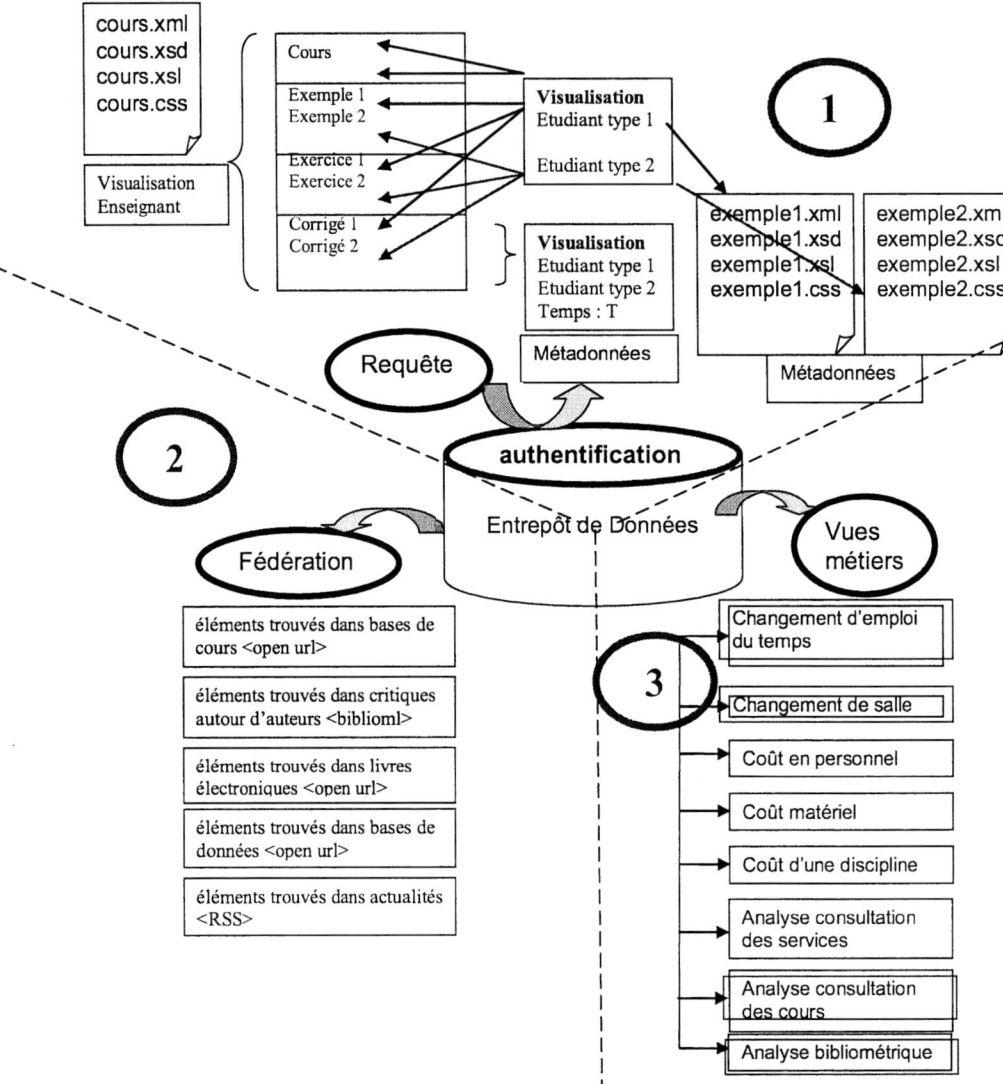

Figure 9.2-1 : Illustration des informations proposées par rapport aux profils des utilisateurs au sein d'une université

Regardons les solutions proposées en corrélation avec les trois pistes dégagées, c'est-à-dire l'aspect 1 relatif aux métas données, l'aspect 2 relatif à l'information documentaire pour améliorer la personnalisation des informations et l'aspect 3 relatif aux vues métiers adaptées aux acteurs après identification qui fait l'œuvre de notre application.

Des conteneurs d'information vers les métas données

Comment par le biais des métas données ajouter de la valeur ? Même les données introduites pour identifier et localiser le document primaire sont à repenser dans la mesure où il est possible de mettre en place des systèmes fédératifs comme shibboleth. Pour éviter que les performances des systèmes de recherche d'information (SRI) chutent à la fois du point de vue du rappel et de la précision lorsque le document est intégralement accessible, on développe des systèmes de représentation du contenu. La recherche de tendance actuellement consiste à donner du sens. On attend du système qu'il trouve un sens global à cette énorme masse d'informations plus ou moins contradictoires, en prenant du recul pour faire émerger des informations quantitativement significatives.

Une grande proportion de documents numériques est structurée. Ces documents peuvent incorporer dès leur conception des métas informations. La nécessité de compléter les documents eux-mêmes par une méta information se fait de plus en plus sentir. Que doit contenir cette méta information ? Le format XML dissocie la structure logique des traitements liés à la sélection et l'affichage permet en même temps d'effectuer des contrôles syntaxiques sur la structure du document. De quelles informations a besoin l'utilisateur dans une perspective de recherche d'informations ? Le format XML participe à la valeur ajoutée de l'information.

Reprenons et complétons la Figure 6.3-3 pour expliciter comment favoriser l'investigation par un enrichissement des documents électroniques à l'aide de descripteurs. Par exemple les métas données de la Dublin Core au niveau des documents en HTML et en XML, [DUCLOY, 2002a] permettent plusieurs niveaux de description. Cette activité de description peut être facilitée par l'utilisation de DTD existantes comme par exemple BiblioML, XMLMarc, SupXML ... et de schémas [ADAE, 2004].

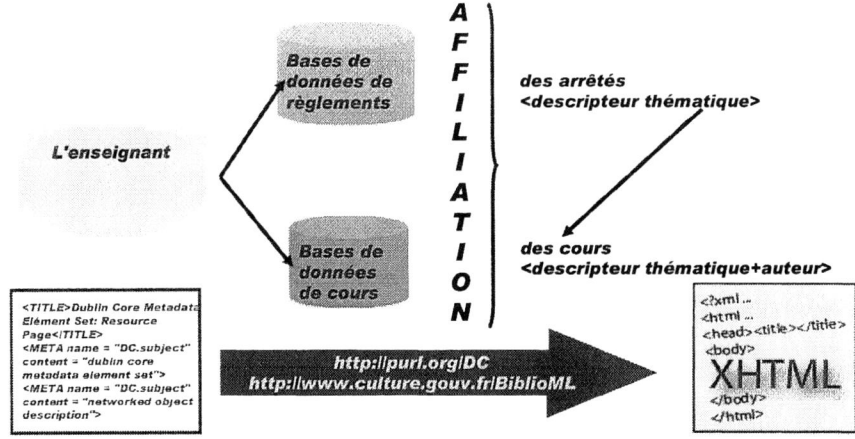

Figure 9.2-2 : Formalisation des descripteurs

Il faut pouvoir chercher des documents électroniques en utilisant à la fois les critères de structure et de vocabulaire. Ceci nécessite que les ouvrages soient stockés avec, en plus de leur texte, la structure de celui-ci. XML change la manière de publier les informations car il donne la priorité au contenu du document plutôt qu'à sa structure.

Il ne mélange pas l'information contenue dans le document et sa présentation. La rédaction du contenu et sa mise en forme correspondant à deux métiers différents, il n'est pas logique de les mélanger. Cette séparation du contenu et de la forme permet d'extraire des informations du document. Un document muni d'une DTD peut être validé ce qui certifie qu'il est conforme à son type. Les DTDs du standard sont cependant relativement pauvres (on ne peut par exemple pas imposer qu'un champ soit un nombre entier). C'est d'ailleurs au niveau du langage de DTD que l'on détecte les inconvénients du XML. En remplacement, le consortium W3 a fait paraître une recommandation le 2 mai 2001 pour introduire la notion de schéma.

De l'environnement collaboratif d'information vers une conception de l'information documentaire

Des bases de données vers les bases de connaissances

Dans un contexte de collections documentaires homogènes et spécialisées, souvent de taille réduite, la demande prioritaire concerne le rappel : le facteur de satisfaction essentiel est lié au fait d'avoir le maximum de chances d'obtenir les documents pertinents par rapport à une question, et si possible de retrouver la majorité d'entre eux. Il est possible d'améliorer le rappel en diversifiant les possibilités de recherche à la fois sur les descripteurs et les chaînes de caractères présentes dans les zones textuelles. Aujourd'hui on peut atteindre directement le document primaire en texte intégral, du coup les acteurs de la mise en place des systèmes documentaires redéfinissent les informations à enregistrer dans les SRI documentaires. Il est utile de repenser les données descriptives du contenu.

Production et visibilité des acteurs

Parallèlement au problème du contenu des informations, l'accent est mis sur la visibilité des acteurs par la prise en compte de l'architecture des supports électroniques dans un contexte de production [CHARTRON, 2002]. L'objectif est de promouvoir la circulation en réseau de documents électroniques en insistant sur l'importance à les structurer pour en accroître leur visibilité et permettre des recherches de type sémantique ou exploratoire.

Comment ajouter de la valeur à l'information pour augmenter sa visibilité ? L'information trouvée dépend de la façon dont elle est traitée en amont. Les systèmes de recherche d'information reposent sur des bases de données. Leurs performances sont fonction de la façon dont ces bases de données sont enrichies.

Architectures orientées services

Les architectures orientées services (SOA) permettent d'expliquer la nouvelle complexité de la conception d'applications distribuées [BOULLIER, 2006]. Interopérabilité, standardisation, démarches de conception plus collaboratives et orientées processus, applications composites, solutions de management des processus (BPM) sont des éléments qui contribuent à modifier l'industrie informatique. L'informatique se réinvente progressivement en repartant d'une conception documentaire de l'information. XML en forme le socle omniprésent. L'informatique gérait des structures « planes » de l'information sous forme de données stockées dans des tables.

De l'analyse de l'information vers un nouveau paradigme informatique

Les informations manipulées par les métiers possèdent des structures souvent complexes. Comme nous l'avons vu par les fichiers manipulés pour l'expérimentation maquettes de cours ou fichiers de log intègrent des notions ayant des dépendances multiples. La récupération des informations s'effectue via des requêtes SQL, chacune d'elles obtenant en retour des tableaux de données.

Le modèle orienté objet a, le premier, mis en évidence ce schisme et la difficulté à manipuler des structures complexes d'informations. L'approche composant, confrontée à l'enjeu de la granularité des services, a échoué face à la difficulté à faire apparaître le niveau de gestion adéquat dans les fonctions implémentées.

L'impact de XML apparaît considérable dès 1996 quand ont débuté les premiers travaux autour de la notion d'implémentation de document. En février 1998, XML devient une norme du W3C. En dix ans, cette norme documentaire a investi peu à peu le monde de l'intégration, puis celui des applications. Les informations structurées et non structurées tendent à se confondre dans les systèmes d'information.

L'impact de XML sur le paradigme informatique se révèle considérable. Les bases de données XML stockent des documents de manière transactionnelle, tout en gardant la capacité de les extraire grâce à de multiples graphes, à l'instar des bases relationnelles. Nous appréhendons ce nouveau modèle pour notre application où sera abordé un langage de développement autorisant la manipulation de bases de données en vue d'analyses.

9.3. Application avec un produit en open sources OPENI

Notre application [MEN, 2001] implique la collaboration de différentes compétences liées aux : métiers des sciences de l'information, métiers de l'informatique, métiers de l'enseignement, métiers autour de la documentation, métiers de l'édition électronique [COUZINET, 2005]. L'Agence pour le développement de l'Administration en Ligne donne le guide de choix et d'usage des licences de logiciels libres pour les administrations, produits vers lesquels nous nous tournons pour l'application. L'intégralité de notre application se trouve sur notre site personnel à http://www.loria.fr/~peguiron/html/demo.html ainsi que des guides d'installation, de prises en main et d'outils.

Sourceforgenet openi 1.1

Ce logiciel libre est un outil de reporting open source basé sur Mondrian, destiné à la création et à la publication de rapports. Il s'appuie sur J2EE et s'attaque aux sources de données Olap (Online Analytical Processing) compatibles XML/A, le langage d'accès à ce type de base de données lancé par Microsoft et Hyperion. Le code est téléchargeable gratuitement sur http://www.openi.org. OpenI 1.1 embarque Mondrian, un moteur Olap open source. Les codes sources de ce nouvel outil ont été libérés par Loyalty Matrix. Après une introduction sur les produits open source, nous décrirons la structure de base Mondrian, puis l'interface graphique Openi qui permet de définir des profils d'accès utilisateur et une interactivité pour l'analyse multidimensionnelle.

Pour notre application, nous avions deux possibilités de travail. Soit utiliser les binaires, soit travailler avec les sources. Nous avons utilisé les binaires, toutefois nous donnons quelques informations quant à l'utilisation des sources. Les sources sont orientées pour les développeurs Java qui veulent intervenir sur les sources. Dans ce cas Eclipse est un outil très puissant qui vient satisfaire les besoins des développeurs Java : réunir dans une seule application un plan de travail, des outils de gestion de projet en équipe et des fonctionnalités évoluées de débogage. Il offre donc une plateforme de développement particulièrement riche, extensible et ergonomique. Disposant d'une palette d'outils très étendue, le programmeur peut se concentrer exclusivement sur l'écriture de son code. En outre, Eclipse peut être dopé au moyen de nombreux plugins disponibles sur Internet : Tomcat et celui qui nous intéresse pour l'administration de modules OLAP : Mondrian. Celui-ci s'appelle Mondrian Schema Eclipse Plugin. Ce plugin Eclipse permet d'éditer des fichiers XML de schéma OLAP Mondrian.

9.3.1 Introduction sur l'Open Source

Le monde de l'Open Source, loin d'être balbutiant, connaît maintenant une ébullition sans précédent. Dans bien des cas, le produit Open Source se montre supérieur à une offre commerciale et s'impose à l'utilisateur final. Les éditeurs de logiciels décisionnels libres profitent d'un marché en forte croissance et de la refonte des plates-formes propriétaires pour faire valoir leurs atouts. Avec des logiciels dotés de moins de fonctions, et souvent plus abordables, ils visent les entreprises à la recherche de fonctions ciblées. Les développements entrepris sont récents, ce qui contribue à la cohérence du code.

L'industrie du décisionnel n'est pas en reste et l'open source propose une offre très riche en la matière. Ces produits peuvent parfaitement s'inscrire dans la démarche d'un projet pilote à coût très réduit. Au-delà du pilote et moyennant un paramétrage précis, ces outils peuvent aussi s'insérer dans une architecture décisionnelle de production.

Editeurs et intégrateurs se déclarent tous très intéressés par le développement de nouvelles solutions décisionnelles fondées sur le concept et le modèle économique de l'open source. Les fonctionnalités attendues d'un système décisionnel digne de ce nom sont les rapports statiques, les rapports dynamiques, la navigation multidimensionnelle et les indicateurs synthétiques. C'est dans cette optique que se développe depuis 2002 le projet Mondrian qui permet de construire des cubes OnLine Analytical Processing (OLAP) et de les interroger.

Les avantages d'une telle application

Le principal point fort d'un dispositif OLAP résiderait dans la grande souplesse de son mode de requêtage. En fonction des données dont il dispose dans la base sous-jacente, un utilisateur peut commencer par générer une représentation d'un chiffre d'affaires par produit ou par région puis lui préférer une vue par région et par produit. L'opération ne nécessitera que quelques clics. Avec une base multidimensionnelle, il lui suffit en effet de faire pivoter le cube sans pour autant régénérer une requête.

Les inconvénients

Parce qu'elle se doit de pouvoir faire face à l'ensemble des besoins d'interrogation actuels et futurs d'une activité, une couche OLAP est trop souvent construite autour d'un nombre exhaustif de dimensions. Une réalité qui se traduit par une application volumineuse et des temps de réponses souvent longs pour l'utilisateur final – et ceci même si certains résultats de calcul sont stockés en cache. A la différence de cette stratégie, il est préférable d'adopter une démarche de réflexion descendante en vue de sélectionner avec le plus possible de précisions les éléments de la base.

Les outils d'analyses

Parmi les outils d'analyse, certains s'adressent à un petit nombre d'utilisateurs qui sont des décideurs de haut niveau. Leur besoin se tourne vers une analyse poussée qu'il est possible d'affiner en reformulant la requête. Ces logiciels, qui constituent la spécialité d'éditeurs comme Business Objects, sont regroupés derrière le terme « applications analytiques ». A l'inverse, ceux qui permettent de diffuser les indicateurs vers un périmètre très large d'utilisateurs dans l'institution entrent dans le cadre du reporting de masse. Le plus souvent, les requêtes sont pré-paramétrées et ne peuvent pas être affinées, l'objectif étant de réduire au maximum la charge.

9.3.2 Introduction du moteur OLAP Mondrian

Nous trouverons sur notre site personnel http://www.loria.fr/~peguiron/html/demo.html un guide de procédures d'installation sous Linux. Pour notre expérimentation, nous avons utilisé une installation sous Windows pour Mondrian et Openi. Dans les bases de données commerciales, les fonctionnalités d'un serveur OLAP sont noyées dans un ensemble compact difficile d'accès. Dans le monde du libre, ces mêmes fonctionnalités sont disponibles sous la forme d'une application séparée accessible facilement. C'est un nouveau mode de fonctionnement que l'on découvre peu à peu avec les bases de données multidimensionnelles. L'importance de l'information et de son traitement accentue ce mouvement, d'où la nécessité de développer les applications différemment, notamment par la programmation orientée objet. Mondrian est une application web Java que l'on déploie directement sur un serveur web tel que Tomcat. Dans cette partie, nous allons voir ce qu'est Mondrian, les couches d'un système Mondrian, l'installation, la conception d'un schéma Mondrian et l'utilisation des données de notre expérimentation.

9.3.2.1 Présentation de Mondrian

Mondrian est un serveur OLAP écrit en Java. Il permet d'analyser d'une manière interactive des ensembles de données très larges stockés dans des bases de données SQL sans écrire de SQL. Il implémente le langage MDX[130], et le XML pour l'analyse et les spécifications JOLAP[131]. Il lit depuis SQL et les autres sources de données, et agrège les données dans une mémoire cache.

9.3.2.2 Couches du système Mondrian

Selon le site officiel du projet Mondrian, un système OLAP Mondrian se compose de quatre couches travaillant depuis l'utilisateur final vers le centre des données. Ces couches sont : la **couche de présentation**, la **couche de calcul**, la **couche d'agrégation** et la **couche de stockage**.

La couche de présentation détermine ce que l'utilisateur final voit sur son moniteur et comment il peut interagir pour effectuer de nouvelles requêtes. Il y a beaucoup de manières de présenter des ensembles de données multidimensionnelles, incluant des histogrammes et des outils de visualisation avancés tels que des cartes cliquables et des graphiques dynamiques. Ils peuvent être écrits en Swing ou Java Script Pages (JSP), les tableaux sortant au format Joint Photographic Experts Group (JPEG) ou Graphics Interchange Format (GIF) ou transmises à une application à distance via XML. Ce que toutes ces

---

[130] MDX : Multidimensional expression language
[131] JOLAP : Java Online Analytical Processing

formes de présentation ont en commun, c'est la « grammaire » multidimensionnelle des dimensions, cellules dans lesquelles la couche de présentation pose la requête et le serveur OLAP retourne la réponse.

La seconde couche est la couche de calcul. La couche de calcul analyse, valide et exécute des requêtes MDX. Une requête est évaluée dans des phases multiples. Ce sont d'abord les axes qui sont calculés, puis les valeurs des cellules dans les axes. Un transformateur de requête autorise l'application à manipuler les requêtes existantes, plutôt que la construction d'une déclaration MDX à partir de rien pour chaque demande.

La troisième couche est la couche d'agrégation. Une agrégation est un ensemble de valeurs de mesures « cellules » dans la mémoire, qualifiée par un ensemble de valeurs de dimensions colonnes. La couche de calcul envoie des requêtes pour des ensembles de cellules. Si les cellules requises ne sont pas dans le cache, on envoie une requête à la couche de stockage. La couche de stockage est un Relational Database Management System (RDBMS). Elle s'occupe de fournir des données agrégées de cellules et les membres des tables de dimension. Ces composants peuvent tous exister sur une même machine ou peuvent être distribués entre plusieurs machines. Les couches 2 et 3, qui comprennent le serveur Mondrian, peuvent être sur la même machine.

La quatrième couche est la couche de stockage qui peut être sur une autre machine, accessible via une connexion à distance Java DataBase Connectivity (JDBC). Dans un système multi-utilisateurs, la couche de présentation se trouve sur la machine de chaque utilisateur excepté dans le cas de Java Script Pages (JSP) produites sur le serveur.

9.3.2.3 Langage MDX

MDX est un langage de requêtes pour les bases de données multidimensionnelles, de la même manière que SQL est utilisé pour les requêtes sur les bases de données relationnelles. A l'origine, défini comme une partie de la base de données Object Linking and Embedded (OLE) pour la spécification OLAP et un langage similaire, md eXtensible Markup Language (mdXML), est une partie du eXtensible Markup Language (XML) pour la spécification d'analyse. Dans son approche le MDX est proche du SQL sur son aspect Select et Where même si la similarité ne va pas plus loin.

9.3.2.4 Présentation d'un schéma Mondrian

D'après Mondrian, un schéma définit une base de données multi-dimensionnelle. Il contient un modèle logique constitué de cubes, de hiérarchies, de membres et une projection de ce modèle vers un modèle physique. Le modèle logique est composé de balises utilisées pour écrire les requêtes dans le langage MDX.

Le modèle physique est la source des données qui est présentée à travers le modèle logique. C'est en général un schéma en étoile qui est un ensemble de tables dans une base de données relationnelle : une table centrale (table des faits) qui contient les données numériques ayant un intérêt pour les analyses et des colonnes clés étrangères vers les autres tables du modèle. C'est à partir de ces autres tables satellites que seront construites les dimensions. Une table des faits est la table centrale du modèle multidimensionnel.

9.3.3 **Application**

Notre application accessible sur notre site personnel dans le coin « démo » http://www.loria.fr/~peguiron/html/demo.html tourne autour de deux volets : la récupération de données externes et la récupération de données en interne. La récupération de données externes offre des analyses pré-calculées. La récupération de données en interne permet des analyses dynamiques.

La récupération de données externes concerne les fichiers de « log » de l'espace numérique de travail qui propose le nombre de sessions via le web sur les services de l'ENT par type d'acteurs. Nous récupérons et tirons parti également des données de l'analyse bibliométrique exposé dans l'état de l'art sur l'intelligence économique de cette présente thèse pour offrir une analyse dans une interface web et à distance. Ce premier volet permet d'expliquer Mondrian.

La récupération de données internes concerne notre modèle RUBI[3] et permet le recensement des besoins, des fonctions et des activités par type d'acteurs d'un SIS universitaire. Ce deuxième volet fait partie intégrante d'Openi.

Les données externes et internes récupérées et analysées aboutissent à des vues métiers par type d'acteur. Avant une explication détaillée dans les paragraphes suivants voici ci-dessous schématisé le scénario de notre application :

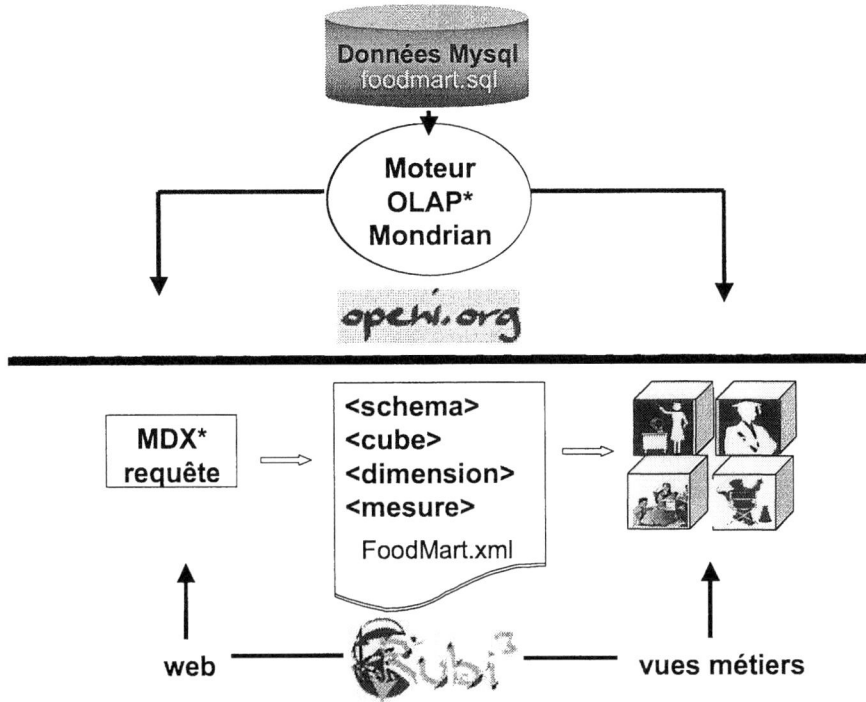

Figure 9.3-1 : Scénario de notre application

9.3.3.1 Récupération des données (récupération de données externes)

La récupération des données a été effectuée en phase 2 de l'expérimentation. Les données récupérées en XML concernent les fichiers de « log » de l'ENT où nous pouvons distinguer les services de l'ENT consultés par type d'acteurs. C'est à partir du travail préparatoire sur les données effectué par les étudiants du Master que nous développons notre application. Ils avaient conclu à la difficulté d'utiliser Openi, car il fallait recréer une base de données relationnelle, ce que nous nous employons à faire à présent. Les services concernent les actualités, les annonces, les cours déposés par les enseignants, les dossiers des étudiants, les signets, l'espace de stockage. L'analyse multidimensionnelle permet à l'acteur enseignant de constater ses cours consultés par les étudiants. Il peut varier le niveau d'analyse à partir de différents paramètres hiérarchisés autour du temps c'est-à-dire par année, par semestre, par trimestre, par mois, par semaine et par jour.

9.3.3.2 Transformation des données

Pour transformer les données en MDB issues de la base de données Access en données SQL nous utilisons le logiciel MySQL-Front offrant des fonctionnalités intéressantes au niveau des possibilités d'importation que nous ne trouvons pas dans Mysql d'Easyphp. Notamment, il est possible d'importer des fichiers Sql, des fichiers texte, des fichiers d'Access et des fichiers d'une table ODBC. MySQL Front permet de séparer les données textes et les données numériques. Nous avons une base Sql appelée « foodmart » dans laquelle nous avons créé quatre tables. Deux comportent les données textes : « statjour » et « statmois » comme le représentent les schémas ci-dessous :

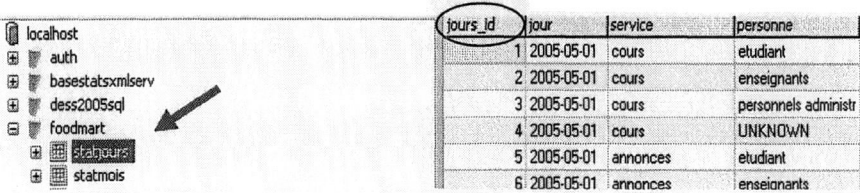

Figure 9.3-2 : Données textes de la table statjours

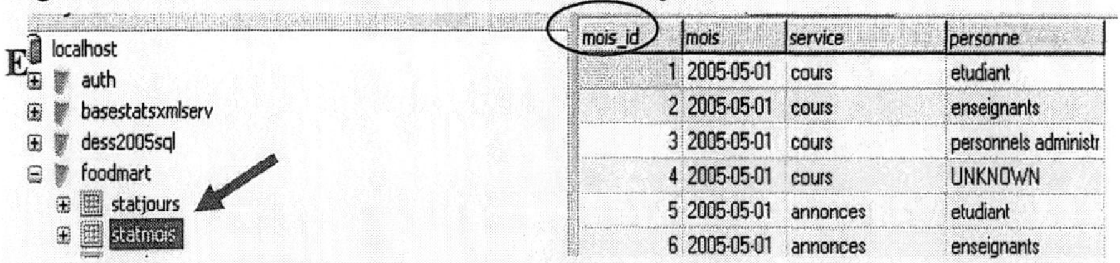

Figure 9.3-3 : Données textes de la table statmois

Les deux autres tables sont les tables de faits qui comportent les données numériques, ainsi que le montrent les deux schémas ci-dessous :

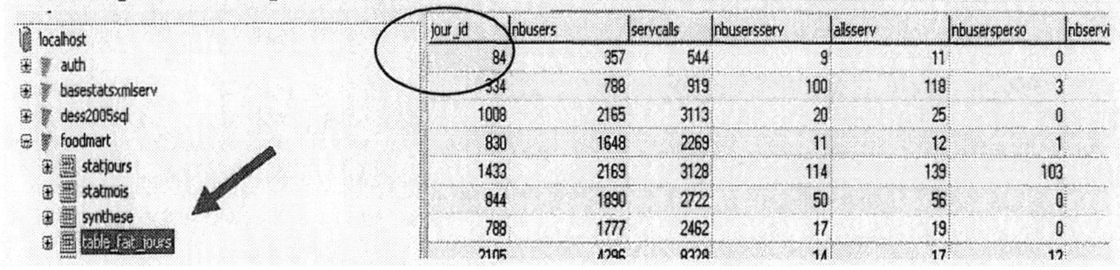

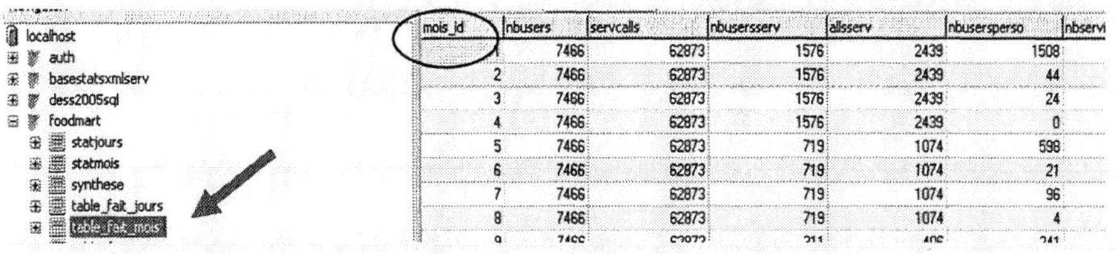

Figure 9.3-5 : Données numériques de la table de faits mois

9.3.3.3 Les cubes

Un cube est une collection de dimensions et de mesures dans un secteur particulier et une table des faits lui est associée. La seule chose que les dimensions et les mesures d'un cube ont en commun est la table des faits de ce cube. Un cube peut contenir des dimensions qui lui sont propres et des dimensions partagées. Il crée une dimension en faisant appel à une dimension partagée par une jointure de sa table des faits avec la table de la dimension.

Une fois les dimensions créées, on liste les mesures de celui-ci. Une mesure est une quantité qu'il est intéressant de quantifier dans ce cube au travers de ses dimensions. Chaque mesure a un nom, une colonne dans la table des faits et un agrégateur. Cet agrégateur peut être une somme, un maximum ou encore une moyenne. Un cube virtuel est défini par la combinaison de dimensions et de mesures appartenant à d'autres cubes. Nous avons créé deux cubes nommés « modèle jour » et « modèle mois » dont nous allons expliquer la création.

Création du cube « modèle jour »

Création de la table « table_fait_jours »

La table de faits ne comporte que des données numériques. Il faut établir une base de données relationnelle. A cette phase nous créons des clés secondaires et des clés primaires qui permettent les relations.

Création de la table des dimensions des jours « statjours »

La table de faits permet de définir des mesures. La table de faits ne contient que des clés secondaires et des données numériques.

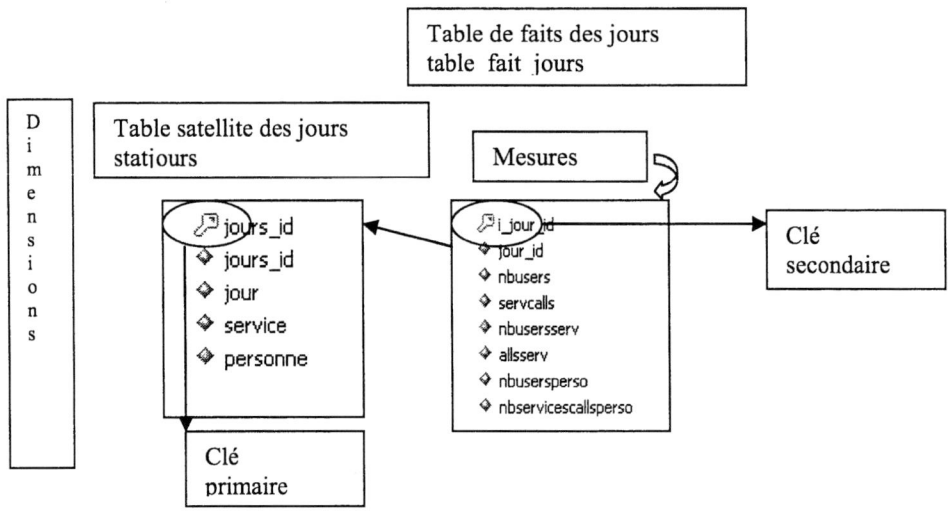

Figure 9.3-6 : Cube « modèle jour »

Création du cube « modèle mois »

Ce cube comprend la création de la table de « faits mois » et la création de la table des dimensions des jours « statjours »

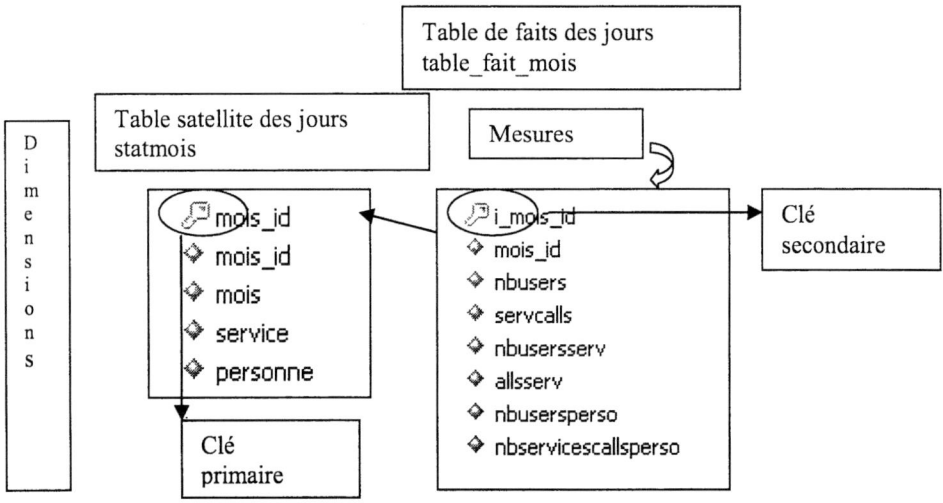

Figure 9.3-7 : Cube « modèle mois »

9.3.3.4 Schéma Mondrian

Ce schéma permet de définir une base de données multidimensionnelle. C'est un fichier eXtensible Markup Language (XML) nommé FoodMart.xml. Dans le schéma FoodMart on trouve les dimensions partagées puis différents cubes, un cube virtuel et les rôles.

Les dimensions partagées

Les dimensions peuvent être créées de deux manières. La première est de créer les dimensions à l'intérieur d'un cube. Dans ce cas ces dimensions ne pourront pas être utilisées pour un autre cube. La deuxième est de créer une dimension pour un ensemble de cubes que l'on appelle dimension partagée. Une table dimensionnelle est alors créée pour cette « dimension partagée ». Un cube ajoutera cette dimension aux siennes en faisant une jointure de sa table des faits avec la table de cette dernière.

Les rôles

Un rôle est défini grâce à la balise placée juste après la définition du dernier cube. Il sert à définir un accès particulier pour une personne particulière.

Les membres et la propriété des membres

On définit la propriété d'un membre appartenant à un niveau. On donne au membre un nom et la colonne de la table des faits qui lui correspond.

Les membres calculés

Les membres calculés sont des membres qui ne viennent pas directement d'une colonne de la table des faits mais sont issus d'une formule MDX.

Les tables agrégées

Les tables agrégées sont le meilleur moyen d'améliorer les performances de Mondrian quand la table des faits contient un nombre très important de lignes : un million et plus. Une table agrégée est concrètement un sommaire pré-calculé des données de la table des faits.

Nous allons expliquer le schéma Mondrian de « **modèle_jours** » test que nous venons de créer. Ce schéma permet de définir une base de données multidimensionnelle. C'est un fichier eXtensible Markup Language (XML) nommé FoodMart.xml. Dans ce schéma FoodMart on trouve les dimensions, les mesures et le cube « **modèle_jours** ».

Figure 9.3-8 : Schéma Mondrian

Nous avons défini 3 dimensions qui ont pour nom Dimension name= «Acteur» et Dimension name= «Service» et Dimension name= «Jour», elles sont composées d'une seule hiérarchie. L'option «hasAll = true» crée un niveau «all» qui a pour seul membre le membre «all» qui est au-dessus de tous les autres niveaux de la hiérarchie est qui permet d'englober tous les membres de cette hiérarchie. Ce membre est le membre par défaut de cette hiérarchie. Dans le cas où l'option «hasAll=false» est choisie, c'est le premier membre du premier niveau qui est le membre par défaut. La table associée à ces hiérarchies est <Table name= «statjours»/> qui a pour clé primaire primaryKey= «jours_id»>. La hiérarchie est constituée d'un niveau par dimension : Level name= «Acteur», Level name= «Service», Level name= «Jour». Chacun de ces niveaux fait intervenir une colonne de la table_fait_jours.

Requêtes MDX :

SELECT [<axis_specification>

[, <axis_specification>...]

FROM [<cube_specification>]

La spécification d'un axe doit être SET suffixé du mot clef ON suivi du nom d'axe, par exemple tiré du fichier xmla.jsp.

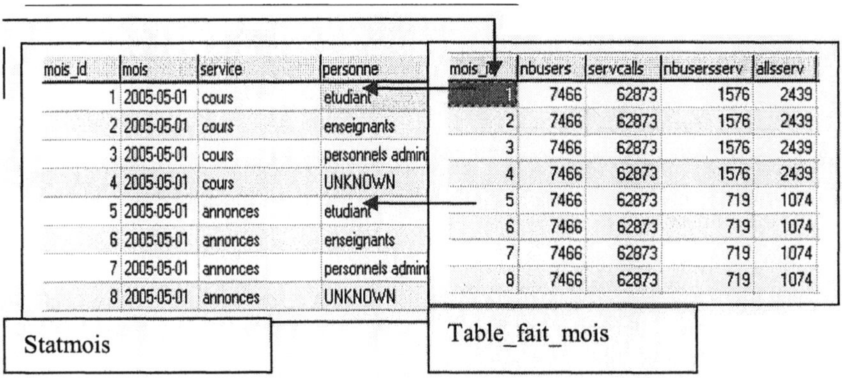

mois_id	mois	service	personne	mois_i	nbusers	servcalls	nbusersserv	allsserv
1	2005-05-01	cours	etudiant	1	7466	62873	1576	2439
2	2005-05-01	cours	enseignants	2	7466	62873	1576	2439
3	2005-05-01	cours	personnels admin	3	7466	62873	1576	2439
4	2005-05-01	cours	UNKNOWN	4	7466	62873	1576	2439
5	2005-05-01	annonces	etudiant	5	7466	62873	719	1074
6	2005-05-01	annonces	enseignants	6	7466	62873	719	1074
7	2005-05-01	annonces	personnels admin	7	7466	62873	719	1074
8	2005-05-01	annonces	UNKNOWN	8	7466	62873	719	1074

Statmois   Table_fait_mois

Figure 9.3-9 : Correspondant entre la table de faits et la table satellite

SELECT {[Acteur].[etudiant]} ON columns, {[Measures].[nbusers]} ON rows FROM modele_mois

A partir du cube **modele_mois** nous faisons une recherche sur les colonnes de l'item étudiant qui se trouve dans la dimension **Acteur**. Sur les lignes nous faisons une recherche dans la colonne **nbusers** pour effectuer une mesure. Voici une copie d'écran représentant sous Mondrian un cube par mois du nombre de consultations de l'acteur étudiant des services de l'ENT :

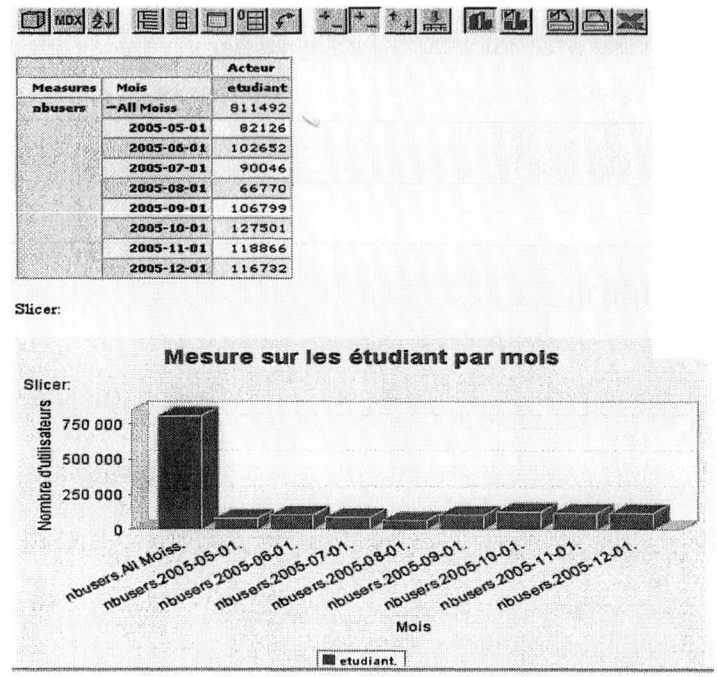

Figure 9.3-10 : Cube sous Mondrian

L'orientation définitivement axée sur les préoccupations fonctionnelles du MDX, en font un langage permettant d'écrire rapidement et de manière compacte n'importe quelle question métier. De prime abord, le MDX possède une syntaxe un peu ardue. Néanmoins le temps que nous passons à son assimilation est largement compensé par celui que nous gagnons lors de l'écriture des requêtes du langage SQL. Si l'utilisation interactive des cubes est intéressante, leur structure multidimensionnelle associée à la puissance de ce langage en fait des outils de prédilection pour le reporting opérationnel d'entreprise ou d'administration. Au-delà de cet aspect, le MDX permet d'explorer les données des cubes et crée la vraie valeur autour des données et c'est ici que se trouve la plus value. Il n'en reste pas moins que le MDX reste un langage, qui n'est pas forcément simple à appréhender. Des éditeurs commencent à proposer des outils multidimensionnels.

Vers un enrichissement des services de l'ENT

Au vue des bénéfices ramenés à utiliser un entrepôt de données pour procéder à des analyses documentaires, nous avons eu l'idée d'enrichir l'ENT en proposant un service qui pourrait venir s'intégrer au système d'information et ainsi enrichir la palette des services proposés pour répondre aux besoins des acteurs enseignants-chercheurs. Rappelons que pour favoriser l'intégration de ces services au niveau du système d'information les technologies employées pour le développement des applications reposent sur des logiciels uPortal[132]. Consciente de cette pluralité de possibilités de développement l'Agence de mutualisation des universités travaille à un rapprochement des consortiums dans le souci de pérenniser les développements, d'en favoriser leur réutilisabilité et leur interopérabilité. L'AMUE met l'accent sur l'intérêt de développer des applications autour d'une architecture SOA[133] en faveur des Web services. Les architectures orientées services permettent d'expliquer la nouvelle complexité de la conception d'applications distribuées. Interopérabilité, standardisation, démarches de conception plus collaboratives et orientées processus, applications composites, solutions de management des processus sont des éléments qui contribuent à modifier les portails d'établissement. Reprenons les données de l'analyse bibliométrique exposée en 1.7. « L'Intelligence Economique par le dépouillement de listes de diffusion » toujours pour répondre aux besoins de l'acteur enseignant chercheur qui fait un état de l'art sur un thème précis « l'intelligence économique ».

Le but est de lui offrir la possibilité de faire des analyses multidimensionnelles dans une interface web et à distance. Les données récupérées et analysées aboutissent à des vues métiers par type d'acteur. Une authentification via Openi par login et mot de passe permet de proposer différentes vues selon le profil de l'acteur qui se logue.

Création de deux tables

Nous enrichissons la base Sql appelée « foodmart » de deux tables : une table de faits et une table satellite. Nous créons une table satellite « synthese » qui comporte des données textes comme le représente la figure ci-dessous :

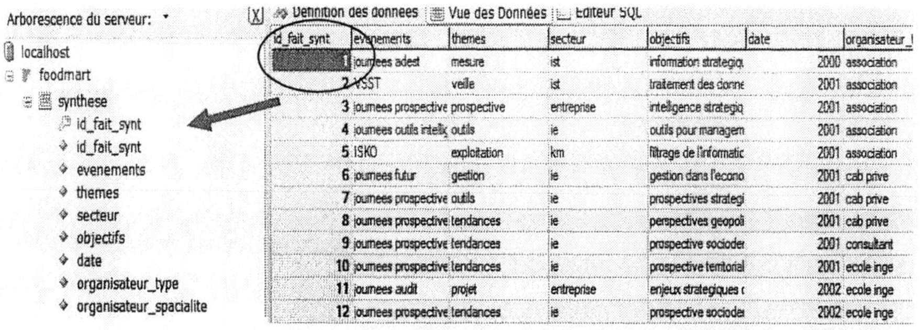

id_fait_synt	evenements	themes	secteur	objectifs	date	organisateur_
1	journees adest	mesure	ist	information strategiq	2000	association
2	VSST	veille	ist	traitement des donne	2001	association
3	journees prospective	prospective	entreprise	intelligence strategiq	2001	association
4	journees outils intellig	outils	ie	outils pour managem	2001	association
5	ISKO	exploitation	km	filtrage de l'informatic	2001	association
6	journees futur	gestion	ie	gestion dans l'econo	2001	cab prive
7	journees prospective	outils	ie	prospectives strategi	2001	cab prive
8	journees prospective	tendances	ie	perspectives geopoli	2001	cab prive
9	journees prospective	tendances	ie	prospective socioder	2001	consultant
10	journees prospective	tendances	ie	prospective territorial	2001	ecole inge
11	journees audit	projet	entreprise	enjeux strategiques (	2002	ecole inge
12	journees prospective	tendances	ie	prospective socioder	2002	ecole inge

Figure 9.3-11 : Données textes de la table « synthese »

[132] uPortal : Framework open source basé sur Java, XML et XSL servant à créer rapidement des portails dédiés aux campus universitaires. Il est développé sous l'égide de JA-SIG. uPortal n'est pas un logiciel prêt à l'emploi, mais plutôt une bibliothèque de classes Java et de documents XML/XSL permettant de développer le portail

[133] SOA : Service Oriented Architecture ou Architecture Orientée Services

Les données de la table « synthese » sont regroupées sous des items qui constituent des métadonnées auxquelles fait appel le schéma en XMLA décrit ultérieurement pour spécifier des dimensions.

La table de faits appelée « table_fait_synt » comportent les données numériques, ainsi que le montre la figure ci-après :

Arborescence du serveur:	id_fait_synt	id_evenements	id_themes	id_secteur	id_objectifs	id_date	id_organisateur_typ	id_organisateur_spe
localhost	1	8	4	3	12	1	1	1
foodmart	2	18	12	3	25	2	1	2
table_fait_synt	3	15	9	2	15	2	1	3
◆ id_fait_synt	4	13	6	3	16	2	1	4
◆ id_fait_synt	5	6	1	4	9	2	1	5
◆ id_evenements	6	10	3	3	10	2	2	5
◆ id_themes	7	15	6	3	21	2	2	5
◆ id_secteur	8	15	11	3	17	2	2	5
◆ id_objectifs	9	15	11	3	18	2	3	5
◆ id_date	10	15	11	3	20	2	4	5
◆ id_organisateur_type	11	9	8	2	4	3	4	5
◆ id_organisateur_specialite	12	15	11	3	18	3	4	5

Figure 9.3-12 : Données numériques de la table de faits «table_fait_synt»
Création du cube « synthese »

Nous tirons parti des deux figures précédentes pour montrer les corrélations entre la table satellite « synthese » et la table de faits « table_fait_synt ». Tout d'abord voici le principe de fonctionnement :

Création de la table des dimensions « synthese »

La table de faits permet de définir des mesures. La table de faits ne contient que des clés secondaires et des données numériques.

Création de la table « table_fait_synthese »

La table de faits ne comporte que des données numériques. Il faut établir une base de données relationnelle. A cette phase nous créons des clés secondaires et des clés primaires qui permettent les relations.

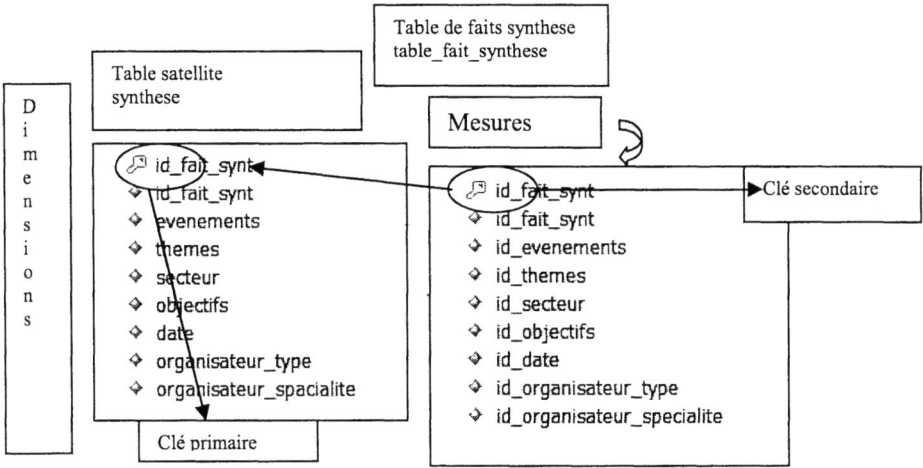

Figure 9.3-13 : Cube « synthese » au niveau de la base sql

Dans notre application la corrélation entre ces deux tables nous permet par exemple de savoir pour l'acteur « enseignant-chercheur » quel type de colloque le concerne et d'affiner jusqu'à sa spécialité à partir des méta données « evenements » puis « themes ». A présent si cet acteur est pluridisciplinaire en informatique, sciences de l'information et communication, documentation alors l'analyse multidimensionnelle permet d'aller plus loin dans la recherche pour révéler une transversalité entre différents colloques.

Après nous être focalisées sur les données de base de données en sql « *foodmart.sql* » concentrons nous à présent sur le schéma en XMLA qui s'appuie sur les données « *foodmart.sql* ». Dans notre schéma « FoodMart.xml » nous identifions notre cube propre à notre analyse bibliométrique sous le nom de « **synthese** » où l'on trouve entre les balises ouvrantes <Cube name="**synthese**"> et les balises fermantes </Cube> les dimensions et les mesures de ce cube.

Nous y avons défini 7 mesures agrégées ou sommées autour des items de colonnes "**id_themes**", "**id_evenements**", **id_secteur**", "**id_objectifs**", **id_date**", "**id_organisateur_type**" et "**id_organisateur_specialite**".

```xml
<Cube name="synthese">
<Table name="table_fait_synt" />
<Dimension name="evenement" foreignKey="id_fait_synt">
<Hierarchy hasAll="true" primaryKey="id_fait_synt">
<Table name="synthese" />
<Level name="level2" column="evenements" uniqueMembers="true" />
</Hierarchy>
</Dimension>
<Dimension name="theme" foreignKey="id_fait_synt">
<Hierarchy hasAll="true" primaryKey="id_fait_synt">
<Table name="synthese" />
<Level name="level1" column="themes" uniqueMembers="true" />
</Hierarchy>
</Dimension>
<Dimension name="secteur" foreignKey="id_fait_synt">
<Hierarchy hasAll="true" primaryKey="id_fait_synt">
<Table name="synthese" />
<Level name="level3" column="secteur" uniqueMembers="true" />
</Hierarchy>
</Dimension>
<Dimension name="objectif" foreignKey="id_fait_synt">
<Hierarchy hasAll="true" primaryKey="id_fait_synt">
<Table name="synthese" />
<Level name="level4" column="objectifs" uniqueMembers="true" />
</Hierarchy>
</Dimension>
<Dimension name="date" foreignKey="id_fait_synt">
<Hierarchy hasAll="true" primaryKey="id_fait_synt">
<Table name="synthese" />
<Level name="level5" column="date" uniqueMembers="true" />
</Hierarchy>
</Dimension>
<Dimension name="organisateur_type" foreignKey="id_fait_synt">
<Hierarchy hasAll="true" primaryKey="id_fait_synt">
<Table name="synthese" />
<Level name="level6" column="organisateur_type" uniqueMembers="true" />
</Hierarchy>
</Dimension>
<Dimension name="organisateur_specialite" foreignKey="id_fait_synt">
<Hierarchy hasAll="true" primaryKey="id_fait_synt">
<Table name="synthese" />
<Level name="level7" column="organisateur_specialite" uniqueMembers="true" />
</Hierarchy>
</Dimension>
<Measure name="Mesure 1" column="id_themes" aggregator="sum" formatString="#" />
<Measure name="Mesure 2" column="id_evenements" aggregator="sum" formatString="#" />
<Measure name="Mesure 3" column="id_secteur" aggregator="sum" formatString="#" />
<Measure name="Mesure 4" column="id_objectifs" aggregator="sum" formatString="#" />
<Measure name="Mesure 5" column="id_date" aggregator="sum" formatString="#" />
<Measure name="Mesure 6" column="id_organisateur_type" aggregator="sum" formatString="#" />
<Measure name="Mesure 7" column="id_organisateur_specialite" aggregator="sum" formatString="#" />
</Cube>
```

Figure 9.3-14 : Cube « synthese » au niveau du schéma

Nous avons défini 7 dimensions qui ont pour nom Dimension name=« evenement », Dimension name=« theme », Dimension name=« secteur

», Dimension name=« objectif », Dimension name=« date », Dimension name=« organisateur_type » et Dimension name=« organisateur_specialite ». Elles sont composées d'une seule hiérarchie. La hiérarchie est constituée d'un niveau par dimension : Level name=« evenements », Level name=« themes », Level name=« secteur », Level name=« objectifs », Level name=« date », Level name=« organisateur_type », Level name=« organisateur_specialite ». Chacun de ces niveaux fait intervenir une colonne de la *table_fait_synthese*.

Notre applicatif décisionnel est accessible à différents acteurs après authentification. Selon les profils des acteurs ils ont des vues adaptées à leur rôle. Selon qu'ils sont étudiants, enseignants-chercheurs, responsable ou administratif ils accèdent à des analyses précalculées ciblées. Par exemple, l'acteur enseignant-chercheur procède à l'analyse bibliométrique OLAP à partir du cube **synthese** et peut exploiter un graphique par les fonctions Drill Down[134] et Drill up[135] pour effectuer une recherche sur l'item « evenement ». Ce procédé de navigation permet la fouille de données et met en évidence que les organiseurs types Prospectives en 2001 et ADBS en 2005 ont consacré le nombre le plus important de journées consacrées à l'événement Intelligence Economique.

Récupération de données externes : suite

Pour enrichir notre application nous avons ajouté un projet qui reprend l'analyse autour des secteurs de l'intelligence économique faisant l'œuvre d'événements par le dépouillement de listes de diffusion en 1.7. Nous avons repris exactement les mêmes étapes que pour la récupération des fichiers de log. Nous avons construit et introduit dans Mysql une table de faits nommée « table_fait_synt » et une table satellite appelée « synthese ». Nous avons complété notre schéma Mondrian d'un cube nommé « synthese » et définissons des dimensions et des mesures. L'originalité de ce projet réside dans l'analyse de termes et non plus seulement de données chiffrées. Voici le cube rajouté au schéma mondrian :

```
<Cube name="synthese">
<Table name="table_fait_synt"/>
<Dimension name="evenement" foreignKey="id_fait_synt">
<Hierarchy hasAll="true" primaryKey="id_fait_synt">
<Table name="synthese"/>
<Level name="level2" column="evenements" uniqueMembers="true"/></Hierarchy></Dimension>
<Dimension name="theme" foreignKey="id_fait_synt">
<Hierarchy hasAll="true" primaryKey="id_fait_synt">
<Table name="synthese"/>
<Level name="level1" column="themes" uniqueMembers="true"/></Hierarchy></Dimension>
```

---

[134] Drill Down : Forer vers le bas. Aller du général au particulier dans une recherche d'information dans une base de données multidimensionnelle. Détailler selon une dimension, par exemple année, Mois et Semaine.
[135] Drill up : Analyse de données à un attribut parent. Remonter dans la hiérarchie dune dimension.

```xml
<Dimension name="secteur" foreignKey="id_fait_synt">
<Hierarchy hasAll="true" primaryKey="id_fait_synt">
<Table name="synthese"/>
<Level name="level3" column="secteur" uniqueMembers="true"/></Hierarchy></Dimension>
<Dimension name="objectif" foreignKey="id_fait_synt">
<Hierarchy hasAll="true" primaryKey="id_fait_synt">
<Table name="synthese"/>
<Level name="level4" column="objectifs" uniqueMembers="true"/></Hierarchy></Dimension>
<Dimension name="date" foreignKey="id_fait_synt">
<Hierarchy hasAll="true" primaryKey="id_fait_synt">
<Table name="synthese"/>
<Level name="level5" column="date" uniqueMembers="true"/></Hierarchy></Dimension>
<Dimension name="organisateur_type" foreignKey="id_fait_synt">
<Hierarchy hasAll="true" primaryKey="id_fait_synt">
<Table name="synthese"/>
<Level name="level6" column="organisateur_type" uniqueMembers="true"/></Hierarchy></Dimension>
<Dimension name="organisateur_specialite" foreignKey="id_fait_synt">
<Hierarchy hasAll="true" primaryKey="id_fait_synt">
<Table name="synthese"/>
<Level name="level7" column="organisateur_specialite" uniqueMembers="true"/></Hierarchy></Dimension>
<Measure name="Mesure 1" column="id_themes" aggregator="sum" formatString="#"/>
<Measure name="Mesure 2" column="id_evenements" aggregator="sum" formatString="#"/>
<Measure name="Mesure 3" column="id_secteur" aggregator="sum" formatString="#"/>
<Measure name="Mesure 4" column="id_objectifs" aggregator="sum" formatString="#"/>
<Measure name="Mesure 5" column="id_date" aggregator="sum" formatString="#"/>
<Measure name="Mesure 6" column="id_organisateur_type" aggregator="sum" formatString="#"/>
<Measure name="Mesure 7" column="id_organisateur_specialite" aggregator="sum" formatString="#"/></Cube>
```

9.3.3.5 Introduction à l'interface graphique Openi

Récupération de données internes

Openi repose sur le moteur OLAP mondrian que nous venons d'expliciter. Quels sont les avantages apportés par Openi ? Openi offre un éditeur MDX avec une génération automatique de code lors de la création des analyses. Il offre une gestion des projets.

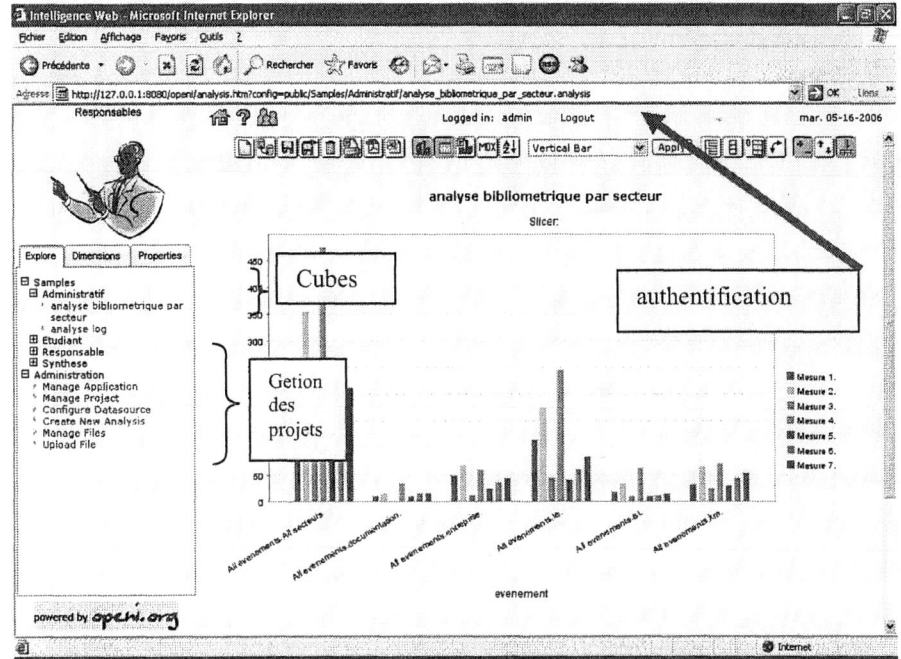

Figure 9.3-15 : Environnement graphique d'analyse et de gestion d'Openi

Une authentification par login et mot de passe permet de proposer différentes vues selon le profil de l'acteur qui se logue. Notre méthodologie de classification des acteurs permet de définir des groupes et des sous-groupes d'acteurs selon leur catégorie et sous-catégorie. La représentation des acteurs selon (RU=T,B,F,A) permet de définir des items par type d'acteurs et de mettre en évidence des groupes d'acteurs autour des besoins, des fonctions et des activités selon la figure suivante :

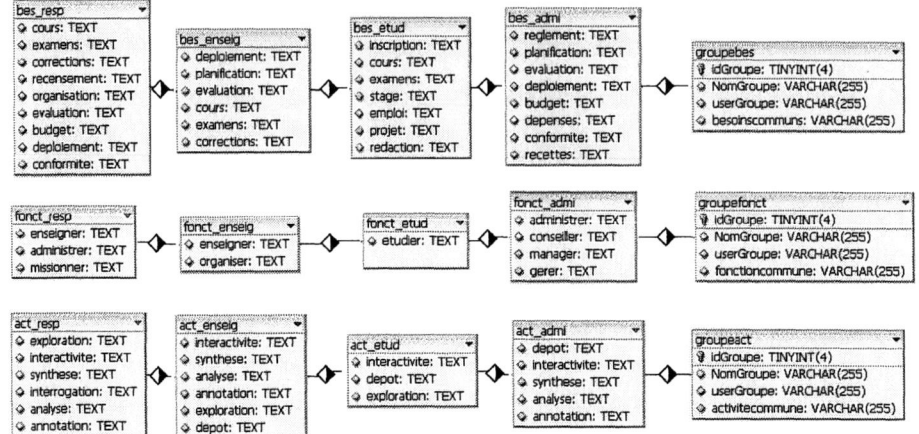

Figure 9.3-16 : Items et groupes d'acteurs selon RU=(T,B,F,A)

Ces groupes d'acteurs ont des rôles qui leur donnent accès à des rubriques et des sous-rubriques du Système d'Information Stratégique comme le montre la figure ci-dessous :

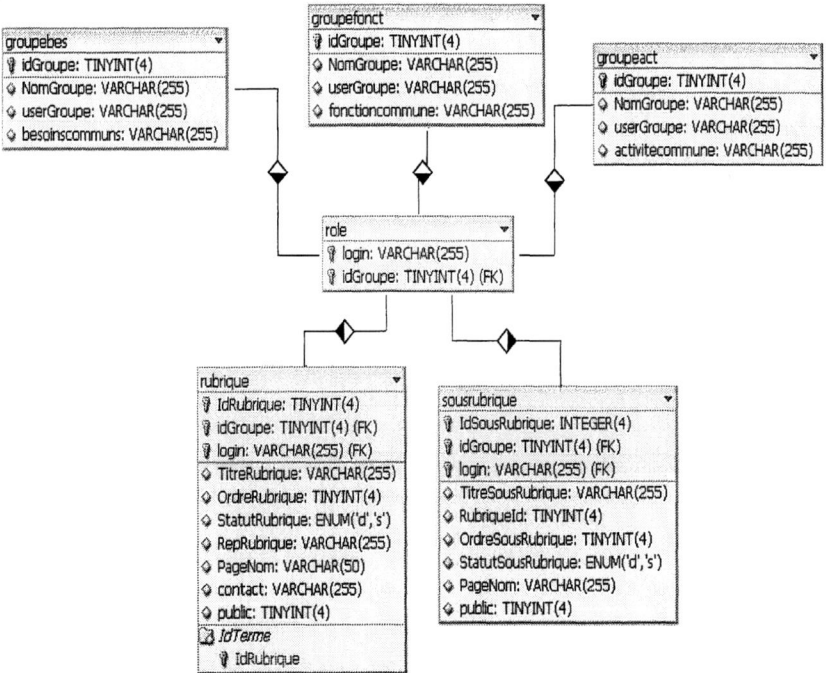

Figure 9.3-17 : Rôle des acteurs sur le système d'information stratégique universitaire et conséquences sur les vues métiers

Ces accès personnalisés offrent des vues métiers par type d'acteurs. A partir des rôles définis pour les groupes d'acteurs nous créons des profils d'utilisateurs qui sont dans notre application : « responsable », « administratif », « étudiant », « enseignant » et « administrateur ».

La récupération des données internes s'opère à travers l'interface d'Openi. Pour effectuer l'intégration et l'analyse de données de façon dynamique, nous avons choisi notre modèle RUBI^3 pour le tester. RUBI^3 imbriqué permet de faire le recensement des besoins, fonctions et activités par type d'acteur. Dans la conception de notre application, chaque acteur peut enregistrer lui-même les items prédéfinis, sachant que les items qui s'afficheront seront fonction de son rôle après son authentification. Responsable et administrateur disposeront du même formulaire d'enregistrement et auront à leur disposition la totalité des items de tous les acteurs. Les enseignants verront les items des acteurs « enseignant », « administratif » et « etudiant ». Les administratifs disposeront des items des acteurs « administratif » et « etudiant ». Les étudiants ne verront et ne pourront remplir que les items « etudiant ». Ci-dessous nous présentons le formulaire comportant la totalité des items à destination de tous les acteurs et donc accessibles aux acteurs « responsable » et « administrateur » du système d'information stratégique.

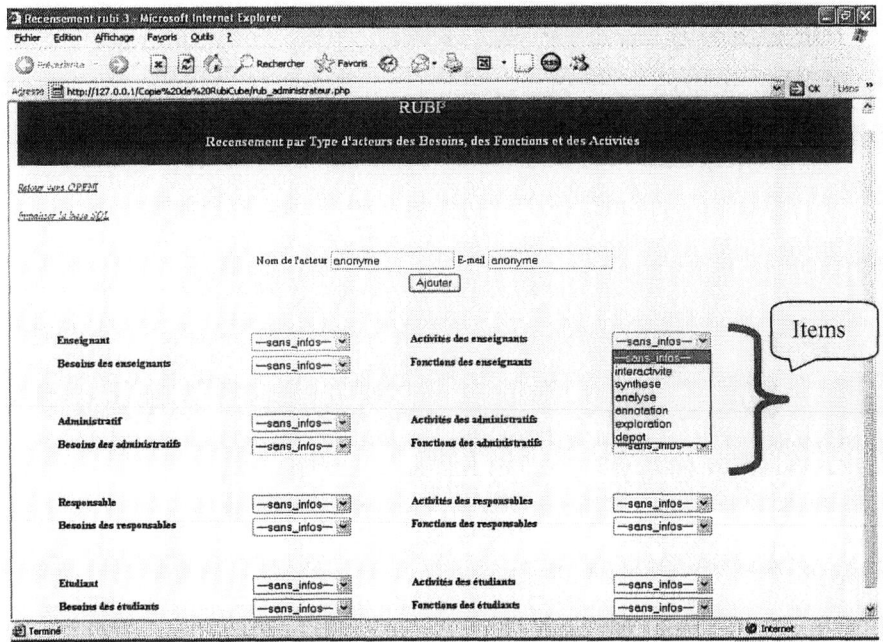

Ce formulaire récupère des données via un script mysql pour alimenter une base de données mysql nommée «ma_table» et crée une table de faits appelée «ma_table_fait». Nous enrichissons notre schéma Mondrian en vue d'analyses d'un cube consacré aux données du formulaire à analyser :

```
<Cube name="stat">
<Table name="ma_table_fait"/>
<Dimension name="enseignant" foreignKey="id_cle">
<Hierarchy hasAll="true" primaryKey="id_cle">
<Table name="ma_table"/>
<Level name="toto" column="enseignants" uniqueMembers="true"/></Hierarchy></Dimension>
<Dimension name="act_enseig" foreignKey="id_cle">
<Hierarchy hasAll="true" primaryKey="id_cle">
<Table name="ma_table"/>
<Level name="act_enseig" column="act_enseig"
uniqueMembers="true"/></Hierarchy></Dimension>
<Dimension name="fonct_enseig" foreignKey="id_cle">
<Hierarchy hasAll="true" primaryKey="id_cle">
<Table name="ma_table"/>
<Level name="fonct_enseig" column="fonct_enseig"
uniqueMembers="true"/></Hierarchy></Dimension>
<Measure name="sans_infos_enseignants" column="sans_infos_enseignants" aggregator="sum" formatString="#"/>
<Measure name="professeur_enseignants" column="professeur_enseignants" aggregator="sum" formatString="#"/>
<Measure name="eneig_cherc_enseignants" column="eneig_cherc_enseignants" aggregator="sum" formatString="#"/></Cube><!--Affectation_Role--><Role name="California manager">
```

Ci-dessous, nous explicitons par un organigramme le script régissant le formulaire de saisie et de récupération des données :

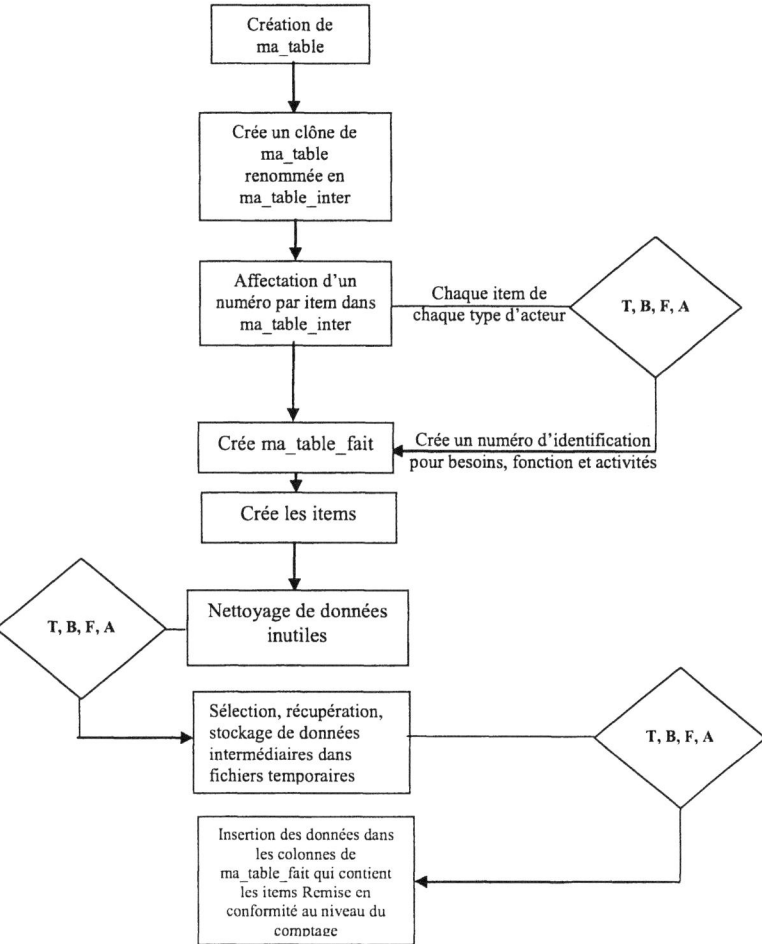

Figure 9.3-19 : Organigramme du script RUBI³ en mysql

Ce formulaire alimente en temps réel la base SQL et permet à l'acteur de faire ses propres analyse par requête MDX dans un environnement facilité grâce à l'interface graphique d'Openi. Il est possible de modifier les requêtes MDX générées par Openi et restituées dans une fenêtre. L'utilisateur peut ensuite choisir les types de graphes les mieux appropriés pour mener ses analyses multidimensionnelles et pratiquer la fouille de données. Nous proposons un écran qui représente une analyse faite par un enseignant après avoir rempli son formulaire ainsi que la requête MDX correspondante qui apparaît automatiquement et sur laquelle l'enseignant peut intervenir aisément :

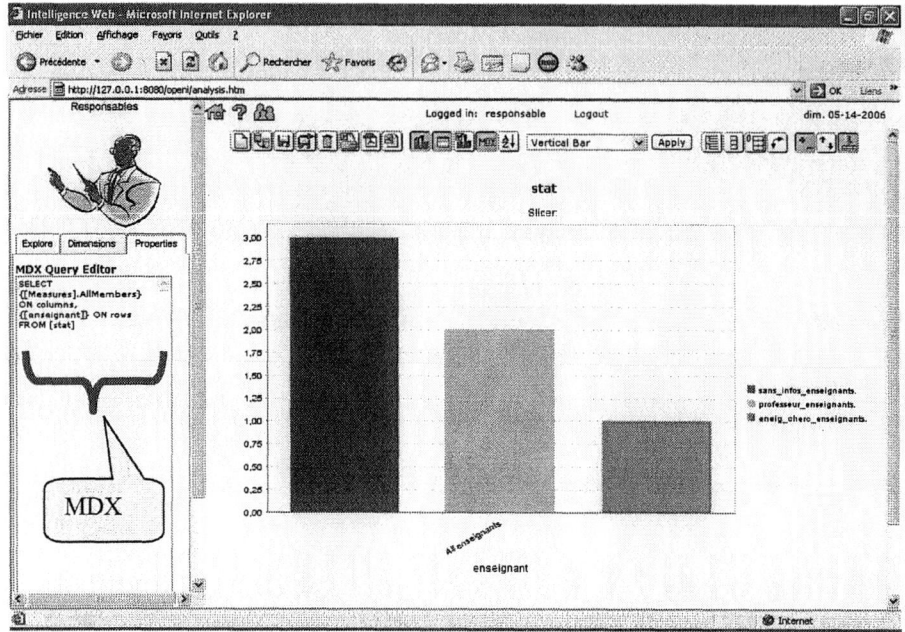

Figure 9.3-20 : Analyse dynamique des données du formulaire faite par l'utilisateur néophyte

En conclusion, notre application a pu être réalisée car elle vient au terme d'une modélisation complexe qui s'est effectuée en plusieurs étapes. Les phases consacrées à la théorie, une méthode, une première proposition d'un modèle, l'expérimentation ont participé au processus de modélisation. L'expérimentation permettait de valider ou d'invalider certaines de nos propositions et a permis d'améliorer le modèle. Par l'application nous avons pu traiter des données externes et internes et tester notre contribution. Nous montrons qu'il est possible d'analyser des données chiffrées mais également des expressions. La contextualisation des données et des acteurs de l'université offre en retour après authentification sur le système d'information des vues ciblées qui favorisent les prises de décisions. Nous montrons par notre processus de modélisation et notre application que le SI de l'université orienté acteur est en mesure d'être un SIS universitaire.

Conclusion

Pour conclure, comment sommes-nous passée de l'Intelligence Economique dans les organisations au management de l'information dans les universités ? Nous avons mis en perspective les problématiques d'entreprise en parallèle avec les processus universitaires afin de justifier l'approche Intelligence Economique dans le contexte universitaire. Nous nous sommes appuyée sur les concepts fondamentaux qui constituent les composantes de la problématique Intelligence Economique, tout en mettant en relief l'évolution de ces concepts et de l'environnement universitaire.

Les différentes étapes de notre démarche articulées autour de théorie, méthode, modèle favorisent la proposition d'une application à partir de l'utilisateur final du système d'information après une phase expérimentale.

Rappelons quelques-unes de ces étapes intermédiaires :

Le socle théorique montre l'apport de l'intelligence économique dans l'urbanisation d'un système d'information universitaire tout en proposant une modélisation des acteurs.

La valeur ajoutée d'une démarche d'intelligence économique dans la conception d'un système d'information universitaire cadre les impacts sur les prestations offertes aux utilisateurs d'un tel système.

La modélisation de la dimension humaine permet de représenter les différents acteurs qui interviennent dans le processus.

La modélisation d'un système d'entrepôt de données en s'intéressant à la construction de bases de données multidimensionnelles permet de concevoir un système décisionnel.

Les modèles et les normes utilisés en Intelligence Economique nous ont aidée à modéliser un système d'information universitaire ayant pour objectif l'amélioration de la qualité des processus décisionnels. Etudier notamment la modélisation des acteurs de l'université (enseignants et administratifs) autour du concept de l'étudiant actif en fonction des besoins et des tâches de chacun permet de présenter des vues orientées des différents acteurs et cela à travers notre modèle $RUBI^3$ (Représentation des Utilisateurs et de leurs Besoins en Information lors de l'Interrogation après Identification).

Une mise en relation entre les différents acteurs et des informations stratégiques (Intelligentes) à travers les modèles $RUBI^3$ et l'acronyme RUBICUBE (Récupération, Utilisateur, Besoins, Identification, Classification, Usinage, Bases métiers, Enrichissement) témoigne de la nécessité de prendre en compte différents niveaux de conception d'un Système d'Information Stratégique.

L'originalité de notre contribution réside dans le lien entre les différentes étapes de notre processus de modélisation et met en évidence un certain nombre de constantes relatives à l'implantation d'un système d'Intelligence Economique.

Notre modèle formalisé fait l'œuvre d'une étape expérimentale pour évaluer les résultats de nos recherches. Après avoir présenté les outils de l'expérimentation, nous avons utilisé l'entrepôt de données qui fait partie intégrante du système d'information stratégique de l'université pour effectuer nos analyses.

L'expérimentation met en relief les difficultés non seulement techniques mais aussi organisationnelles qu'implique la construction d'un entrepôt avec la prise en compte du contexte global de l'université.

Riche de nos conclusions pour la réalisation d'un entrepôt de données compte tenu de la structuration organisationnelle du système d'information de l'université, nous avons pu mettre en évidence que notre acronyme RUBICUBE propre à l'entrepôt de données mélangeait des procédés de construction appartenant à des niveaux d'élaboration différents du système d'information global de l'Université. Pour rendre compte des conséquences sur la structure conceptuelle d'un SIS nous avons alors décliné RUBICUBE selon :

➢ un niveau modélisation,
➢ un niveau application,
➢ un niveau méta modélisation.

Après avoir exposé l'amélioration de notre modèle et expliqué ce que nous entendions par schéma décisionnel, nous avons utilisé un produit en open source pour réaliser notre application.

Nous exploitons notre modèle {RUBI^3<->RUBICUBE} autour d'une application qui est pour nous l'occasion de synthétiser les propos amenés tout au long de cet ouvrage et de relever le défi d'utiliser un logiciel en open source qui offre des perspectives innovantes quant au traitement du contenu des informations puisqu'il repose sur des schémas XMLA pour l'analyse des données. Nous appréhendons ce nouveau modèle pour notre application où est abordé un langage de développement autorisant la manipulation de bases de données en vue d'analyses. Nous avons prouvé que nous pouvions analyser des données chiffrées mais également des données textuelles.

Grâce à la description des ressources documentaires inspirée en partie des observations de la « millenial generation » identifiée au mouvement « connectivisme » en situation de jeu et complétée par l'analyse des normes et des standards de description de documents, nous proposons un modèle original de mise en relation des données et des acteurs qui consiste à agréger un profil à une ressource documentaire. Dans notre conception du système d'information stratégique reposant sur un entrepôt de données la description du document devient si fine que le document lui-même devient un « acteur » du système et permet par une constellation de faits la convergence des données.

Notre plateforme expérimentale s'est enrichie de nouveaux projets :

Mise en relation de cubes autour du « recensement des descriptifs des documents » et du « recensement des besoins des acteurs » pour permettre par le biais d'un hypercube d'analyser des corrélations.

Intégration d'un cube à partir de données recueillies sur le serveur Hal[136] pour permettre à des décideurs de laboratoires de recherche des e-analyses.

Sur un plan pédagogique nous favorisons l'appropriation de cette plateforme par les étudiants qui se destinent à la conception des systèmes d'information pour les amener à un niveau d'expertise qui pourra les aider à orienter leur choix avec un certain recul pour les outils décisionnels lors de leur vie professionnel.

Nous avons mis l'accent sur la possibilité de tirer parti des données sous-jacentes à un système d'information, que ce soit des données chiffrées, financières, documentaires ou pédagogiques pour en faire des données « intelligentes » qui favorisent l'analyse, l'émergence de tendances par et pour les acteurs experts de leur propre domaine. Le processus d'intelligence économique permet de dépasser le cadre des « infocentres » répartis dans différents services de l'université pour proposer un système d'intelligence économique orienté vers la prise de décision.

Notre modèle appliqué {RUBI^3<->RUBICUBE} symbolise une image fractale et fait écho en guise de réponse aux propos d'Alain Juillet [JUILLET, 2004], représentant de l'Intelligence Economique au sein de l'Etat, qui constate que l'Intelligence Economique manque d'outils français ou européens performants.

---

[136] Hal : http://hal.archives-ouvertes.fr/

Glossaire

Active directory : Active directory est un annuaire au sens informatique chargé de répertorier tout ce qui touche au réseau comme le nom des utilisateurs, des imprimantes, des serveurs, des dossiers partagés, etc. L'utilisateur peut ainsi trouver facilement des ressources partagées, et les administrateurs peuvent contrôler leurs utilisations grâce à des fonctionnalités de distribution, de duplication, de partitionnement et de sécurisation des accès aux ressources répertoriés.

Adaptateur (Adapter ou Wrapper en anglais) : Composant capable de traduire les requêtes et les données depuis le modèle d'une source locale vers le modèle de l'entrepôt et vice versa.

Agrégation : Action de calculer les valeurs associées aux positions parents des dimensions hiérarchiques. Cette agrégation peut être une somme, une moyenne, ou tout autre processus plus complexe comme la deuxième plus forte valeur.

APOGEE : Logiciel de gestion de la scolarité. Il apporte des réponses précises en matière de clarification de l'offre de formation, d'amélioration de l'accueil des étudiants, de gestion de la scolarité et de pilotage de l'établissement.

ARIADNE : Alliance of Remote Instructional Authoring and Distribution Networks for Europe.

Back office : Désigne le dispositif d'administration technique d'un site et l'ensemble des outils utilisé par le service ou la personne qui en a la responsabilité.

Business Process Management System : Système de contrôle de processus.

Couperin: Consortium Universitaire de Périodiques Numériques.

CPL : Common Public licence. Licence de logiciel libre d'IBM non compatible avec la GPL (General Public Licence) parce qu'elle énonce diverses exigences spécifiques qui ne se trouvent pas dans la GPL. Notamment, elle exige que certaines licences de brevet soient données, ce que la GPL n'exige pas. Par exemple, elle autorise la modification du code source et garantit le respect des brevets logiciels.

Data mining : Fouille de données.

Data provider : Fournisseur de données.

Dokeos : Dokeos est un logiciel libre utilisé pour gérer l'apprentissage et la collaboration. Il permet à l'enseignant/formateur de créer du contenu, de structurer les activités d'apprentissage sous forme de parcours, d'interagir avec les étudiants/stagiaires et de suivre leur évolution.

Drill Down : Forer vers le bas. Aller du général au particulier dans une recherche d'information dans une base de données multidimensionnelle. Détailler selon une dimension, par exemple année, Mois et Semaine.

Drill up : Analyse de données à un attribut parent. Remonter dans la hiérarchie dune dimension.

Front office : Le front office est la partie d'un site web visible par les visiteurs ou accessible par des clients.

HARPEGE : Logiciel de gestion des ressources humaines en université.

Horizon : Logiciel de gestion documentaire.

Indicateur : Un indicateur permet de mesurer une situation ou un risque, de donner une alerte ou au contraire de signifier l'avancement correct d'un projet. Le choix des indicateurs dépend des objectifs du projet.

JOLAP : Java On-Line Analytical Processing. Equivalent pour les bases décisionnelles comme les datawarehouse (entrepôts de données), de ce que JDBC représente depuis plus longtemps vis-à-vis des bases de données relationnelles classiques. Toutes deux basées sur le langage Java multiplateformes, ces interfaces permettent d'effectuer divers types de traitements en ligne sur les données et les métas données (informations décrivant une donnée). Développée au départ par l'éditeur d'outils décisionnels Hyperion, la norme JOlap vient de rallier d'autres grands acteurs tels que Sun, Oracle et IBM au sein d'un programme ouvert du nom de JCP (Java Community Process). De fait, les spécifications du nouveau standard devraient être prochainement rendues publiques et pourront être intégrées à n'importe quelle solution du marché. Avant d'accéder à des informations plus détaillées en ligne, les intéressés devront simplement s'inscrire au programme JCP sur un site dépendant de Sun.

Jointure : En gestion de base de données, une jointure est un lien combinant les enregistrements de deux tables disposant de valeurs correspondantes dans un champ commun.

Ldap : Lightweight Directory Access Protocol (LDAP) est un protocole permettant l'accès des annuaires. LDAP est initialement un frontal d'accès à des bases d'annuaires respectant la norme X.500. Il est devenu un annuaire natif (standalone LDAP) utilisant sa propre base de données, sous l'impulsion d'une équipe de l'Université du Michigan.

Matrice de Porter : Modélisation de l'environnement de l'entreprise sous la forme des 5 forces de Porter : concurrents potentiels, acheteurs et clients, substituts, fournisseurs, concurrents directs.

MDX : MultiDimensional eXpression. Langage d'interrogation des bases de données multidimensionnelles.

Médiateur (Mediator en anglais) : Logiciel capable de donner une vision intégrée des différentes sources de données de l'institution sur demande par des requêtes.

Méta données : Une méta donnée est une « donnée sur des données.

Middleware (intergiciel en français) : est un ensemble de logiciels ou de technologies informatiques qui servent d'intermédiaire entre les applications et le transport des données via le réseau. Ils offrent des services de haut niveau liés aux besoins de communication des applications (temps réel, sécurisation, sérialisation, transaction informatique, etc.).

MOODLE : Moodle est une plate-forme e-learning open source. Elle permet la création de communauté d'apprenants autour de contenus pédagogiques.

Moniteur (Monitor en anglais) Composant capable d'exporter au bon moment les données d'une source locale dans le bon modèle.

NABUCO : Logiciel de gestion financière et comptable des universités.

Objet Opération Evénement : Modèle développé par Odile Foucaut et Odile Thiéry exprimant la dynamique causale car les mêmes causes produisent toujours les mêmes effets.

OLAP : OnLine Analytical Processing. Architecture de programme où l'aspect décisionnel en temps réel est mis en avant.

Peer to Peer : Liaison poste à poste par opposition au modèle client-serveur. Dans ce type de réseau les ordinateurs sont connectés les uns aux autres sans passer par un serveur central.

Prospective : Mode de recherche d'information pour rechercher les nouvelles tendances.

Proxy : Serveur placé entre la machine de l'internaute et le Net pour faire office de zone tampon. Le Proxy sert à la fois de firewall et de mémoire cache.

Pull : Mode classique de la recherche d'information sur les réseaux. L'utilisateur se connecte sur des serveurs et cherche l'information.

Push : Mode nouveau de collecte d'informations sur Internet. En s'abonnant à des fournisseurs de contenu (des chaînes Web), l'information arrive directement sur la machine dès qu'elle est mise à jour et cela sans que l'utilisateur ait besoin d'aller la chercher.

ROLAP : Relational OLAP. Analyse complexe de données, analyse de données multidimensionnelle efficace. Permet un travail avec des objets d'analyse sans connaissance nécessaire sur les structures de données et un accès facile aux données.

RSS : acronyme de Really Simple Syndication (syndication vraiment simple), ou de Rich Site Summary (Résumé complet d'un site) est un format de syndication de contenu Web.

Shibboleth : Shibboleth est un logiciel médiateur « glue » en anglais, c'est-à-dire de couches logicielles intercalées entre le réseau et les applications. Ces programmes servent principalement à authentifier et autoriser les usagers de services en ligne, distinction importante dans ce contexte. Le projet a été lancé en 2000, sa version 1.1 est sortie en 2003.

Slice and dice : Permutation d'axes. Littéralement : couper en tranches et dés.

SSO : Single Sign-On, dispositif permettant à un utilisateur d'accéder à des services divers en ne s'identifiant qu'une seule et unique fois.

Table de faits : Un ensemble de données du même type, permettant de structurer la base multidimensionnelle. Une dimension est parfois appelée un axe. Chaque cellule d'une mesure est associée à une seule position de chaque dimension. Temps, pays, produit sont des dimensions classiques.

Triggers : (déclencheur) Les triggers sont des ordres de déclenchement d'opérations quand un événement survient sur une table. Ils sont souvent utilisés pour assurer la cohérence des données dans la base, en réalisant des contraintes qui doivent porter sur plusieurs tables.

Workflow management : Technique de management fondée sur le principe du workflow. Le workflow management a pour but d'analyser, de modéliser, de simuler et d'améliorer les processus.

XML : Extensible Markup Language. Standard du consortium W3C considéré à l'origine comme un langage facilitant la définition, la validation et le partage de différents formats de documents sur le Web.

Bibliographie

[01NET, 2005] Alain juillet (Intelligence économique) [En ligne] http://www.01net.com/article/267956.html (Page consultée le 16 novembre 2005).

[ACFCI, 1996] ACFCI. *Veille industrielle. Le guide* (L'Intelligence Economique en pratique).

[ACFCI, 1997] ACFCI. Le Livre blanc sur l'Intelligence Économique, 1997.

[ACHARD et BERNAT, 1998] Achard P., Bernat J.-P. *L'intelligence économique, mode d'emploi*, Ed ADBS.

[ADAE, 2004] ADAE : *Le répertoire des schémas XML de l'administration* [En ligne], http://www.adae.gouv.fr/article.php3?id_article=167 (Page consultée le 1er mai 2004).

[AGRAVAL et GUPTA et SARAWAGI, 1997] Agrawal R., Gupta A., Sarawagi A., *Modeling Multidimensional Databases*, ICDE'97.

[AIMS, 1996] Acte de la Conférence Internationale de Management Stratégique (AIMS), Lille, 1996.

[AKOKA et COMYN-WATTIAU, 1999] Akoka J., Comyn-Wattiau I. *Rétro-conception des datawarehouses et des systèmes multidimensionnels*. Congrès Inforsid 1999, La Garde.

[AKOKA, 2002] Akoka, J. *Entrepôts de données et bases multidimensionnelles*, Paris : Lavoisier, 2002.

[ALLAIN-DUPRE et DUHARD, 1997] Allain-Dupré, P. et Duhard, N. Les armes secrètes de la décision. La gestion de l'information au service de la performance économique, Gualino Ed, 1997.

[AMUE, 2001] Agence de modernisation des universités, Les rencontres de l'Agence « Portail étudiant, intranet pédagogique, bureau virtuel... : quel environnement de travail pour les étudiants ? » 4 décembre 2001 38 p.

[AMUE, 2002] Agence de modernisation des universités et des établissements, Séminaire Harpège, Présentation de l'univers Business Objects d'Harpège, 4 et 5 juin 2002.

[AMUE, 2003] Agence de mutualisation des universités, [En ligne] http://www.cpu.fr/Amue/Harpege.asp (Page consultée le 24 février 2003).

[AMUE, 2004] Agence de mutualisation des universités, [en ligne] http://www.amue.fr/Amue/Default.asp (Page consultée le 10 septembre 2004).

[ANDRE, 2005] André F. *Valoriser la production scientifique des laboratoires : enjeux et dimension internationale* [En ligne] http://www.grenoble-universites.fr/servlet/com.univ.utils.LectureFichierJoint?CODE=1131631464682&LANGUE=0 (Page consultée le 16novembre 2005).

[ANTOINE, 1996] Antoine J. Valeurs de sociétés et stratégies des entreprises, PUF, 1996.

[ANTOINE et AVELIN et BOURGES, 2003] Antoine J.-M., Avelin, J.-G., Bourges R. *ESUP Portail : un ENT universitaire*. JRES 2003.

[ARGYRIS et SCHON, 1978] Argyris C., Schon D. *Organizational learning : a theory of action perspective*, Adison Wesley, 1978.

[ARIADNE] ARIADNE : Alliance of Remote Instructional Authoring and Distribution Networks for Europe, http://ariadne.unil.ch/

[ARPAGIAN et TAVAILLOT, 2004] Arpagian N., Tavoillot P.-A. *Un moteur d'efficacité pour les entreprises*. DSI, 2004, vol.10.

[ARPAGIAN, 2004a] Arpagian N. IE à la française : une mosaïque d'acteurs aux parcours hétéroclites. DSI, 2004, vol.10.

[ARPAGIAN, 2004b] Arpagian N. *Une opportunité à saisir pour les services informatiques*. DSI, 2004, vol.10, novembre.

[ASSADI, 1998] Assadi D. Intelligence économique sur Internet. Etudes de marché et veille concurrentielle, Publi-Union, 1998.

[BABINET, 1992] Babinet C. Le devoir de vigilance. De la nécessité du renseignement économique, Denoël, 1992.

[BALPE et SALEH et NANARD, 1997] Balpe J.-P., Saleh I., Nanard M. *Hypertextes et hypermédias*. Hermès, 1997.

[BARALIS et PARABOSCHI et TENIENTE, 1997] Baralis E., Paraboschi S., Teniente E. *Materialized view selection in a multidimensional database*, Proc. VLDB '97.

[BAUMARD, 1991] Baumard P. Stratégie et surveillance des environnements concurrentiels, Masson, 1991.

[BAUMARD, 1996] Baumard P. *Prospective à l'usage du manager*. 1996.

[BAZSALICZA et NAIM, 2001] Bazsalicza M., Naïm P. *Data Mining pour le Web*, Eyrolles, 2001.

[BELLAHSENE, 1998] Bellahsene Z. *View Adaptation in Data Warehousing Systems*, Proceedings of the 9th International Conference on Database and Expert Systems – DEXA'98.

[BERDOT, 2004a] Berdot V. Les métas données retracent l'histoire collaborative d'un document. 01 informatique, 2004, n°1787, p.16.

[BERDOT, 2004b] Berdot V. *Quand le textmining soigne la réputation des entreprises*. 01 informatique, 2004, n°1779, p.28.

[BERDOT, 2004c] Berdot V. *Quand XML fluidifie le traitement des candidatures*. 01 informatique, 2004, 5 novembre, p. 33.

[BERTRAND, 2005] BERTRAND A. *Le Système d'information documentaire de l'Université de Technologie de Compiègne,* Réunion des Directeurs de Bibliothèques, 2005, 25 janvier.

[BESSON et POSSIN, 1996] Besson B., Possin J.-C. Du renseignement à l'intelligence économique. Détecter les menaces et les opportunités pour l'entreprise, Dunod, 1996.

[BESSON et POSSIN, 1998] Besson B., Possin J.-C. L'audit de l'intelligence économique. Mettre en place et optimiser un dispositif coordonné d'intelligence collective, Dunod, 1998.

[BESSON, 1994] Besson B. *Introduction à l'intelligence économique*, CISCP, Chlorofeuilles, 1994.

[BISEUL, 2004] Biseul X. Les technologies de l'information obligent le manager à prouver sa valeur ajoutée. 01 informatique, 2004, n°1784, p.29.

[BLOCH, 1996] Bloch A. *L'intelligence économique.* Economica. 1996.

[BORDAGE, 2004] Bordage F. *Les bases de données bientôt gratuites ?* 01 informatique, 2004, n° 1783, p.24.

[BOTBOL et VERDIER, 2004] Botbol M., Verdier I. France : *Le Top 100 de l'intelligence économique,* 2004.

[BOUAKA et DAVID, 2002] Bouaka N., David A., et al. Contribution à la connaissance des facteurs explicatifs d'un problème d'un décideur dans un contexte d'intelligence économique. Rapport interne – LORIA, 2002, Avril, 10 p.

[BOUAKA et DAVID, 2003] Bouaka N., David A. Modèle pour l'explicitation d'un problème décisionnel : un outil d'aide à la décision dans un contexte d'intelligence économique. IERA 2003, INIST-CNRS, Nancy.

[BOUAKA, 2004] Bouaka N. Développement d'un modèle pour l'explicitation d'un problème décisionnel. Un outil d'aide à la décision dans un contexte d'intelligence économique. Nancy, Université Nancy 2, 2004.

[BOUBKER et REDOUANE, 2004] Boubker S, Redouane E.-Y. *Analyse et conception d'un système d'information avec la méthode MERISE : cas d'une bibliothèque universitaire*, Ecole des sciences de l'information RESI, n° 14, 2004.

[BOULLIER, 2006] Boullier M. La conception de l'information devient documentaire, 2006.

[BOUNFOUF, 1998] Bounfouf A. Le management des ressources immatérielles. Maîtriser les nouveaux leviers de l'avantage compétitif, Dunod, 1998.

[BOUSSAID, 2003] BOUSSAID O. *Entreposage et fouille de données*, Toulouse : Cépaduès, 2003.

[BOYER et NOMINE, 2001] Boyer A., Nominé B. *Managing new educative technology in a medium size university*, In 20th ICDE World Conference on Open Learning and Distance Education. (Düsseldorf, Germany), 2001.

[BRET et SOULE-DUPUY et ZURFLUH, 2000] Bret F., Soule-Dupuy C., Zurfluh G. *Outils méthodologiques pour la conception de bases de données décisionnelles orientées objet*, LMO 2000, St Hilaire (Canada), Janvier 2000.

[BRET et TESTE, 1999] Bret F., Teste O. *Construction Graphique d'Entrepôts et de Magasins de Données*, Actes du XVIIème Congrès INFormatique des ORganisations et Systèmes d'Information et de Décision – INFORSID'99, La Garde.

[BRETT, 2006] Brett G. *Shibboleth enabled applications and services*. [En ligne] http://shibboleth.internet2.edu/seas.html (Page consultée le 19 mars 2006).

[BRETON, 1987] Breton P. *Une histoire de l'informatique*, Paris, Éditions La Découverte, 1987, 261 p. (Coll. Points/Science).

[BRETON, 1989] Breton P. Proulx S. *L'explosion de la communication*, La Découverte, 1989.

[BRETON, 1992] Breton P. *L'utopie de la communication*, La Découverte, 1992.

[BRIARD, 2000] Briard B. MAUD : une méthode pour auditer la qualité des données. Mémoire de DRT SIO, 2000.

[BRONCKART, 1985] Bronckart J.-P. *Le fonctionnement des discours*, Paris, Lausanne, Delachaux & Niestlé, 1985.

[BUENO et DAVID, 2000] Bueno D., David A. *Processing the user model in IRS*. Knowledge-organization, 2000.

[BUZYDLOWSKI et SONG et HASSEL, 1998] Buzydlowski J.W., Song I.Y., Hassell L. *A Framework for Object-Oriented On-Line Analytic Processing*, DOLAP'98, Bethesda (Maryland, USA), 7 November 1998.

[CAMU et GAYOT, 2004] Camu J.-P., Gayot F. Projet d'application. Construction et exploitation d'un hypercube sur les maquettes d'enseignements et diplômes de l'UFR MI. Nancy : DESS ACSI Université Nancy 2, 2004. 39 p.

[CANSELL, 2003] Cansell P. Actions et méthodes d'IE à Giat Industries : acteurs et outils d'une dynamique d'IE, IERA 2003.

[CANTEGREIL, 1991] Cantegreil F. *Vigilance et stratégie. Les nouvelles règles de l'entreprise*, Ed. Comptables Malherbes, 1991.

[CAP, 2003]Cap Gémini Ernst & Young, Etudes préalables à l'élaboration d'un système d'information de gestion des établissements, 2003.

[CARAYON, 2003] Carayon B. *Intelligence économique, compétitivité et cohésion sociale*. Rapport au premier ministre, 2003.

[CHAIX et VELY et VISE, 2006] Chaix T., Vely J., Vise B. *Projet d'application : construction et exploitation d'un hypercube*, Nancy : Master MIAGE Audit et conception des Systèmes d'Information, 2006. 22 p.

[CHAMPIN et PRIE, 2002] Champin P.-A., Prie Y. *MUSETTE : un modèle pour réutiliser l'expérience sur le web sémantique.* 2002, [En ligne] http://www.lalic.paris4.sorbonne.fr/stic/octobre/octobre3/champin.pdf (Page consultée le 24 février 2003).

[CHARTRON, 2002] Chartron G. Les Chercheurs et la documentation numérique : nouveaux services et usages, Cercle de la librairie, 2002.

[CHAUDHURI et DAYAL, 1997] Chaudhuri S., Dayal U. *An Overview of Data Warehousing and OLAP Technology*, ACM SIGMOD Record, 1997, vol. 26, n°1.

[CHAWATHE, 1994] Chawathe S., Garcia-Molina H., Hammer J. *The TSIMMIS Project: Integration of Heterogeneous Information Sources*, In Proceedings of IPSJ Conference, pp. 7-18, Tokyo, Japan, October 1994.

[CHEVRIER, 2004] Chevrier C. Comment la DSI reprend en main les outils de travail collaboratif. 01 informatique, 2004, n°1783, p.16.

[CHRISMENT, 2004] CHRISMENT C. Fouille, transactions, évaluation dans les bases de données, Paris, Lavoisier, 2004.

[CIGREF, 2003] Intelligence économique et stratégique, les systèmes d'information au cœur de la démarche. CIGREF, 2003.

[CLAMEN, 1997] Clamen M. Le lobbying et ses secrets. Guide des techniques de l'influence, Dunod, 1997.

[CLERC, 2004] Clerc P. Les modèles d'intelligence économique dans le monde. 8 p.

[COAD et YOURDON, 1991] Coad P., Yourdon E. *Object-oriented analysis, Prentice-Hall Internatio*nal, second edition, 1991.

[COLLETIS, 1997] Colletis. Intelligence économique : vers un nouveau concept en analyse économique ? Revue d'intelligence économique, n°1, 1997.

[COMMISSARIAT, 1990] Commissariat Général au Plan. Information et compétitivité, La Documentation française, 1990.

[COURTIAL, 1990] Courtial J.-P. Introduction à la scientométrie. De la bibliométrie à la veille technologique, Anthropos, 1990.

[COUZINET, 2005] Couzinet, V. Intelligence économique et sciences de l'information et de la communication : quelles questions de recherche ? ISKO-France 2005, Nancy.

[DALBERA et SEVIGNY, 2001] Dalbéra J.-P., Sévigny M. SDX, Système Documentaire en XML : une plate-forme ouverte et modulaire pour la diffusion et la gestion d'ensembles de documents XML. Culture et recherche n° 83, mars-avril 2001.

[DALBIN, 2003] Dalbin S. *La modélisation : pourquoi l'intégrer dans les systèmes d'information documentaire ?* La revue Documentaliste – Sciences de l'information, 2003, vol. 40, n° 3, p. 226-231

[DAVID et BUENO, 2001] David A., Bueno D., et al. *Case base reasoning, user model & irs*. SCI 2001, Orlando, Florida, USA.

[DAVID et RICARDO, 2002] David B., Ricardo C., et al. *METIORE: A publications reference for the Adaptive hypermedia community*; AH 2002 : adaptive hypermedia and adaptive web-based systems : Malaga, 29-31 May 2002. Lecture notes in computer science 2002, n° 2347, p. 480-483.

[DAVID et THIERY, 1990] David A, Thiéry, O. Processus EXPRIM, Image et IA pour un EIIAO individualise (Enseignement par l'Image Intelligemment Assistee par Ordinateur). 1990, 200 p.

[DAVID et THIERY, 2001] David A., Thiéry O. *Prise en compte du profil de l'utilisateur dans un système d'information stratégique*, In veille stratégique scientifique et technique – VSST'2001, Barcelone, 15-19 octobre 2001.

[DAVID et THIERY, 2002] David A., Thiéry O. *Application of « equa2te » architecture in economic intelligence*, 2002, [en ligne] http://ictei2002.loria.fr/papers/equate.htm (Page consultée le 24 février 2003). »

[DAVID, 1998] David A. *Modélisation de données*, cours, 1998.

[DAVID, 1999] DAVID Amos. Modélisation de l'utilisateur et recherche coopérative d'information, cours, 1999.

[DAVID, 2000] David A. Outils IST-IE Information Scientifique et Technique Intelligence Économique, cours, 2000.

[DAVY, 2004] Davy P. *La persistance avec Service Data Objects*. 01 informatique, 2004, n°1783, p.20.

[DE GUERNY et DELBES, 1993] De Guerny J., Delbes, R. *Gestion concurrentielle, pratique de la veille*, Ed. Delmas, 1993.

[DE LA PASSADIERE et JARRAUD, 2004] De la Passadière B., Jarraud P. *ManUel, un profil d'application de LOM pour C@mpuSciences*. Prépublication de la revue Sticef.org, 37 p., 2004.

[DE MENTQUE CLIQUOT, 1993] De Mentque Cliquot, C. VTT, L'Annuaire des professionnels de la veille et du transfert de technologies, A jour, 1993.

[DE ROSNAY, 1975] De Rosnay J. *Le macroscope*, Seuil, 1975.

[DE ROSNAY, 1995] De Rosnay J. L'homme symbiotique : regards sur le troisième millénaire, Seuil, 1995.

[DEBRAY, 1991] Debray R. *Cours de médiologie générale*, Paris, Éditions Gallimard, 1991.

[DELBECQUE, 2004] Delbecque, E. *Intelligence Économique et Management Stratégique*. [En ligne] http://www.infosentinel.com, 2004.

[DESFORGES, 2000] Desforges T. L'Evolution des systèmes d'information distribués : convergence sur les services et la relation utilisateur. AIM 2000, Montpellier, 8-10 novembre 2000.

[DESNOS, 2000] Desnos J.-F. *Projet « Entrepôt de Données »*, Agence de Modernisation des Universités, 15 mai 2000, Assises du CSIESR.

[DESNOS, 2002] Desnos J.-F. *Projet Entrepôt de données*, 2002 [en ligne] http://www.amue.fr/Telecharger/seminaire_pilotage_mars2002/J.F.Desnos.pdf (Page consultée le 10 septembre 2004).

[DESVALS, 1992] Desvals H. La veille technologique. L'information scientifique, technique et industrielle, Dunod, 1992.

[DOKEOS] Dokeos : *Open Source Learning & Collaboration Management*, http://www.dokeos.com/index.php.

[DOU, 1995] Dou H. Veille technologique et compétitivité. L'intelligence économique au service du développement industriel, Dunod, 1995.

[DOYEN, 1998] Doyen J. *Définition d'un tableau de bord de l'emploi au Luxembourg*, Mémoire de DRT SIO, CRP-CU, 1998.

[DUBOIS, 2004] Dubois A.-C. LMD et formation à la recherche documentaire en bibliothèque universitaire : rupture ou continuités. Mémoire d'étude janvier 2004. 82 p.

[DUCLOY, 2002a] Ducloy J. Cours IUT Paris 2002. [En ligne] http://portail.inist.fr/dilib/v0.3/DilibBottom/Local/WWW/Cours/iut.html (Page consultée le 24 février 2003).

[DUCLOY, 2002b] Ducloy J. Cours IUT Paris 2002, [en ligne] http://dilib.inist.fr/~ducloy/iut.html (Page consultée le 10 septembre 2004)

[DUCLOY, 2005] Ducloy J. *Bibliothèque des savoirs en élaboration et métas données* [En ligne] http://www.grenoble-universites.fr/servlet/com.univ.utils.LectureFichierJoint?CODE=1131632706546&LANGUE=0 (Page consultée le 16 novembre 2005).

[DUPRE, 2002] Dupré J. Renseignements et entreprises. Intelligence économique, espionnage industriel et sécurité juridique. Paris, Lavauzelle, 2002.

[DUVEAU-PATUREAU, 2003] Duveau-Patureau V. *Le Nouvel enseignant-chercheur : un pédagogue créatif autour de son expertise*. [En ligne] http://www.formasup.education.fr/fichier_statique/campus/salon/VDPcompetenseigner.ppt. (Page consultée le 24 février 2003).

[ENCORA] *ENCORA : Environnement Numérique du Campus Ouvert Rhône Alpes*, http://www.educnet.education.fr/superieur/fiches/encora.htm

[ESCARPIT, 1990] Escarpit R. Théorie générale de l'information et de la communication, Hachette, 1990.

[ESSENTIEL, 2003] *L'Essentiel d'Unified Modeling Language (UML)*, http://madchat.org/coding/other/CSI_UML_2003.pdf.

[ESUP] Esup portail : Environnement numérique de travail d'accès intégré aux services pour les étudiants et le personnel de l'enseignement supérieur, [En ligne] http://www.esup-portail.org/ (Page consultée le 10 septembre 2004).

[FIEVET, 1993] Fiévet G. De la stratégie. L'expérience militaire au service de l'entreprise, Interéditions, 1993.

[FLUHR, 2001] Fluhr C. *Filtrage et résumé automatique de l'information sur les réseaux*, 3e Congrès du chapitre français de l'ISKO, 5-6 juillet 2001, Université de Paris X, 2001, p.13-23.

[FOUCAUT et THIERY, 1996a] Foucaut O., Thiéry O. *L'Evolution des méthodes de conception des systèmes d'information stratégiques*. Conférence invitée au Symposium sur les Systèmes d'Informations Stratégiques, Luxembourg, 1996.

[FOUCAUT et THIERY et SMAILI, 1996b] Foucaut O., Thiéry O., Smaili K. Conception des systèmes d'information et programmation événementielle : de l'étape conceptuelle à l'étape d'implantation, InterEditions, 1996.

[FOUCAUT et THIERY, 1998] Foucaut O., Thiéry, O. Un modèle unique, le modèle OOE, pour la conception des systèmes d'information : de l'étape conceptuelle à l'étape de programmation. Lettre de l'ADELI, 1998, avril n° 31.

[FOUCAUT et SMAILI et THIERY, 2005a] Foucaut O., Smaili K., Thiéry O. *TP Powerplay (Version 7), Exploration d'une base multidimensionnelle*. Nancy, MIAGE MSG, 2005.

[FOUCAUT et SMAILI et THIERY, 2005b] Foucaut O., Smaili K., Thiéry O. *TP Powerplay Cognos (Version 7), Création d'une base multidimensionnelle : Les Comptoirs*. Nancy, MIAGE MSG, 2005.

[FOULONNEAU, 2005] Foulonneau M. *Cyberinfrastructures pour l'enseignement et la recherche, centres de ressources virtuels et bibliothèques numériques* [En ligne] http://www.grenoble-universites.fr/servlet/com.univ.utils.LectureFichierJoint?CODE=1131631717402&LANGUE=0 (Page consultée le 6 novembre 2005).

[FOWLER et SCOTT, 1997] Fowler M., Scott K. *UML Distilled, applying the standard object modeling language*, Addison Wesley, 1997.

[FRANCO et DE LIGNEROLLES, 2000]   Franco, J.-M., De Lignerolles S. *Piloter l'entreprise grâce au data Warehouse*, Eyrolles, 2000.

[FRANCO, 1997a]   Franco J.-M. *Le data warehouse : le data mining*, Paris, 1997.

[FRANCO, 1997b]   Franco J.-M. Le Data Wharehouse : objectifs, définitions, architectures, Eyrolles, 1997.

[GABRIELet OHAYON, 2007]   Gabriel A., OhayonE. *Les outils décisionnels : description de l'offre commerciale et Open Source*. Master Miage Spécialité : Audit et Conception des Systèmes d'Information. Nancy : Master Miage Audit et Conception des Systèmes d'Information. 83 p.

[GARCIA-MOLINA et LABIO et YANG, 1998]   Garcia-Molina H., Labio W. J., Yang J. *Expiring Data in a Warehouse*, In Proceedings of the 24th VLDB Conference – VLDB'98, New York (USA), August, 1998.

[GARADARIN, 2005]   Gardarin, G. *Data warehouse*. [En ligne] http://perso.wanadoo.fr/georges.gardarin/CoursDataMining2003/2-Datawarehouse.ppt (Page consultée le 29 janvier 2006)

[GLAIS, 1992]   Glais, M. Économie industrielle. Les stratégies concurrentielles des firmes, Litec, 1992.

[GOGLIN, 2001]   Goglin J.-F. La construction du datawarehouse : du datamart au dataweb, Paris, 2001.

[GOLDFINGER, 1994]   Goldfinger C. *L'Utile et le Futile. L'économie de l'immatériel*, Odile Jacob, 1994.

[GOUARNE, 1998] Gouarné J.-M. Le Projet décisionnel : enjeux, modèles et architectures du data warehouse, Eyrolles, 1998.

[GRENOBLE, 2005]   GRENOBLE UNIVERSITES : *Construire la brique documentaire des Environnements Numériques de Travail*. [En ligne] http://www.grenoble-universites.fr/03196695/0/fiche___pagelibre/ (Page consultée le 31 Octobre 2005).

[GUILHON, 2003] Guilhon A. Le processus d'intelligence économique et l'identité de la PME, Editions Economica, 2003.

[GUILHON et LEVET, 2003]   Guilhon B., Levet J.-L. *De l'intelligence économique à l'économie de la connaissance*. Economica, 2003.

[GUISNEL, 1995] Guisnel J. Guerres dans le Cyberespace. Services secrets et Internet, Ed. De la Découverte, 1995.

[GUPTA et MUMICK, 1999]   Gupta H., Mumick I.S. *Selection of Views to Materialize Under a Maintenance-Time Constraint*, In Proceedings of the International Conference on Database Theory – ICDT'99, Jerusalam (Israel), January 1999.

[GYSSEN et LAKSHMANAN, 1997]   Gyssen M., Lakshmanan L.V.S. *A Foundation for Multi-Dimensional Databases*, In Proceedings of 23rd

International Conference on Very Large Data Bases – VLDB'97, Athens (Greece), August 25-29, 1997.

[HARBULOT et BAUMARD, 1997] Harbulot C., Baumard P. *Perspective historique de l'intelligence économique*. Revue d'intelligence économique, 1997, n°1.

[HARBULOT, 1990] Harbulot C. *Techniques offensives et guerre économique*. Etude Aditech-CPE, Aditech. n°131, 1990.

[HARBULOT, 1992] Harbulot C. *La machine de guerre économique*. Etats-Unis, Japon, Europe., Inter-éditions, 1992.

[HASSID et JACQUES-GUSTAVE, 1997] Hassid L., Jacques-Gustave P., et al. *Les PME face au défi de l'intelligence économique*, Dunod, 1997.

[HENRI, 1998] Henri B. *Le renseignement. Un enjeu de pouvoir*. Economica. 1998.

[HUNT et ZARTARIAN, 1990] Hunt C., Zartarian V. Le renseignement stratégique au service de votre entreprise. L'information pour gagner, First, 1990.

[HUYN, 1997] Huyn N. *Multiple-View Self-Maintenance in Data Warehousing Environments*, In Proceedings of 23rd International Conference on Very Large Data Bases – VLDB'97, Athens (Greece), August 25-29 1997.

[IMPACT, 2002] *L'Impact du web sur les bases de données de l'entreprise*, 2002. [En ligne] http://www.veblog.com/fr/2002/0121-bdd-et-web.html (Page consultée le 24 février 2003).

[INFORMATION, 2003] Information interaction intelligence : une revue en sciences du traitement de l'information = a journal in the sciences of information engineering. Toulouse : Epodes, 2003.

[INMON, 1997] Inmon W.-H., Zachman John A., Geiger Jonathan G. *Data Stores, Data Warehouses and the Zachman Framework*, 1997.

[INMON, 2002] Inmon W.-H., *Building the data warehouse*, New York, 2002.

[JACQUES-GUSTAVE et MOINET, 1995] Jacques-Gustave P., Moinet N. *Intelligence économique et stratégies des PME. Une étude de cas sur l'ARC* Poitiers Futuroscope Chatellerault, Défense Conseil International, 1995.

[JACQUOT, 2004] Jacquot T. Le CHU de Besançon mise sur le tout-XML en vue du dossier médical « patient ». 01 Réseaux, 2004, n°144, p.102-103.

[JAKOBIAK, 1988] Jakobiak F. *Maîtriser l'information critique*, Ed. d'Organisation, 1988, 225 p.

[JAKOBIAK, 1990] Jakobiak, F. *Pratique de la veille technologique*, Ed. d'Organisation, 1990.

[JAKOBIAK, 1992] Jakobiak F. *Exemples commentés de veille technologique*, Ed. d'Organisation, 1992.

[JAKOBIAK, 1994] Jakobiak F. *Le brevet source d'information*, Dunod, 1994.

[JAKOBIAK, 1998] Jakobiak F. *L'intelligence économique en pratique*, Ed d'Organisation, 1998.

[JUILLET, 2004] Juillet A. L'Intelligence économique exige un outil informatique performant. 01 informatique, 2004, n° 1768.

[KAMINSKY, 2004] Kaminsky D. *France : le top 100 de l'intelligence économique*. Bases, 2004, n° 201.

[KETTANI et MIGNET, 1998] Kettani N., Mignet D. *De Merise à UML*, Eyrolles, 1998.

[KIMBALL, 1996] Kimball R. *The data warehouse toolkit*, John Wiley and Sons, 1996.

[KIMBALL, 2000a] Kimball R. Concevoir et déployer un data warehouse, guide de conduite de projet, Eyrolles, 2000.

[KIMBALL, 2000b] Kimball R., Merz R. Le Data webhouse, analyser les comportements client sur le web, Eyrolles, 2000.

[KIMBALL, 2003] Kimball R. Ross M. Entrepôts de données : guide pratique de modélisation dimensionnelle, Paris : Vuibert, 2003.

[KISLIN et DAVID et PEGUIRON, 2003] Kislin P., David A., Peguiron F. Caractérisation des éléments de solutions en recherche d'information : conception d'un modèle dynamique dans un contexte décisionnel, ISKO2003, Grenoble. http://www.loria.fr/%7Epeguiron/ISKO2003.doc.

[KISLIN et DAVID, 2002] Kislin P., David A., et al. *A model of information retrieval problem in economic intelligence context*. SCI'2002, Orlando, Florida, USA, 14-18 july 2002.

[KISLIN et DAVID, 2003] Kislin P., David A. De la caractérisation de l'espace-problème décisionnel à l'élaboration des éléments de solution en recherche d'information dans un contexte d'intelligence économique : le modèle WISP. IERA 2003, INIST-CNRS, Nancy.

[KNAUF et DAVID, 2004] Knauf A., David A., et al. *Vers une meilleure caractérisation des rôles et compétences de l'infomédiaire dans le processus d'intelligence économique* ; VSST'2004 : veille stratégique scientifique & technologique : systèmes d'information élaborée, bibliométrie, linguistique, intelligence économique : Toulouse, 25-29 octobre 2004. 2004, vol 2, p. 99-100.

[LACOSTE et THUAL, 2002] Lacoste A., Thual F. *Services secrets et géopolitique*. Paris, Lavauzelle, 2002.

[LAINE-CRUZEL, 2001] Laine-cruzel S. Vers un nouveau positionnement des professionnels de l'information : quelle valeur ajoutée, pour quels systèmes ? ISKO-France 2001, Nanterre.

[LAINEE, 1991] Lainée F. La veille technologique. De l'amateurisme au professionnalisme, Eyrolles, 1991.

[LAPERCHE, 1998] Laperche B. *La firme et l'innovation. Innover pour conquérir*, Ed. L'Harmattan, 1998.

[LE CANNELLIER, 2006] Le Cannellier C. *Les solutions Open Source pour le Décisionnel*, EURIWARE Solutions Linux – Cycle Gestion d'Entreprise, CNIT Paris La Défense, 31 janvier 2006, http://www.progilibre.com/index.php?action=telechargement&startdownload=6_Euriwa re.pdf&startid=11403&classeur=2122&PHPSESSID=b68d8e97e461773c3bfd518a4570 7ff9 (Page consultée le 19 mars 2006).

[COADIC, 1997] Coadic Y.-F. *La science de l'information*, 2e édition, PUF, 1997, (Que sais-je ?).

[LE COADIC, 1997] Le Coadic Y.-F. *Usages et usagers de l'information*, Nathan, 1997.

[LE COADIC, 1998] Le Coadic Y.-F. Le besoin d'information : Formulation, négociation, diagnostic, ADBS, 1998.

[LE MOIGNE, 1974] Le Moigne J.-L. *Les systèmes de décision dans les organisations*, Editions PUF, 1974.

[LEFEBURE et VENTURI, 2001] Lefébure R., Venturi G. Data Mining, Gestion de la relation Client, Personnalisation des sites Web, Eyrolles, 2001.

[LESCA et LESCA, 1994] Lesca H., Lesca E. Veille stratégique. L'intelligence de l'entreprise, 1994.

[LESCA et LESCA, 1995] Lesca H., Lesca E. Gestion de l'information : qualité de l'information et performances de l'entreprise, Editions Litec, 1995.

[LESOURNE et STOFFAES, 1996] Lesourne J., Stoffaes C. *La prospective stratégique d'entreprise. Concepts et études de cas*, Interéditions, 1996.

[LEVET et PATUREL, 1996] Levet J.-L., Paturel R. *L'intégration de la démarche d'intelligence économique*, 1996.

[LEVET et TOURRET, 1992] Levet J.-L., Tourret J.-C. La révolution des pouvoirs. Les patriotismes économiques à l'épreuve de la mondialisation, Economica, 1992.

[LEVY, 1997] Levy P. *Cyberculture*, Odile Jacob, 1997.

[LEVY, 1987] Levy P. La machine univers, création, cognition et culture informatique, La Découverte, 1987.

[LEVY, 1990] Levy P. Les technologies de l'intelligence : l'avenir de la pensée à l'ère informatique, Editions la découverte, 1990.

[LEVY, 1991] Levy P. L'idéographie dynamique, vers une imagination artificielle ? La Découverte, 1991.

[LEVY, 1994]Levy P. *L'intelligence collective*, Paris, Éditions La Découverte, 1994.

[LEVY, 1995]Levy P. *Qu'est-ce que le virtuel ?*, La Découverte, 1995.

[L'HUILLIER, 1995] L'Huillier H. La métamorphose de l'unité documentaire. Comment l'unité documentaire peut-elle s'accorder à l'évolution de son environnement ? Termes du problème, orientations concrètes et outils pratiques, Lynx-Edicom, 1995.

[LOISEAU et GENEST] Loiseau S., Genest D. *Modèles de connaissances graphiques.* [En ligne] http://www.info.univ-angers.fr/pub/genest/equipe/themes/modelesgraphiques.html (Page consultée le 24 février 2003).

[LORIA, 2005] Team SITE : Modeling and Development of Economic Intelligence Systems ; Activity Report LORIA 2005, 18 p.

[LUPOVICI, 1999] Lupovici C. *Identification des ressources sur Internet et métas données : diversité des standards.* Documentaliste-sciences de l'information, 1999, vol. 36, n° 6, p. 321-325.

[MALLERAY, 2008] Mallereay de E. Meta données et analyses multidimensionnelles à travers les hypercubes. Mémoire de recherche scientifique, ENSMN, FICM3, 2008.

[MALON, 1999] Malon A. Eléments méthodologiques pour la construction des bases de données multidimensionnelles, Application dans le domaine du pilotage en milieu bancaire. Mémoire de DRT SIO, SNVB, 1999.

[MANUEL] *Manuel d'utilisation de l'infocentre PILOTAGE*, http://ftp.amue.fr/documents_publics/apogee/II_doc_fonctionnelle/D_pilotage/MANINFO.doc.

[MARIANNA et DAVID, 2000] Marianna M., David A., et al. Automatisation des recherches sur Internet au moyen d'agents intelligents, 2000, 70 p.

[MARTI et MARTINET, 1995] Marti Y.-M., Martinet B. *L'intelligence économique. Les yeux et les oreilles de l'entreprise*, Ed. D'Organisation, 1995.

[MARTINET et RIBAULT, 1989] Martinet B., Ribault J.-M. *La veille technologique, concurrentielle et commerciale*, Ed. D'Organisation, 1989.

[MARTRE, 1994a] Martre, H. *Information et compétitivité*, La Documentation française, 1994.

[MARTRE, 1994b] Martre H., Levet J.-L., et al. *Rapport dit « Martre » : Intelligence économique et stratégie des entreprises*, Rapport du Commissariat Général au Plan, Paris, La Documentation Française, 1994.

[MASINI et NAPOLI, 1989] Masini G., Napoli A., et al. Les langages à objets : langages de classes, langages de frames, langage d'acteurs, InterEdition, 1989.

[MATHIEUX, 2004] Mathieux B. *Les services publics sur Internet plaisent aux français*. 01 informatique, 2004, n° 1781, p.30.

[MAYERE, 1990] Mayère A. *Pour une économie de l'information*, Ed. du CNRS, 1990 ;

[MAYERE, 1997] Mayère A. *La société informationnelle. Enjeux sociaux et approches économiques*, Ed. L'Harmattan, 1997.

[MCLUHAN, 1977] Mcluhan M. *La galaxie Gutenberg face à l'ère électronique*, Paris, Gallimard, 1977.

[MEN, 2001] MEN DT Bureau B3, *Competice outil de pilotage par les compétences des projets tice dans l'enseignement supérieur*, 2001. [En ligne] http://www.formasup.education.fr/fichier_statique/etude/competice9.pdf (Page consultée le 24 février 2003).

[MINC et NORA, 1978] Minc A, Nora. S. *L'informatisation de la société*, Points Seuil, 1978.

[MODELE] *Modèle de recherche d'information collaborative*. [En ligne] http://www-mrim.imag.fr/presentation/collaboratif.php (Page consultée le 24 février 2003).

[MONTECRISTO] *MonteCristo : Portail de services aux étudiants et personnels*, http://www.educnet.education.fr/superieur/fiches/montecristo.htm.

[MOODLE, 2005] *Moodle : a free open source course management system for online learning*. [En ligne] http://moodle.org/index.php?lang=fr (Page consultée le 23 octobre 2005).

[MORGAT, 1995] Morgat P. *Audit et gestion stratégique de l'information*, Ed. d'Organisation, 1995.

[MORIN, 1992] Morin E. *La connaissance de la connaissance*, Seuil, 1992.

[MORIN, 1997] Morin E. *La méthode*, Seuil, 1977.

[MORIN, 1999] Morin E. *L'intelligence de la complexité*, L'Harmattan, 1999.

[MOUVEMENT] *Mouvement Freinet*, http://www.freinet.org/.

[MUCKENHIRN, 2003] Muckenhirn P. *Le Système d'information décisionnel, construction et exploitation*, Lavoisier, 2003.

[MULLER, 1997] Muller P.-A. *Modélisation objet avec UML*, Eyrolles, 1997.

[MULLER] Muller P.-A. *Représentation des vues d'architecture avec UML*, http://magda.elibel.tm.fr/refs/UML/architecture.pdf.

[NATAF, 2002] Nataf J.-B. L'Entrepôt de Données, partie prenante du développement d'un Système d'Information de l'université, Intervention du 27 Mars 2002.

[NATAF, 2001] Nataf J.-B. *Structure de l'entrepôt de données de pilotage*, Avril 2001 [En ligne] http://www.cpu.fr/Telecharger/NatafP6StructureEntrepotDeDonnees.pdf (Page consultée le 15 avril 2004).

[NIEUWBOURG, 2005] Nieuwbourg P. *Talend développe un ETL français en open source*, mardi 20 décembre 2005. [En ligne] http://www.decideo.fr/Talend-developpe-un-ETL-francais-en-open-source_a1093.html?voir_commentaire=oui (Page consultée le 19 mars 2006).

[NOMINE, 2004] Nominé B. ESUP portail : espace numérique de travail pour tous, Nancy, 2004.

[NOURRISSIER et THIERY, 2002] Nourrissier P., Thiéry O. *De l'élaboration d'un site web à l'extraction de données*, In Journées francophones d'extraction et de gestion des connaissances, EGC'2002, Montpellier.

[OAI, 2005] *Open archives initiative : tolls*. [En ligne] http://www.openarchives.org/tools/tools.html (Page consultée le 19 mars 2006).

[OAIP] *Open Archives Initiative – Protocol for Metadata Harvesting – v.2.0*. [En ligne] http://www.openarchives.org/OAI/openarchivesprotocol.html (Page consultée le 26 Février 2006).

[OFFICE] Office Québécois de la langue française. *Le Grand dictionnaire terminologique du Québec.* [En ligne] http://www.granddictionnaire.com/btml/fra/r_motclef/index1024_1.asp (Page consultée le 24 février 2003)

[ORBESON, 1997] Orbeson P. *L'Internet et l'intelligence économique*, Ed. d'Organisation, 1997.

[OUBRICH, 2003] Oubrich M. *Processus d'intelligence économique : transformer l'information en connaissance*, AIM 2003, Grenoble.

[PACH et PARAPONIARIS, 1993] Paché C., Paraponiaris C. *L'entreprise en réseau*, PUF, 1993, Que-sais-je ?

[PADIS, 2004] Padis M.-O. L'Intelligence économique en France : les incertitudes du marché. Archimag, 2004.

[PANET et LETOUCHE, 1994] Panet G., Letouche R. *Merise/2 : Modèles et techniques avancés*, Les Editions d'Organisation, 1994.

[PATEYRON, 1998] Pateyron E. *La veille stratégique.* Economica, 1998.

[PEAUCELLE, 1999] Peaucelle J.-L. Les Systèmes d'information : la représentation PUF, 1999.

[PEGUIRON, 2001] Peguiron F. *Accès à l'information sur Internet, pratiques et tendances des utilisateurs : dans un contexte de documentation électronique*, Université de Nancy-Metz, 2001. [En ligne] http://www.loria.fr/%7Epeguiron/MEMDOC.pdf.

[PEGUIRON, 2006] Peguiron F. Application de l'Intelligence Economique dans un Système d'Information Strategique universitaire : les apports de la modélisation des acteurs. Thèse : Université Nancy II. [En ligne] http://www.loria.fr/~peguiron/peguiron_these.pdf

[PEGUIRON et DAVID et THIERY, 2003] Peguiron F., David A., Thiéry O. *Intelligence économique dans un cadre universitaire intégrant la modélisation de l'utilisateur*, IERA 2003, Nancy. [En ligne] http://www.loria.fr/%7Epeguiron/IERA2003.doc (Page consultée le 15 avril 2004).

[PEGUIRON et KISLIN et BOUAKA, 2003] Peguiron F., Kislin P., Bouaka N. *Activity-based classification of university actors for the construction of a domain-oriented data warehouse*, SCI2003. [En ligne] http://www.sciences.bu.u-nancy.fr/Parc/recherche/SCI2003.doc (Page consultée le 15 avril 2004).

[PEGUIRON et THIERY, 2004] Peguiron F., Thiéry O., et al. *Modéliser l'acteur dans le système d'information stratégique d'une université* ; VSST'2004 : veille stratégique scientifique & technologique : systèmes d'information élaborée, bibliométrie, linguistique, intelligence économique : Toulouse, 25-29 octobre 2004. 2004; vol 2, 179-189. http://www.loria.fr/%7Epeguiron/VSST2004.doc.

[PEGUIRON et THIERY, 2005] Peguiron F., Thiéry O., *Modélisation des acteurs et des ressources : application au contexte d'un SIS universitaire*, ISKO-France 2005, Nancy, http://www.loria.fr/%7Epeguiron/ISKO2005.doc.

[PICARD, 1991] Picard D. La veille sociale. Prévoir et gérer la conflictualité industrielle, Librairie Vuibert, 1991.

[POLITY, 1999] Polity Y. *Le comportement des chercheurs dans leur activité*, 6 pages, URL : http://www-sv.cict.fr/adbu/actes_et_je/je99/Polity.html. 1999.

[POLITY, 2001] Polity Y. *Du paradigme orienté-usager au paradigme orienté-acteur*. GREMI Groupe de Réflexion sur l'Enseignement des Méthodologies de l'Information, 22 mars 2001.

[PORTER, 1989] Porter M. *Choix stratégiques et concurrence.* Economica, 1989.

[PORTER, 1993] Porter M. *L'avantage concurrentiel des nations.* Economica, 1993.

[POTTIER, 2002] Pottier S. Mise en place de méthodes et d'outils pour le processus d'extraction de donnée en vue d'analyse décisionnelle. La méthode RADHE. Loria. Nancy, Université Nancy 2. Diplôme de recherche technologique, 2002, 87 p.

[PRENSKY, 2004] Prensky M. *Capturing the Value of "Generation Tech" Employees.* [En ligne] http://www.strategy-business.com/enewsarticle/enews063004 (Page consultée le 12 avril 2006).

[QUASS et GUPTA et MUMICK, 1996] Quass D., Gupta A., Mumick I., *Making Views Self-Maintainable for Data Warehousing*, In Proceedings of the Conference on Parallel and Distributed Information Systems, Miami Beach (Florida, USA), December 1996.

[QUESTER, 2004] Quester C. Solutions : les français maîtrisent le terrain. DSI, 2004, n°10.

[RAVAT et TESTE et ZURFLUH, 2001] Ravat F., Teste O., Zurfluh G., *Modélisation multidimensionnelle des systèmes décisionnels*, In Actes des 1ères Journées Francophones d'Extraction et de Gestion des Connaissances – EGC 2001, 18-19 Janvier 2001, Nantes (Loire-Atlantique, France).

[REBAT, 2005] Rebat Marie-Thérèse. *Les professionnels de la documentation au service de l'enseignement supérieur et de la recherche*. [En ligne] http://www.grenoble-universites.fr/servlet/com.univ.utils.LectureFichierJoint?CODE=1131632902547&LANGUE=0 (Page consultée le 16 novembre 2005).

[RECHERCHE] Sous-direction des Technologies Educatives, des Technologies de l'Information et de la Communication. [En ligne] http://www.recherche.gouv.fr/brochure/techno/educative.htm (Page consultée le 24 février 2003).

[REVELLI, 1998] Revelli C. L'intelligence stratégique sur Internet. Comment développer efficacement des activités de veille et de recherche sur les réseaux, Dunod, 1998.

[REVELLI, 2000] Revelli C. Intelligence stratégique sur Internet : comment développer des activités de veille et d'intelligence économique sur le web, 2000.

[ROCHFELD et MOREJON, 1989] Rochfeld A., Morejon J. *La Méthode Merise, Tome 3, Gamme opératoire*, Editions d'Organisation, 1989.

[ROLE, 2004] Role F. Modélisation et manipulation de documents XML, 2004.

[ROLLAND et FOUCAUT, 1978] Rolland C., Foucaut O. *Concepts for design of an information system cnceptual schema an dits utilization in the REMORA project*, Proceedings, 4th International Conference on VLDB, Berlin, 1978.

[ROLLAND et FOUCAUT, 1987] Rolland C., Foucaut O., Benci G. *Conception des Systèmes d'Information, la méthode Remora*, Eyrolles, 1987.

[ROMAGNI et WILD, 1998] Romagni P., Wild V. *L'intelligence économique au service de l'entreprise*, Presse du Management, 1998.

[ROUACH, 1996] Rouach D. La veille technologique et l'intelligence économique, 1996.

[RUMBAUGH, 1995] Rumbaugh, J. *Modélisation et conception orientée objet*, Masson, 1995.

[SABLIER, 1997] Sablier A. *Le renseignement stratégique d'entreprise*, Ed. l'Harmattan, 1997.

[SADOK et BANABDALLAH et LESCA, 2003] Sadok M., Benabdallah S., Lesca H. Apports Différentiels de l'Internet pour la Veille Anticipative : Application au cas de Réponse aux Atteintes à la Sécurité des Réseaux d'Entreprise. 2003.

[SALAUN, 2003] Salaün, Olivier. *Introduction aux architectures web de Single Sign-on*. Comité Réseau des Universités. Campus de Beaulieu – Rennes. 15 Octobre 2003.

[SALLES, 2000a] Salles M. *Conception et mise en œuvre de systèmes d'intelligence économique*. Revue d'intelligence économique, 2000, n° 6-7.

[SALLES, 2000b] Salles M. *Quels dispositifs d'IE pour les organisations* ? Revue d'intelligence économique, 2000, n° 6-7.

[SALMON et DE LINARES, 1997] Salmon R., De Linares Y. L'intelligence compétitive. Une combinaison subtile pour gagner ensemble. Economica, 1997.

[SAMIER et SANDOVAL, 1998] Samier H., Sandoval V. *La recherche intelligente sur l'Internet. Outils et méthodes*, Hermès, 1998.

[SANS, 2003] Sans C., Drouin Ph. AMUE, Etude Système d'Information. Gestion financière et comptable : Étude de cadrage des scénarios, Cap Gemini Ernst & Young Paris, le 23 mai 2003.

[SCD, 2005]*Réinformatisation du SCD de l'Université de Valenciennes*. [En ligne] http://www.grenoble-universites.fr/servlet/com.univ.utils.LectureFichierJoint?CODE=1131632031310&LANGUE=0 (Page consultée le 16 novembre 2005).

[SCHEMA, 2004] *Schéma directeur des espaces numériques de travail, Ministère de la jeunesse, de l'éducation nationale, et de la recherche*, 2004, http://www.educnet.education.fr/chrgt/SDET-v1.doc.

[SIMIER et THIERY et DAVID, 2002] Simier P., Thiéry O., David A. L'Intelligence Economique et l'utilisateur-acteur au centre du processus de management. Congrés AIM, 2002.

[SITE] *Site du programme d'action gouvernemental pour la société de l'information*. [En ligne] http://www.internet.gouv.fr/francais/index.html (Page consultée le 24 février 2003).

[SITEb] *Site de la Mission Technologies de l'Information et de la Communication*. [En ligne] http://www.mtic.pm.gouv.fr (Page consultée le 24 février 2003).

[SMILE, 2007] Smile motoristes internet. Livre blanc décisionnel open source.

[SWEENEY, 2005] Sweeney R. *Creating WOW ! Services for millenials.* [En ligne] http://www.library.njit.edu/staff-folders/sweeney/Millennials%203-26%202004%20Test/Millennials%20Web%20Site.ppt (Page consultée le 12 avril 2005).

[TARDIEU et GUTHMANN, 1991] Tardieu H., Guthmann B. *Le Triangle stratégique.* Les Editions d'Organisation, 1991.

[TAVAILLOT, 2004] Tavaillot P.-A. *Comment l'IE redéfinit la fonction de DSI.* DSI novembre, 2004, n°10.

[TESTE, 2000] Teste O. *Modélisation et manipulation d'entrepôts de données complexes et historisées.* Thèse. Université Paul Sabatier de Toulouse [En ligne] http://www.irit.fr/recherches/IRI/SIG/personnes/teste/these/intro.pdf (Page consultée le 10 septembre 2004).

[THEODORATOS et SELLIS, 1997] Theodoratos D., Sellis T. *Data warehouse configuration,* Proc. VLDB '97.

[THIERRY, 2004] Thierry Etienne. *Un site, ça crée des liens.* SVM, 2004, n° 230, p.160.

[THIERY, 1976] Thiéry, O.*Aide à la conception dans le projet REMORA*, Thèse de 3e cycle, Université Nancy 1, 1976.

[THIERY et DAVID, 2002] Thiéry O., David A. *Modélisation de l'utilisateur : systèmes d'informations stratégiques et intelligence économique.* Revue association pour le développement du logiciel (ADELI), 2002.

[THIERY et DUCREAU et BOUAKA et al, 2004] Thiéry O., Ducreau A., Bouaka N., David A. Piloter une organisation : de l'information stratégique à la modélisation de l'utilisateur ; application au domaine de la GRH, GREFIGE 2004.

[THIERY et MICHEL, 1999] Thiéry O., Michel P. *Une expérience object dans le monde de la gestion électronique de documents multimédia.* Rapport de recherche, 1999, Juin, 28 p.

[THIERY et MICHEL, 1999] Thiéry O., Michel P. Application des technologies objets à la gestion de la documentation d'une entreprise. Les systèmes d'information élaborée. Congrès Ile Rousse, 1999.

[THIERY, 1985] Thiéry O. LASSIF, langage de spécification des systèmes d'information, Logiciel d'aide à la spécification des systèmes d'information. Thèse de doctorat d'état en sciences mathématiques, Université Nancy 1, 1985.

[THIERY, 1998] Thiéry O. Management stratégique de l'information dans les organisations. Les techniques et les outils sont là ! Actes des 25 ans de la Mi@ge de Nancy, Nancy, 1998.

[THIERYa] Thiéry O. Support de cours SIS IUP Miage de Nancy.

[THIERYb] Thiéry O. Support de cours recherches avancées en SIS DESS ACSI et SID de Nancy.

[THIVANT et BOUZIDI, 2005] Thivant E. et Bouzidi L. *Les pratiques d'accès à l'information : le cas des concepteurs de produits de placements financiers*. Revue électronique suisse de science de l'information, 2005, n°2, p.7-34.

[TREMEGE et CLERC, 1997] Trémège G., Clerc P., et al. Livre blanc des chambres de commerce et d'industrie. Intelligence économique, un engagement stratégique, 1997.

[UNIGE] Université de Genève. *Archives Jean Piaget*. [En ligne] http://www.unige.ch/piaget/ (Page consultée le 10 septembre 2004)

[VACHER, 1997] Vacher B. La gestion de l'information en entreprises. Enquête sur l'oubli, l'étourderie, la ruse et le bricolage organisés, ADBS éditions, 1997.

[VARANDAT, 2004a] Varandat M. *Bases de données : XML a le champ libre*. 01 informatique, 2004.

[VARANDAT, 2004b] Varandat M. *Le décisionnel, un simple outil de promotion pour office et sql ?* 01 informatique, 2004, n° 1780, p.16.

[VILLAIN, 1990] Villain J. L'entreprise aux aguets. Information-surveillance de l'environnement, propriété et protection industrielles, espionnage et contre espionnage au service de la compétitivité, Masson, 1990.

[WILENSKY, 1967] Wilensky H. Organizational Intelligence : Knowledge and Policy in Government and Industry. New York, Basic Book, 1967.

[YANG ET WIDOM, 2000] Yang J., Widom J. *Temporal View Self-Maintenance in a Warehousing Environment*, In Proceedings of the 7th International Conference on Extending Database Technology – EDBT 2000, Konstanz (Germany).

[ZHUGE et WIENER et GARCIA-MOLINA, 1997] Zhuge Y., Wiener J. L., Garcia-Molina H. *Multiple View Consistency for Data Warehousing*, In Proceedings of the International Conference on Data Engineering, Binghamton (UK), April 1997.

Table des matières

Introduction 13
Partie I : De l'intelligence économique dans les organisations au management de l'information dans les universités 19
   Chapitre 1 L'intelligence économique 21
     1.1.   L'Intelligence Economique au travers de définitions 23
     1.2.   L'Intelligence Economique par l'histoire 25
        1.2.1   Année 1960 : Harold Wilensky 26
        1.2.2   Année 1994 : Henri Martre 27
        1.2.3   Année 2003 : Bernard Carayon 30
        1.2.4   Année 2004 : Alain Juillet 31
     1.3.   L'Intelligence Economique par son processus 33
        1.3.1   Un processus de management stratégique 33
        1.3.2   Le fondement : le cycle du renseignement 34
        1.3.3   Les fonctions du cycle du renseignement 36
     1.4.   L'Intelligence Economique par ses acteurs 37
        1.4.1   Annuaire de l'intelligence économique 37
        1.4.2   Les entreprises et l'intelligence économique 41
        1.4.3   L'intelligence économique et l'appareil d'Etat 41
        1.4.4   Acteurs de l'intelligence économique en France 42
        1.4.5   Intelligence économique et directeur des systèmes d'information 45
        1.4.6   Intelligence économique socle de la compétitivité des entreprises 45
     1.5.   L'Intelligence Economique par ses outils 46
     1.6.   L'Intelligence Economique par l'équipe SITE-LORIA 49
        1.6.1   Modélisation de l'utilisateur-acteur 50
        1.6.2   Modélisation de l'interaction entre l'utilisateur et le médiateur ... 51
        1.6.3   Conception et exploitation d'un entrepôt de données 52
        1.6.4   Modélisation et développement de systèmes d'intelligence économique 53
     1.7.   L'Intelligence Economique par le dépouillement de listes de diffusion 55
     1.8.   L'Intelligence Economique par l'analyse de bases bibliographiques 60
   Chapitre 2 Les Principes de gestion par les systèmes d'information 67
     2.1.   Intelligence économique, business intelligence et information décisionnelle 67
     2.2.   Système d'information – système d'information décisionnel 69
        2.2.1   Système d'information 69
        2.2.2   Système d'information décisionnel 70
        2.2.3   Fonctions et architecture d'un système d'information décisionnel 73
        2.2.4   Difficultés rencontrées lors de la mise en œuvre du processus d'évolution 78
     2.3.   De la conception des systèmes d'informations à la conception des systèmes d'informations stratégiques 80
        2.3.1   Processus de modélisation 80
        2.3.2   Les entrepôts de données et les systèmes d'informations stratégiques ... 82
        2.3.3   Bases métiers ou data marts 86
     2.4.   L'existant dans le contexte universitaire 89
        2.4.1   Paysage documentaire en réseau 89
        2.4.2   Existant des systèmes d'information documentaires 93
        2.4.3   La brique documentaire d'un environnement numérique de travail 99

Chapitre 3 Les acteurs **105**
   3.1.   Processus de recherche d'information par les acteurs 105
      3.1.1   Méthode des 4P 105
      3.1.2   Le modèle EQuA²te 107
      3.1.3   Le modèle utilisateur 107
   3.2.   De l'utilisateur à l'acteur 109

Partie II : Modélisation de l'acteur d'un système d'information stratégique universitaire 111
  Chapitre 4 Prise en compte des normes et standards pour modéliser les ressources documentaires 115
   4.1.   Modélisation des ressources documentaires 116
      4.1.1   Typologie des ressources documentaires 116
      4.1.2   Description des ressources documentaires 119
   4.2.   Les Métas informations et leur mise en application par les métas données . 121
      4.2.1   Métas informations simples 122
      4.2.2   Métas informations prenant en compte des jugements de valeur 123
      4.2.3   Les métas données 124
  Chapitre 5 L'intelligence économique intégrant la modélisation de l'utilisateur dans un contexte universitaire 127
   5.1.   Système d'information de l'université 127
   5.2.   Exploitation du Processus Intelligence Economique 130
   5.3.   Le cadre de l'étude 134
   5.4.   Système d'intelligence économique révélateur du processus d'intégration . 135
  Chapitre 6 La modélisation de l'acteur 139
   6.1.   Les acteurs dans l'Université 139
   6.2.   Contextualisation de la problématique par une analyse préalable 141
   6.3.   Comment penser un modèle par rapport aux acteurs de l'université ? 143
      6.3.1   Vers l'étudiant actif 143
      6.3.2   Enseignant en situation d'élaboration d'un cursus 148
      6.3.3   Les administrations 149
   6.4.   Classification des acteurs fondée sur leurs activités 151
   6.5.   Processus de modélisation 155
      6.5.1   Type 156
      6.5.2   Besoins 156
      6.5.3   Fonctions 158
      6.5.4   Activités 159
   6.6.   La visualisation des données 159

Partie III : Le modèle RUBI³ Amélioration et enrichissement du modèle par une expérimentation et une application 161
  Chapitre 7 Entrepôt de données ou l'outil choisi pour l'expérimentation 165
   7.1.   Architecture fonctionnelle d'un entrepôt de données 166
      7.1.1   L'architecture physique sous-jacente à un data warehouse 171
      7.1.2   L'architecture technique sous-jacente à un data warehouse 171
   7.2.   Comment modéliser un entrepôt de données 173
      7.2.1   La modélisation par sujet 173
      7.2.2   La modélisation en étoile 175
      7.2.3   La modélisation en flocon 176

    7.2.4   La modélisation en constellation de faits 177
   7.3.   Analyse multidimensionnelle 178
    7.3.1   Les bases de données multidimensionnelles 180
    7.3.2   Hypercube 182
   7.4.   Construction des référentiels lors de l'alimentation d'un data warehouse ... 183
    7.4.1   Les composants d'un système décisionnel (SIS) 183
    7.4.2   Définition de la fouille de données 184
    7.4.3   Le référentiel ou métas données 185
   7.5.   Les outils 188
    7.5.1   Les solutions commerciales 189
    7.5.2   Les solutions alternatives 190
Chapitre 8 RUBI³ ⇔ RUBICUBE 193
   8.1.   Comment mettre en relation acteurs et ressources électroniques ? 193
   8.2.   Mise en relation du modèle des ressources documentaires et du modèle des acteurs   194
    8.2.1   Phase 1 : expérimentation 2005 avec un produit commercial – COGNOS 199
    8.2.2   Phase 2 : expérimentation 2005/2006 avec un produit commercial – COGNOS 200
Chapitre 9 Amélioration du modèle et son exploitation pour une application . 203
   9.1.   Amélioration du modèle 203
   9.2.   Introduction à l'application : vers un schéma décisionnel 207
   9.3.   Application avec un produit en open sources OPENI 213
    9.3.1   Introduction sur l'Open Source 214
    9.3.2   Introduction du moteur OLAP Mondrian 216
    9.3.3   Application 218
Conclusion 239
Glossaire 243
Bibliographie 247

Table des figures

Figure 1.6-1 : Utilisateur – acteur dans l'environnement de l'entreprise 50
Figure 1.6-2 : SITE – L'IE et les composants des systèmes d'information : notre modèle 54
Figure 1.7-1 : Arbre des dimensions 59
Figure 2.2-1 : Structuration systémique d'une organisation 70
Figure 2.2-2 : Situation du système d'information décisionnel au sein de la structuration systémique de l'organisation 70
Figure 2.2-3 : Système d'information décisionnel et processus 71
Figure 2.2-4 : Fonctions et architecture d'un système d'information décisionnel 74
Figure 2.2-5 : Système de gestion de bases de données, l'architecture ANSI/SPARC .. 76
Figure 2.3-1 : Dynamique causale 81
Figure 2.3-2 : Représentation du SI-S et du S-IS 88
Figure 4.1-1 : Formalisme de représentation 118
Figure 4.1-2 : Limites des descriptions des ressources documentaires 120
Figure 5.2-1 : Système d'Information Global de l'Université Nancy 2 131
Figure 5.2-2 : Le processus Intelligence Economique pour l'intégration des services . 132
Figure 5.4-1 : Intégration par le processus de l'intelligence économique 136
Figure 5.4-2 : Mise en correspondance enseignant-enseigné 137
Figure 5.4-3 : Transposition d'un document papier sous format numérique 137
Figure 5.4-4 : Processus plus élaboré de gestion de contenus 138
Figure 6.1-1 : Données relatives aux acteurs 140
Figure 6.2-1 : Bases métiers dictées et adaptées aux utilisateurs finals 142
Figure 6.3-1 : Informations sur un micro contenu 144
Figure 6.3-2 : Informations relatives à différents niveaux d'abstraction 146
Figure 6.3-3 : Relation entre descripteur et affiliation 149
Figure 6.6-1 : Vue de l'acteur étudiant 160
Figure 7.1-1 : Architecture fonctionnelle d'un entrepôt de données selon trois niveaux des données : acquisition, stockage, analyse 169
Figure 7.2-1 : Modélisation par sujet 174
Figure 7.2-2 : Le modèle physique de données d'une gestion de commandes de documents 175
Figure 7.2-3 : Schéma en étoile d'une table de faits étudiants 176
Figure 7.2-4 : Schéma en flocon de neige 177
Figure 7.2-5 : Constellation de faits 178
Figure 7.3-1 : Exemple d'un tableau de bord 179
Figure 7.3-2 : Dimensions et mesures 181
Figure 7.3-3 : Exemple de vision relationnelle et multidimensionnelle d'un hypercube 182
Figure 7.4-1 : Système d'alimentation d'un data warehouse 183
Figure 7.4-2 : Caractéristiques des métas données 187
Figure 7.4-3 : Typologie des métas données d'un entrepôt 187
Figure 8.1-1 : Classe diplôme 193
Figure 8.1-2 : Modélisation de l'acteur T : étudiant 194
Figure 8.2-1 : Prise en compte du contexte des utilisateurs 196
Figure 8.2-2 : Imbrication de RUBI^3 et RUBICUBE 198

Figure 9.1-1 : Objectifs du processus de modélisation..204
Figure 9.1-2 : Processus global de la modélisation d'un système d'information stratégique universitaire avec prise en compte du modèle utilisateur.................207
Figure 9.2-1 : Illustration des informations proposées par rapport aux profils des utilisateurs au sein d'une université..210
Figure 9.2-2 : Formalisation des descripteurs 211
Figure 9.3-1 : Scénario de notre application 219
Figure 9.3-2 : Données textes de la table statjours..220
Figure 9.3-3 : Données textes de la table statmois...220
Figure 9.3-4 : Données numériques de la table de faits jours...................................220
Figure 9.3-5 : Données numériques de la table de faits mois...................................221
Figure 9.3-6 : Cube « modèle jour » 222
Figure 9.3-7 : Cube « modèle mois » 222
Figure 9.3-8 : Schéma Mondrian..224
Figure 9.3-9 : Correspondant entre la table de faits et la table satellite...................225
Figure 9.3-10 : Cube sous Mondrian..226
Figure 9.3-11 : Données textes de la table « synthese »...227
Figure 9.3-12 : Données numériques de la table de faits «table_fait_synt»............228
Figure 9.3-13 : Cube « synthese » au niveau de la base sql 229
Figure 9.3-14 : Cube « synthese » au niveau du schéma..230
Figure 9.3-15 : Environnement graphique d'analyse et de gestion d'Openi............233
Figure 9.3-16 : Items et groupes d'acteurs selon RU=(T,B,F,A) 234
Figure 9.3-17 : Rôle des acteurs sur le système d'information stratégique universitaire et conséquences sur les vues métiers 234
Figure 9.3-18 : Formulaire de recensement élaboré à partir de RU=(T,B,F,A) 235
Figure 9.3-19 : Organigramme du script RUBI^3 en mysql......................................237
Figure 9.3-20 : Analyse dynamique des données du formulaire faite par l'utilisateur néophyte 238

Table des tableaux

Tableau 1.4-1 : Données signalétiques autour de quelques acteurs de l'intelligence économique à partir de l'ouvrage de Maurice Botbol et Isabelle Verdier 41

Tableau 1.4-2 : Liste non exhaustive de la classification des secteurs d'intervention de l'intelligence économique pour les universitaires. 42

Tableau 1.4-3 : Classification des secteurs d'intervention de l'intelligence économique pour les consultants. 43

Tableau 1.4-4 : Classification des secteurs d'intervention de l'intelligence économique pour les institutionnels. 44

Tableau 1.4-5 : Classification des secteurs d'intervention de l'intelligence économique pour les entrepreneurs. 44

Tableau 1.5-1 : Représentation des catégories d'application de certains éditeurs d'outils utilisés en intelligence économique à partir du Journal du Net. 47

Tableau 1.5-2 : Données signalétiques autour des éditeurs d'outils utilisés en intelligence économique à partir du Journal du Net 48

Tableau 1.7-1 : Listes de diffusion et groupes de discussion étudiés de 2001 à 2005 57

Tableau 1.7-2 : Tableau synthétique autour d'indicateurs pour l'année 2004 58

Tableau 1.8-1 : Récupération de notices bibliographiques pour le mois de janvier 2005 63

Tableau 1.8-2 : Intérêt des revues de documentation à l'intelligence économique 64

Tableau 6.3-1 : MILLENNIAL CHARACTERISTICS selon Richard Sweeny 147

Tableau 6.4-1 : Evolution des besoins et des activités au cours de l'année 153

Tableau 6.5-1 : Identification des besoins de l'étudiant selon ses fonctions au cours du temps 157

L'HARMATTAN, ITALIA
Via Degli Artisti 15 ; 10124 Torino

L'HARMATTAN HONGRIE
Könyvesbolt ; Kossuth L. u. 14-16
1053 Budapest

L'HARMATTAN BURKINA FASO
Rue 15.167 Route du Pô Patte d'oie
12 BP 226
Ouagadougou 12
(00226) 50 37 54 36

ESPACE L'HARMATTAN KINSHASA
Faculté des Sciences Sociales,
Politiques et Administratives
BP243, KIN XI ; Université de Kinshasa

L'HARMATTAN GUINEE
Almamya Rue KA 028
En face du restaurant le cèdre
OKB agency BP 3470 Conakry
(00224) 60 20 85 08
harmattanguinee@yahoo.fr

L'HARMATTAN COTE D'IVOIRE
M. Etien N'dah Ahmon
Résidence Karl / cité des arts
Abidjan-Cocody 03 BP 1588 Abidjan 03
(00225) 05 77 87 31

L'HARMATTAN MAURITANIE
Espace El Kettab du livre francophone
N° 472 avenue Palais des Congrès
BP 316 Nouakchott
(00222) 63 25 980

L'HARMATTAN CAMEROUN
BP 11486
Yaoundé
(00237) 458 67 00
(00237) 976 61 66
harmattancam@yahoo.fr

622744 - Octobre 2015
Achevé d'imprimer par